올인원 라이브 합격열차

01 올인원 교재로 과목별 전범위를 테마로 정리한 정규강의

이론과 문제를 한 권으로 정리하는 올인원 강의

02 실시간 라이브 강의로 한번더

① **매년 반드시 출제**되는 테마
② **매번 헷갈려서 틀리는** 테마
③ **킬러 문제** 테마를 **집중적 반복적으로 과외**하며 정복

03 실시간 소통을 통한 질문 즉시 해결

라이브 강의를 들으면서 생긴 궁금증을 바로바로 해결
언제까지 게시판에 질문올리고 48시간 기다리겠습니까?

04 과목별 1타강사가 직접 전화상담을?

과목별 강사들이 수강생 여러분들에게 직접 전화합니다.
그리고 그 과정을 모두가 함께 라이브로 시청합니다!
우리가 궁금했던것이 해결되는데 그것도 직접 전화로, 무려 1타강사가 직접?
고객센터 직원이 해주는 상담과 차원이 다른 그 누구도 따라할 수 없는 서비스!

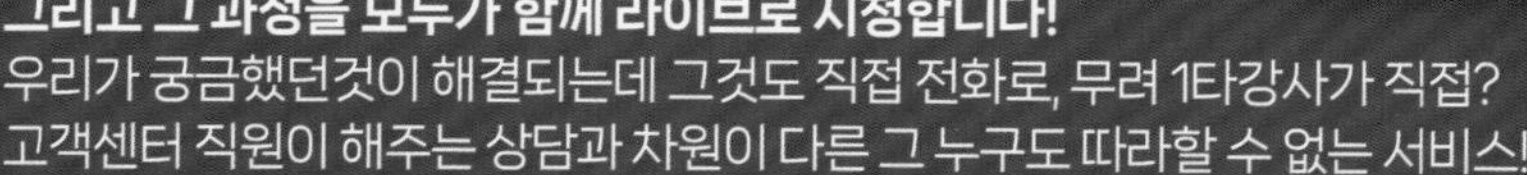

매일 3시 출발 | **2시간 연속 생방송** | **다시보기 가능**

자세한 내용은 홈페이지 **www.landhana.co.kr** 참고

문의전화 **1600-5577**

당신의 불합격 · 점수가 오르지 않는 이유가 무엇입니까?

90% 이상의 수험생은 이렇게 대답했습니다.

1
학습해야 할 교재가
너무 많아요

2
과목별 기본서 분량이
너무 많아요

3
재수생은 **이론 과정이**
너무 반복되어 시간낭비가
많은 것 같아요

4
아무리 공부해도 **무엇을 암기해야**
합격하는지 항상 애매해요

5
실제시험에서 주어진 시간내
문제를 **다 풀지도 못하고**
찍어버린 문제가 많아요

랜드하나가 해결해드립니다!

랜드하나는 다시 시작하는 수험생을 위해 가장 합리적인 교재를 제시합니다.

각 과목별 딱 한 권으로 정리하는
올인원 교재로 합격을 완성합니다.

올인원 교재

\+

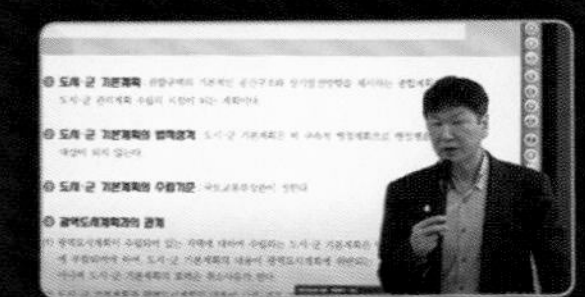

정규 강의

\+

올라 유튜브 과외

매일 3시 출발 | **2시간 연속 생방송** | **다시보기 가능**

자세한 내용은 홈페이지 **www.landhana.co.kr** 참고

문의전화 **1600-5577**

2024 EBS 랜드하나

공인중개사 전원합격 올인원

2차 중개사법령 및 실무

랜드하나

머리말

Preface

매년 30만 명 가까이 국민 자격증인 공인중개사 시험을 치르고 있으며, 이 중에서 일부 수험생은 합격을 하고, 많은 수험생이 시험에서 실패를 합니다.

공인중개사 시험은 절대평가시험임에도 불구하고, 시험의 커트라인에 해당하는 평균 60점을 받지 못하여 시험에 실패하는 수험생들이 훨씬 더 많은 게 불편한 현실입니다.

모두가 최고의 합격자 최고의 강사진이라고 관고를 하고 있음에도 불구하고

그리고 그 어디에서도 55점으로 불합격한 수험생을 관리하고 50점으로 불합격한 수험생들의 학습과 공부 방법을 제시해 주지는 않습니다. 다시 두꺼운 기본서와 처음 공부하는 수험생들이 하는 기초 강의부터 다시 시작을 해야 하는 게 현재 공인중개사 수험시장의 상황입니다.

그러다 보니 불합격 후 공부를 다시 시작하는 시기가 늦어지고, 늦어지다 보니 작년에 공부했던 내용을 다 잊어버리고 늦게 시작하는 경우가 많고, 공부의 흥미를 잃어버리는 경우가 대부분입니다.

그래서 수험자들이 작년의 50점의 실력을 유지하면서 좀 더 효율적으로 공부할 수 있는 방법은 없을까? 교재는 없을까? 고민을 하게 되었고 이 고민의 과정 속에서 다시 재도전하는 수험생과 어느 정도 공부량이 되는 수험자에게 딱 적합한 전원합격 올인원교재를 구상하게 되었습니다.

전원합격 올인원 교재와 함께 한층 더 높은 수준의 강의를 통하여 시험의 실패 원인 분석을 한 맞춤 수업을 한다며 당해 연도에 실패한 수험자에게 다음 해에 희망을 주고 시간이 부족한 수험생에게 합격의 길로 안내할 수 있지 않을까라는 생각에서 본서를 출간하게 되었습니다.

처음 공부하는 수험자에게는 이론의 이해가 필요한 기본서가 필수 교재이지만 한 번 이상 시험을 치러본 수험자 또는 기본서로 1번이상 수업을 진행하여 시간절약이 필요한 분들에게는 개념이 어느 정도 파악되어 있기에 본 교재로 정리를 하여 시험장에서 합격의 길을 쉽게 찾을 수 있지 않을까 생각을 합니다.

본서의 특징은 다음과 같습니다.

1. 출제되는 것만 모았다.

기본서의 순서를 따르되 시험에서 출제되지 않는 것들은 과감히 빼고 시험에서 출제 가능성이 높은 부분만 테마로 구성을 하였습니다. 시험의 100%의 문제를 커버하지는 못하지만 80%까지 커버할 수 있는 교재라고 평가하고 싶습니다.

100점을 원하는 수험생은 보지 마시고, 합격을 원하는 수험자에게 적합한 교재입니다.

2. 2024년 제35회 출제 문제 완벽 예상

각 테마 안에는 출제경향분석과 2024년 35회 시험의 출제 예상을 하여 입체적이면서 중요도를 구분하여 내용을 파악하게 했습니다.

3년에 1번 정도 출제되는 패턴의 문제가 만약에 34회 시험에 출제되었다면, 35회 시험에서의 출제 가능성은 거의 없습니다.

하지만 5년에 한 번 정도 출제되는 문제가 출제된 지 5년이 넘었다면 35회 시험에서는 이 문제가 더 중요한 논점이 될 수 있기 때문에 출제경향분석을 통하여 35회 시험의 기출을 예측하고, 이를 통한 심화 학습이 가능하게 편제를 하였습니다. 굳이 재수생이 아니어도 공부량이 일정 수준이 되는 초시생도 5~6월 이후에는 상당히 효과적으로 학습을 할 수 있으리라고 봅니다.

3. 문제를 강화하여 합격의 가능성을 한층 높였습니다.

문제를 강화하여 기본 이론에 대한 정리 후 최근 기출문제와 예상문제를 통하여 기출문제의 출제경향을 파악하고, 이를 통해 시험에서 출제되는 응용문제와 난이도가 있는 심화 영역의 문제까지도 커버할 수 있게 문제를 구성하여 문제의 적응력을 키워 문제로 평가받는 수험자들에게 문제에 대한 두려움을 없애 시험에서 응용력과 적응력을 키우는데 중점을 두었습니다.

4. 이 교재 한 권으로 합격이 가능하게 구성을 하였다.

이런저런 교재가 많이 있고, 이런 자료 저런 자료가 많은 수험생 중에서 무엇을 봐야 할지? 과연 어떤 게 효과적인 자료인지? 자료의 홍수 속에 있는 수험생들에게 이 교재 1권으로 단권화를 통해 합격에 충분한 점수가 가능하게 편제를 하였습니다.

이 교재는 매년 한 두 개 차이로 떨어지는, 안타까운 수험자를 생각하면서 만들었습니다.

한두 문제의 부족으로 다시 시험을 치러야 하는 수험생을 위해 만들었습니다.

시험에 불합격하는 아쉬움이 없는 편안한 합격에 이 교재가 일조가 되었으면 하는 게 유일한 바람입니다.

공부도 많이 하고 책도 많이 구매하셨는데 시험에 실패하는 99%의 헛고생이 아닌 이 한 권의 선택으로 성공하는 수험 기간이 되길 기원하는 바입니다.

이 교재 출간을 위해 쉬어야 할 시간에도 수고를 마다하지 않은 편집자분들과 랜드하나 직원분들께 감사의 말씀을 전합니다.

편저자 배상

시험안내

Guide

출제경향 빈도표

내용별	회별	24회	25회	26회	27회	28회	29회	30회	31회	32회	33회	34회
공인 중개사법령	제1장 총칙	2	3	2	2	2	2	2	1	1	2	2
	제2장 공인중개사제도	2	1	3	3	3	1	2	2	1	2	2
	제3장 중개사무소의 개설등록	3	2	2	3	4	3	1	2	1	2	2
	제4장 중개업무	5	6	6	5	8	6	6	11	8	2	7
	제5장 중개계약과 부동산거래정보망	2	1	3	2	2	2	2	2	2	3	1
	제6장 개업공인중개사 등의 의무	5	4	5	3	4	5	3	4	5	1	6
	제7장 중개보수 및 실비	1	1	2	1	2	2		2		3	1
	제8장 공인중개사협회	1	3		1		1	3		1	1	1
	제9장 업무위탁, 포상금제도 및 수수료	1	2	1	2			2		1	1	
	제10장 지도·감독 및 벌칙	6	5	6	5	4	7	4	4	7	4	4
	소계	28	28	30	27	29	29	25	28	27	21	26
부동산 거래 신고 등에 관한 법령	제1장 총칙											
	제2장 부동산거래신고제도	1	2	2	2	3	2	3	2	2	1	1
	제3장 주택 임대차 계약의 신고											1
	제4장 외국인 등의 부동산 취득 등에 관한 특례	1		1	1	1	1	1	1	1	2	1
	제5장 토지거래허가제	(1)	(1)	(1)	(1)	1	1	3	2	4	5	3
	제6장 부동산 정보관리										1	1
	소계	2	2	3	3	5	4	7	5	8	9	7
중개 실무	제1장 중개실무과정							1	1		1	
	제2장 중개대상물의 조사·확인	3	4	3	5	1	3	2	1	2	4	2
	제3장 중개활동											
	제4장 거래계약의 체결	2	1					1				
	제5장 개별적 중개실무	5	5	4	5	5	4	4	5	3	5	5
	소계	10	10	7	10	6	7	8	7	5	10	7
합계		40	40	40	40	40	40	40	40	40	40	40

2023년 제34회 공인중개사 자격시험 통계 자료

1. 시도별

지역	1차 합격자			최종 합격자		
	대상	응시	합격	대상	응시	합격
총계	179,734	134,354	27,458	108,022	65,705	15,157
강원	2,359	1,725	301	1,447	868	207
경기	53,419	40,204	8,414	32,525	20,014	4,817
경남	7,271	5,441	1,065	4,261	2,624	585
경북	4,998	3,718	708	2,893	1,767	367
광주	5,066	3,730	714	3,021	1,833	446
대구	7,530	5,707	1,142	4,218	2,629	554
대전	4,737	3,519	744	2,731	1,672	399
부산	12,155	9,289	1,823	7,213	4,567	1,063
서울	45,079	33,528	7,193	28,225	16,804	3,904
세종	2,031	1,451	329	1,293	788	201
울산	2,782	2,078	431	1,597	1,015	251
인천	11,547	8,707	1,655	6,576	3,973	856
전남	3,533	2,541	466	1,953	1,155	249
전북	4,104	3,033	590	2,386	1,433	284
제주	2,247	1,705	389	1,372	839	184
충남	5,523	4,134	740	3,211	1,915	436
충북	3,911	2,855	549	2,309	1,397	290
기타	1,442	989	205	791	412	64

2. 성별

성별	1차 합격자			최종 합격자		
	대상	응시	합격	대상	응시	합격
총계	179,734	134,354	27,458	108,022	65,705	15,157
여성	90,056	69,912	14,134	50,850	32,351	7,924
남성	89,678	64,442	13,324	57,172	33,354	7,233

3. 연령대별

연령별	1차 합격자			최종 합격자		
	대상	응시	합격	대상	응시	합격
총계	179,734	134,354	27,458	108,022	65,705	15,157
10대	397	316	46	222	129	18
20대	19,554	13,401	3,365	11,778	6,458	1,690
30대	48,448	35,855	6,799	27,137	14,678	3,866
40대	57,948	43,431	7,999	32,836	19,435	4,613
50대	41,672	31,994	7,289	27,318	18,650	4,060
60대	10,897	8,673	1,872	8,117	5,905	887
70대	779	649	86	584	426	23
80대	38	34	2	29	23	0
90대	1	1	0	1	1	0

4. 접수유형별 2차시험합격자 현황

응시자유형코드	응시자유형명	합격자 수
01	일반응시자	5,123
02	1차시험 면제자	10,034

이 책의 차례 Contents

PART 01 공인중개사법

EBS

2024 랜드하나 공인중개사
전원합격 올인원

PART 1
공인중개사법

- 테마 01 용어의 정의
- 테마 02 중개대상물의 범위 : 법률과 시행령으로 정하고 있다.
- 테마 03 공인중개사 정책심의위원회
- 테마 04 공인중개사제도
- 테마 05 중개사무소 개설등록기준(대통령령)
- 테마 06 중개사무소의 개설등록절차 등
- 테마 07 등록의 결격사유 등
- 테마 08 중개사무소의 설치 및 이전
- 테마 09 중개사무소 명칭·옥외광고물·표시광고 등
- 테마 10 개업공인중개사의 업무 범위
- 테마 11 개업공인중개사의 고용인(소속공인중개사와 중개보조원)
- 테마 12 인장의 등록·변경등록 및 사용의무
- 테마 13 중개업의 휴업 및 폐업신고 등
- 테마 14 중개계약(일반중개계약·전속중개계약)
- 테마 15 부동산거래정보망의 지정 및 운영
- 테마 16 개업공인중개사 등의 기본윤리 등(법 제29조)
- 테마 17 중개대상물 확인·설명 및 확인·설명서 작성 등
- 테마 18 거래계약서 작성 등
- 테마 19 중개대상물 확인·설명서 작성(영문서식포함)
- 테마 20 개업공인중개사의 손해배상책임과 그 보장제도
- 테마 21 계약금 등의 반환채무이행의 보장(예치권고)
- 테마 22 금지행위(법 제33조) : 예외없다.
- 테마 23 개업공인중개사의 보수 : 중개보수 및 실비
- 테마 24 공인중개사협회
- 테마 25 개업공인중개사 등의 교육
- 테마 26 포상금의 지급
- 테마 27 부동산거래질서교란행위 신고센터
- 테마 28 행정제재처분효과의 승계
- 테마 29 개업공인중개사에 대한 행정처분(등록취소·업무정지처분)
- 테마 30 공인중개사에 대한 행정처분(자격취소·자격정지처분)
- 테마 31 거래정보사업자에 대한 행정처분(지정취소처분)
- 테마 32 행정형벌(징역형과 벌금형)
- 테마 33 행정질서벌(과태료)

테마 01

용어의 정의

1 출제예상과 학습포인트

✦ 기출횟수

25, 26, 27회, 28회, 29회, 30회, 33회, 34회

✦ 35회 출제 예상

출제가 예상되므로 반드시 학습이 필요하다.

✦ 35회 중요도

★★★

✦ 학습범위

공인중개사법 제2조의 정의에서 규정한 용어의 개념요소와 관련 판례를 학습해야 한다.

✦ 학습방법

용어는 법조문에서 사용한 개념요소를 정확하게 파악하고, 응용문제까지 기출문제를 통해서 학습이 필요하다. 그리고 「중개」와 「중개업」 관련 판례내용의 필수적으로 학습해야 한다.

✦ 핵심쟁점

❶ 용어의 개념요소파악

❷ 「중개」와 「중개업」 관련 판례

2 핵심 내용

❶ 중개

중개라 함은 법 제3조의 규정에 의한 중개대상물에 대하여 거래당사자간의 매매·교환·임대차 그 밖의 권리의 득실변경에 관한 행위를 알선하는 것을 말한다.

① 중개대상물에 대하여 거래당사자간 매매·교환·임대차에 관한 행위를 알선하는 것은 중개행위에 해당한다.

② 중개대상물에 대하여 거래당사자간 저당권, 지상권, 지역권, 전세권 등 그 밖의 권리의 득실변경에 관한 행위를 알선하는 것은 중개행위에 포함된다.

③ 판례는 “기타 권리”에 저당권 등 담보물권도 포함된다.

④ 중개행위에는 개업공인중개사가 거래당사자 쌍방으로부터 모두 중개의뢰를 받은 경우뿐만 아니라 거래의 일방당사자의 의뢰에 의하여 중개대상물의 거래를 알선하는 경우도 포함된다.
⑤ 공인중개사 자격증을 대여받은 자가 임대차의 중개를 의뢰한 자(임차의뢰인)와 직접 거래당사자(임대인)로서 임대차계약을 체결하는 것은 중개행위에 해당하지 않는다.
⑥ 개업공인중개사의 중개행위에 의한 권리의 득실·변경에 관한 법률행위가 강행법규에 반한다는 사정만으로 공인중개사법에 의한 중개행위에서 제외된다고 할 수 없다.

❷ 중개업

중개업이라 함은 다른 사람의 의뢰에 의하여 일정한 보수를 받고 중개(중개대상물에 대하여 거래당사자간 매매·교환·임대차 기타 권리의 득실변경에 관한 행위의 알선)를 업으로 행하는 것을 말한다.

① 우연한 기회에 단 1회 건물전세계약의 중개를 하고 보수를 받은 사실만으로는 알선·중개를 업으로 한 것이라고 볼 수 없다.
② ㉠ 중개대상물의 거래당사자들로부터 보수를 현실적으로 받지 아니하고 단지 보수를 받을 것을 약속하거나 거래당사자들에게 보수를 요구하는 데 그친 경우에는 중개업'에 해당한다고 할 수 없어 ㉡ 중개사무소 개설등록을 하지 아니하고 부동산 거래를 중개하면서 그에 대한 보수를 약속·요구하는 행위를 (무등록중개업이 아니므로) 공인중개사법 위반죄로 처벌할 수는 없다.
③ 중개사무소의 개설등록을 하지 않은 자가 일정한 보수를 받고 중개를 업으로 행한 경우, 중개업에 해당한다. = 무등록중개업으로 처벌대상은 된다.
④ 특정한 중개대상물에 대하여 계속반복영업으로 중개행위를 수행한 경우에도 중개업에 해당한다.
⑤ "기타 권리"에 저당권 등 담보물권도 포함되고, 따라서 타인의 의뢰에 의하여 일정한 보수를 받고 저당권의 설정에 관한 행위의 알선을 업으로 하는 경우에는 중개업에 해당하고, 그 행위가 금전소비대차의 알선에 부수하여 이루어졌을 경우에도 중개업에 포함된다.
⑥ 일정한 보수를 받고 부동산 중개행위를 부동산 컨설팅행위에 부수하여 업으로 하는 경우, 중개업에 해당한다.

❸ 공인중개사

공인중개사라 함은 이 법에 의한 공인중개사자격을 취득한 자를 말한다.
따라서 부정한 방법으로 공인중개사 자격을 취득한 자도 공인중개사이다.

④ 개업공인중개사

개업공인중개라 함은 이 법에 의하여 중개사무소의 개설등록을 한 자를 말한다.
따라서 거짓 그 밖의 부정한 방법으로 개설등록하거나 2중 등록을 한 자도 개업공인중개사이다.

⑤ 소속공인중개사

① 소속공인중개사라 함은 개업공인중개사에 소속된 공인중개사(법인의 사원 또는 임원 중 공인중개사 포함)로서 중개업무를 수행하거나 개업공인중개사의 중개업무를 보조하는 자를 말한다.
② 소속공인중개사의 유형은 공인중개사로서 고용(소속)된 공인중개사와 개업공인중개사인 법인의 사원 또는 임원으로서 공인중개사인 자가 있다.

⑥ 중개보조원(× 중개업무 수행, 확인·설명의무, 거래계약서 및 확인·설명서 작성)

중개보조원이라 함은 공인중개사가 아닌 자로서 개업공인중개사에 소속되어 중개대상물에 대한 현장 안내 및 일반서무 등 개업공인중개사의 중개업무와 관련된 단순한 업무를 보조하는 자를 말한다.

3 대표 기출문제

제34회 출제

01 공인중개사법령상 용어에 관한 설명으로 옳은 것은?

① 중개대상물을 거래당사자간에 교환하는 행위는 「중개」에 해당한다.
② 다른 사람의 의뢰에 의하여 중개를 하는 경우는 그에 대한 보수를 받지 않더라도 「중개업」에 해당한다.
③ 개업공인중개사인 법인의 임원으로서 공인중개사인 자가 중개업무를 수행하는 경우에는 「개업공인중개사」에 해당한다.
④ 공인중개사가 개업공인중개사에 소속되어 개업공인중개사의 중개업무와 관련된 단순한 업무를 보조하는 경우에는 「중개보조원」에 해당한다.
⑤ 공인중개사자격을 취득한 자는 중개사무소 개설등록여부에 관계없이 「공인중개사」에 해당한다.

해설

① 거래당사자간 교환하는 행위는 직접거래이고, 교환행위를 알선하는 것이 중개이다.
② 일정한 보수를 받아야 중개업에 해당한다.
③ 법인의 사원 또는 임원으로서 공인중개사인 자는 소속공인중개사에 해당한다.
④ 중개보조원은 공인중개사가 아닌 자이다.

답 ⑤

제33회 출제

02 공인중개사법령상 용어의 설명으로 틀린 것은?

① 중개는 중개대상물에 대하여 거래당사자 간의 매매·교환·임대차 그 밖의 권리의 득실변경에 관한 행위를 알선하는 것을 말한다.
② 개업공인중개사는 이 법에 의하여 중개사무소의 개설등록을 한 자를 말한다.
③ 중개업은 다른 사람의 의뢰에 의하여 일정한 보수를 받고 중개를 업으로 행하는 것을 말한다.
④ 개업공인중개사인 법인의 사원 또는 임원으로서 공인중개사인 자는 소속공인중개사에 해당하지 않는다.
⑤ 중개보조원은 공인중개사가 아닌 자로서 개업공인중개사에 소속되어 개업공인중개사의 중개업무와 관련된 단순한 업무를 보조하는 자를 말한다.

해설

④ 소속공인중개사의 범위에는 개업공인중개사에 소속된 공인중개사와 개업공인중개사인 법인의 사원 또는 임원으로서 공인중개사인 자가 포함된다.

답 ④

제28회 출제

03 공인중개사법령상 용어와 관련된 설명으로 옳은 것은? (다툼이 있으면 판례에 따름)

① "공인중개사"에는 외국법에 따라 공인중개사 자격을 취득한 자도 포함된다.

② "중개업"은 다른 사람의 의뢰에 의하여 보수의 유무와 관계없이 중개를 업으로 행하는 것을 말한다.

③ 개업공인중개사인 법인의 사원으로서 중개업무를 수행하는 공인중개사는 "소속공인중개사"가 아니다.

④ "중개보조원"은 개업공인중개사에 소속된 공인중개사로서 개업공인중개사의 중개업무를 보조하는 자를 말한다.

⑤ 개업공인중개사의 행위가 손해배상책임을 발생시킬 수 있는 "중개행위"에 해당하는지는 객관적으로 보아 사회통념상 거래의 알선·중개를 위한 행위라고 인정되는지에 따라 판단해야 한다.

해설

① 공인중개사라 함은 '공인중개사법'에 의하여 공인중개사자격을 취득한 자를 말한다.

② 중개업에 해당하기 위해서는 일정한 보수를 받아야 한다.

③ 개업공인중개사인 법인의 사원으로서 중개업무를 수행하는 공인중개사도 소속공인중개사에 해당한다.

④ 중개보조원은 공인중개사가 아닌 자로서 개업공인중개사에 소속되어 중개대상물에 대한 현장안내 및 일반서무 등 개업공인중개사의 중개업무와 관련된 단순한 업무를 보조하는 자이다.

답 ⑤

4 출제 예상문제

01 공인중개사법령상 용어와 관련된 설명으로 옳은 것은? (다툼이 있으면 판례에 따름)

① 법정지상권을 양도하는 행위를 알선하는 것은 중개에 해당한다.
② 반복, 계속성이나 영업성 없이 우연한 기회에 단 1회 건물매매 계약의 중개를 하고 보수를 받은 경우 중개를 업으로 한 것으로 본다.
③ 외국의 법에 따라 공인중개사 자격을 취득한 자도 공인중개사법에서 정의하는 공인중개사로 본다.
④ 공인중개사로서 개업공인중개사에 고용되어 그의 중개업무를 보조하는 자는 소속공인중개사에 해당하지 않는다.
⑤ 중개보조원이란 공인중개사가 아닌 자로서 개업공인중개사에 소속되어 중개대상물에 대한 현장안내와 중개대상물의 확인·설명의무를 부담하는 자를 말한다.

해설 ✦ ① 법정지상권도 중개대상인 권리이다. 이미 성립한 법정지상권을 양도할 수 있으므로 그 알선은 중개에 해당된다.
② 단 1회 건물매매 계약의 중개를 하고 보수를 받은 경우 계속성이 없으므로 중개를 업으로 한 것으로 보지 않는다.
③ '공인중개사'라 함은 이 법에 의한 공인중개사자격을 취득한 자를 말한다.
④ 공인중개사로서 개업공인중개사에 고용된 자는 중개업무를 수행하거나 그의 중개업무를 보조하는 자도 소속공인중개사이다.
⑤ 중개보조원은 현장안내 및 일반서무 등 개업공인중개사의 중개업무와 관련된 단순한 업무를 보조하는 자를 말한다. 중개보조원은 중개대상물 확인·설명의무를 부담하지 않는다.

정답 ✦ ①

02 공인중개사법령상 용어와 관련된 설명으로 옳은 것은?

① 부정한 방법으로 공인중개사자격을 취득한 자는 이 법에 따른 공인중개사에 포함되지 않는다.
② 개업공인중개사라 함은 이 법에 의하여 중개사무소의 개설등록을 한 공인중개사를 말한다.
③ '소속공인중개사'라 함은 개업공인중개사에 소속된 공인 중개사로서 개업공인중개사의 중개업무와 관련된 현장안내 및 단순한 업무를 보조하는 자를 말한다.
④ 중개업은 반복·계속하여 영업으로 알선·중개하는 것을 가리킨다.
⑤ 공인중개사가 아닌 자로서 개업공인중개사에 소속되어 일반서무 및 중개업무를 수행하는 자는 중개보조원에 해당한다.

해설 ✦ ④ 알선·중개를 업으로 하였는지의 여부는 알선·중개행위의 반복·계속성과 영업성 등의 유무와 그 행위의 목적이나 규모, 횟수, 기간, 태양 등 여러 사정을 종합적으로 고려하여 사회통념에 따라 판단하여야 한다. 중개업은 반복·계속·영업으로 알선·중개하는 것을 말한다.

정답 ✦ ④

03 공인중개사법령상 중개 및 중개업에 관한 설명으로 옳은 것은? (다툼이 있으면 판례에 따름)

① 금전채권 매매계약을 중개한 것은 공인중개사법이 규율하고 있는 중개행위에 해당한다.
② 어떠한 행위가 중개행위에 해당하는지 여부는 개업공인중개사가 진정으로 거래당사자를 위하여 알선·중개하려는 의사를 갖고 있었느냐에 따라 결정된다.
③ 거래당사자가 개설등록을 하지 아니한 개업공인중개사에게 미등기 부동산의 전매에 대하여 중개를 의뢰한 경우, 그 중개의뢰행위 자체도 공인중개사법상 처벌 대상이 될 수 있다.
④ 개업공인중개사의 중개행위에 의한 권리의 득실·변경에 관한 법률행위가 강행법규에 반한다는 사정만으로 공인중개사법에 의한 중개행위에서 제외된다고 할 수 없다.
⑤ 부동산 중개행위가 부동산 컨설팅행위에 부수하여 이루어진 경우 중개업에 해당하지 않는다.

해설 ✦ ④ 개업공인중개사의 중개행위에 의한 권리의 득실·변경에 관한 법률행위가 강행법규에 반한다는 사정만으로 공인중개사법에 의한 중개행위에서 제외된다고 할 수 없다. 따라서 관련 법령에 따라 처벌대상을 될 수 있으나 중개행위에는 해당한다.

① '금전채권'은 공인중개사법에서 정한 중개대상물이 아니다. 따라서 금전채권 매매계약을 중개한 것은 공인중개사법이 규율하고 있는 중개행위에 해당하지 않는다.
② 어떠한 행위가 중개행위에 해당하는지 여부는 개업공인중개사의 행위를 객관적으로 보아 사회통념상 거래의 알선·중개를 위한 행위라고 인정되는지 여부에 따라 결정하여야 한다.
③ 거래당사자가 개설등록을 하지 아니한 개업공인중개사에게 중개를 의뢰하거나 미등기 부동산의 전매에 대하여 중개를 의뢰하였다고 하더라도, 공인중개사법상 처벌규정들이 중개행위를 처벌 대상으로 삼고 있을 뿐이므로 그 중개의뢰행위 자체는 처벌규정들의 처벌 대상이 될 수 없다.
⑤ 부동산 중개행위가 다른 사람의 의뢰에 의하여 일정한 보수를 받고 업으로 하였다면 부동산 컨설팅행위에 부수하여 이루어진 경우에도 중개업에 해당한다.

정답 ✦ ④

테마 02 중개대상물의 범위 : 법률과 시행령으로 정하고 있다.

1 출제예상과 학습포인트

✦ 기출횟수

25회, 26회, 28회, 29회, 30회, 31회, 32회, 33회, 34회

✦ 35회 출제 예상

출제예상되므로 필수적으로 학습이 필요한 부분이다.

✦ 35회 중요도

★★★

✦ 학습범위

중개대상물에 해당하는 것 또는 해당하지 않는 것을 선택하는 문제가 출제되므로 중개대상물에 해당하기 위한 요건을 정확하게 파악하고, 건축물의 범위 등과 관련한 판례를 학습하여야 한다.

✦ 학습방법

중개대상물의 해당요건과 중개대상물 관련 판례(건축물, 대토권, 상가권리금, 세차장 구조물)내용의 학습이 요구된다.

✦ 핵심쟁점

❶ 중개대상물 해당 여부
❷ 관련 판례

2 핵심 내용

❶ 중개대상물에 해당하는 것

① 특정된 물건일 것 : 분양권

㉠ 중개대상물인 건축물에는 기존 건축물뿐만 아니라 장래에 건축될 특정의 건축물도 포함된다

㉡ 아파트의 특정 동·호수에 대한 피분양자(수분양자)로 선정되거나 특정 동·호수에 대하여 분양계약이 체결된 후(분양권)에는 그 특정 아파트가 완성되기 전이라 하여도 그 특정 아파트에 대한 매매를 중개하는 행위 등은 중개대상물인 건물을 중개한 것이라고 본다.

② 법정중개대상물(5가지)일 것

㉠ 신축중인 건물로서 기둥과 지붕 그리고 주벽이 이루어진 미등기상태의 건물은 중개대상물이 될 수 있다.

㉡ 토지의 정착물은 중개대상물이 될 수 있다.
토지정착물인 미등기·무허가건축물, 입목법에 의한 입목, 명인방법에 의한 수목의 집단

㉢ 입목 : 토지에 부착된 수목의 집단으로서 입목법에 따라 소유권보존등기를 받은 것

ⓐ 입목은 부동산으로 본다.

ⓑ 토지소유권·지상권 처분의 효력은 입목에 미치지 않는다.

ⓒ 입목의 소유자는 토지와 분리하여 양도하거나 저당권을 설정할 수 있다.

ⓓ 입목에 대하여 저당권을 설정하기 위해서는 먼저 입목을 보험에 가입하여야 한다.

ⓔ 입목에 대한 저당권의 효력은 토지로부터 분리된 수목의 집단에 미친다.

㉣ 공장재단 및 광업재단 : 일단의 기업재단으로서 보존등기를 한 것
1개 부동산으로 취급된다. = 재단구성물은 재단으로부터 분리하여 중개대상물이 될 수 없다.

③ 개인소유일 것

④ 거래계약이 가능할 것

⑤ 유상·쌍무계약일 것

(1) 민법상 각종 권리는 중개대상에 해당한다.

① 소유권, 용익물권(지상권, 지역권, 전세권), 저당권, 부동산임차권, 등기된 환매권

② 유치권, 법정지상권

㉠ 법률규정에 의한 물권변동이므로 권리성립에는 중개대상이 될 수 없다.

㉡ 유치권과 법정지상권은 양도가 가능하므로 중개대상이 된다.

㉢ 유치권이 행사되고 있는 건물, 법정지상권이 설정된 토지 등은 중개대상이 된다.

(2) 공법상 각종 용도지역에 해당하는 토지는 중개대상에 해당한다.

토지거래허가구역·군사시설보호구역·개발제한구역·접도구역 내의 토지

(3) 등기법상 각종 등기가 설정된 부동산은 중개대상에 해당한다.

압류·가압류·가등기·경매개시결정등기 등이 경료된 부동산

(4) 공간정보관리법상 각종 지목이 등록된 토지는 중개대상에 해당한다.

양어장·종교용지·공장용지 등

❷ 중개대상물에 해당하지 않는 것

① 특정된 물건이나 지위가 아닌 것

㉠ 주택이 철거될 경우 일정한 요건하에 택지개발지구 내에 이주자택지를 공급받을 지위(대토권)

ⓐ 공인중개사법상 중개대상물에 해당하지 않는다.

ⓑ 대토권의 매매 등을 알선한 행위는 중개행위에 해당한다고 할 수 없다.

ⓒ 재산상의 손해가 발생한 경우에도 공인중개사법상의 공제사업자(보증기관)를 상대로 개업공인중개사의 손해배상책임을 물을 수 없다.

㉡ 분양예정자 지위 : 특정한 아파트에 입주할 수 있는 권리가 아니라 아파트에 대한 추첨기일에 신청을 하여 당첨이 되면 아파트의 분양예정자로 선정될 수 있는 지위를 가리키는 데에 불과한 '입주권'은 중개대상물인 건물에 해당되지 않는다.

② 법정중개대상물 5가지 종류에 해당하지 않는 것

㉠ 금전, 선박, 어업재단, 항만운송재단

㉡ 토지정착물이 아니어서 중개대상물이 아닌 것

ⓐ 콘크리트 지반 위에 볼트로 조립되어 쉽게 분리철거가 가능하고 3면에 천막이나 유리를 설치하여 주벽이라고 할 만한 것이 없는 세차장구조물은 토지의 정착물이 아니다.

ⓑ 충분히 정착되지 아니한 가식의 수목

㉢ 상가권리금 등

영업용 건물의 영업시설·비품 등 유형물이나 거래처, 신용, 영업상의 노하우 또는 점포의 위치에 따른 영업상의 이점 등 무형의 재산적 가치의 양도 또는 이용대가

ⓐ 중개대상물이라고 할 수 없으므로,

ⓑ 영업용 건물의 유·무형의 재산적 가치의 양도 즉,"권리금"등을 수수하도록 중개한 것은 중개행위에 해당하지 아니하고,

ⓒ 중개보수의 한도액 역시 권리금의 중개행위에는 적용되지 아니한다.

㉢ 중개대상권리가 아닌 것

점유권, 질권, 금전채권(근저당권이 설정된 피담보채권), 광업권 등

③ 개인소유가 아닌 것 = 국가 또는 공공단체 소유인 것

㉠ 국유재산(행정재산, 일반재산), 미채굴 광물, 무주토지

㉡ 사권이 소멸된 포락지

④ 거래계약이 아닌 것 : 상속, 경매·공매절차

그러나 경매개시결정등기가 된 부동산과 낙찰받은 부동산, 상속받은 부동산, 증여받은 부동산은 중개대상이 된다.

3 대표 기출문제

제34회 출제

01 공인중개사법령상 중개대상물에 해당하는 것을 모두 고른 것은? (다툼이 있으면 판례에 따름)

ㄱ. 근저당권이 설정되어 있는 피담보채권
ㄴ. 아직 완성되기 전이지만 동·호수가 특정되어 분양계약이 체결된 아파트
ㄷ. 「입목에 관한 법률」에 따른 입목
ㄹ. 점포 위치에 따른 영업상의 이점 등 무형의 재산적 가치

① ㄱ, ㄹ ② ㄴ, ㄷ ③ ㄴ, ㄹ ④ ㄱ, ㄴ, ㄷ ⑤ ㄱ, ㄷ, ㄹ

해설

ㄴ. 분양권으로 중개대상에 해당한다.
ㄱ. 피담보채권은 금전채권으로 중개대상물이 아니다.
반면, 부동산에 근저당권 설정행위는 중개대상이 된다.
ㄹ. 권리금으로 중개대상물이 아니다.

답 ②

제33회 출제

02 공인중개사법령상 중개대상물에 해당하는 것을 모두 고른 것은? (다툼이 있으면 판례에 따름)

ㄱ. 동·호수가 특정되어 분양계약이 체결된 아파트분양권
ㄴ. 기둥과 지붕 그리고 주벽이 갖추어진 신축 중인 미등기상태의 건물
ㄷ. 아파트 추첨기일에 신청하여 당첨되면 아파트의 분양예정자로 선정될 수 있는 지위인 입주권
ㄹ. 주택이 철거될 경우 일정한 요건하에 택지개발지구 내에 이주자택지를 공급받을 지위인 대토권

① ㄱ, ㄴ ② ㄴ, ㄷ ③ ㄷ, ㄹ ④ ㄱ, ㄴ, ㄹ ⑤ ㄱ, ㄴ, ㄷ, ㄹ

해설

ㄷ. 특정한 아파트에 입주할 수 있는 권리가 아니라 아파트에 대한 추첨기일에 신청을 하여 당첨이 되면 아파트의 분양예정자로 선정될 수 있는 지위를 가리키는 데에 불과한 입주권은 중개대상물인 건물에 해당한다고 보기 어렵다.

ㄹ. 대토권은 주택이 철거될 경우 일정한 요건하에 택지개발지구 내에 이주자택지를 공급받을 지위에 불과하고 특정한 토지나 건물 기타 정착물 또는 법 시행령이 정하는 재산권 및 물건에 해당한다고 볼 수 없으므로 중개대상물에 해당하지 않는다.

답 ①

4 출제 예상문제

01 공인중개사법령상 중개대상물에 해당하는 것을 모두 고른 것은? (다툼이 있으면 판례에 따름)

ㄱ. 금전채권
ㄴ. 입목에 관한 법률의 적용을 받지 않으나 명인방법을 갖춘 수목의 집단
ㄷ. 콘크리트 지반 위에 볼트조립방식으로 철제파이프 기둥을 세우고 3면에 천막을 설치하여 주벽이라고 할 만한 것이 없는 세차장 구조물
ㄹ. 영업용 건물의 비품

① ㄱ ② ㄱ, ㄹ ③ ㄴ ④ ㄱ, ㄴ, ㄹ ⑤ ㄴ, ㄷ, ㄹ

해설 ✦ ㄱ. 금전은 중개대상물이 아니므로 금전채권은 중개대상물이 아니다.
ㄷ. 토지정착물이 아니므로 중개대상물이 아니다.
ㄹ. 권리금은 중개대상물이 아니다.

정답 ✦ ③

테마 03 공인중개사 정책심의위원회

1 출제예상과 학습포인트

✦ 기출횟수

27회, 28회, 30회, 32회, 33회, 34회

✦ 35회 출제 예상

출제가 예상되므로 학습이 필요하다.

✦ 35회 중요도

★★

✦ 학습범위

법 조문에 충실하게 함정체크를 하여야 한다.

✦ 학습방법

법 조문에 충실하게 함정체크를 하여야 한다. 특히 위원장과 국토교통부장관을 구분, 심의·의결사항, 위원회 구성, 위원의 제척사유를 학습해야 한다.

✦ 핵심쟁점

❶ 심의위원회의 구성 ❷ 심의·의결사항 ❸ 위원의 제척사유

2 핵심 내용

❶ 공인중개사정책심의위원회 심의사항

① 공인중개사의 업무에 관한 다음의 사항을 심의하기 위하여 국토교통부에 공인중개사 정책심의위원회를 둘 수 있다.

㉠ 공인중개사의 시험 등 공인중개사의 자격취득에 관한 사항

㉡ 부동산 중개업의 육성에 관한 사항

㉢ 중개보수 변경에 관한 사항

㉣ 손해배상책임의 보장 등에 관한 사항

② 공인중개사 정책심의위원회에서 심의한 사항 중 공인중개사의 시험 등 공인중개사의 자격취득에 관한 사항의 경우에는 시·도지사는 이에 따라야 한다.

❷ 정책심의위원회의 구성

① **구성** : 공인중개사 정책심의위원회("심의위원회")는 위원장(×부위원장) 1명을 (포함)하여 7명 이상 11명 이내의 위원으로 구성한다.

② 위원장은 국토교통부 제1차관이 되고, 위원은 국토교통부장관(×위원장)이 임명하거나 위촉한다.

❸ 위원의 임기 및 위원장의 직무대행

① **임기** : 공무원, 고위공무원등을 제외한 위원의 임기는 2년으로 하되, 위원의 사임 등으로 새로 위촉된 위원의 임기는 전임위원 임기의 남은 기간으로 한다.(×연임)

② **직무대행** : 위원장이 부득이한 사유로 직무를 수행할 수 없을 때에는 위원장이 미리 지명한 위원이 그 직무를 대행한다.(× 부위원장)

❹ 위원의 제척·기피·회피 등

① **제척사유** : 심의위원회의 위원이 다음의 어느 하나에 해당하는 경우에는 심의위원회의 심의·의결에서 제척된다.

㉠ 위원 또는 그 배우자나 배우자이었던 사람이 해당 안건의 당사자(당사자가 법인·단체 등인 경우에는 그 임원을 포함한다.)가 되거나 그 안건의 당사자와 공동권리자 또는 공동의무자인 경우

㉡ 위원이 해당 안건의 당사자와 친족이거나 친족이었던 경우

㉢ 위원이 해당 안건에 대하여 증언, 진술, 자문, 조사, 연구, 용역 또는 감정을 한 경우

㉣ 위원이나 위원이 속한 법인·단체 등이 해당 안건의 당사자의 대리인이거나 대리인이었던 경우

② **기피신청** : 해당 안건의 당사자는 위원에게 공정한 심의·의결을 기대하기 어려운 사정이 있는 경우에는 심의위원회에 기피 신청을 할 수 있고, 심의위원회는 의결로 이를 결정한다. 이 경우 기피신청의 대상인 위원은 그 의결에 참여하지 못한다.

③ **회피** : 위원 본인이 제척 사유에 해당하는 경우에는 스스로 해당 안건의 심의·의결에서 회피하여야 한다.

④ **위원의 해촉** : 국토교통부장관은(×위원장) 위원이 제척사유에 해당하는 데에도 불구하고 회피하지 아니한 경우에는 해당 위원을 해촉할 수 있다.

5 심의위원회의 운영

① **개의 및 의결정족수** : 심의위원회의 회의는 (재적)위원 (과)반수의 출석으로 개의(開議)하고, (출석)위원 (과)반수의 찬성으로 의결한다.

② **회의 소집통보** : 위원장은(×국토부장관) 심의위원회의 회의를 소집하려면 회의 개최 (7일) 전까지 회의의 일시, 장소 및 안건을 각 위원에게 통보하여야 한다. 다만, 긴급하게 개최하여야 하거나 부득이한 사유가 있는 경우에는 회의 개최 전날까지 통보할 수 있다.

3 대표 기출문제

제34회 출제

01 공인중개사법령상 공인중개사정책심의위원회(이하 '위원회'라 함)**에 관한 설명으로 틀린 것은?**

① 위원은 위원장이 임명하거나 위촉한다.

② 심의사항에는 중개보수 변경에 관한 사항이 포함된다.

③ 위원회에서 심의한 사항 중 공인중개사의 자격취득에 관한 사항의 경우 시·도지사는 이에 따라야 한다.

④ 위원장 1명을 포함하여 7명 이상 11명 이내의 위원으로 구성한다.

⑤ 위원이 속한 법인이 해당 안건의 당사자의 대리인이었던 경우 그 위원은 위원회의 심의·의결에서 제척된다.

해설

① 위원은 국토교통부장관이 임명하거나 위촉한다.

답 ①

제32회 출제

02 공인중개사법령상 공인중개사 정책심의위원회(이하 '위원회'라 함)**에 관한 설명으로 옳은 것을 모두 고른 것은?**

ㄱ. 위원회는 중개보수 변경에 관한 사항을 심의할 수 있다.
ㄴ. 위원회는 위원장 1명을 포함하여 7명 이상 11명 이내의 위원으로 구성한다.
ㄷ. 위원장은 국토교통부장관이 된다.
ㄹ. 위원장이 부득이한 사유로 직무를 수행할 수 없을 때에는 위원 중에서 호선된 자가 그 직무를 대행한다.

① ㄱ, ㄴ　② ㄱ, ㄷ　③ ㄷ, ㄹ　④ ㄱ, ㄴ, ㄷ　⑤ ㄱ, ㄴ, ㄹ

해설

ㄷ. 위원장은 국토교통부 제1차관이 된다.
ㄹ. 위원장이 부득이한 사유로 직무를 수행할 수 없을 때에는 위원 중에서 위원장이 미리 지명한 위원이 그 직무를 대행한다.

답 ①

4 출제 예상문제

01 공인중개사법령상 "공인중개사 정책심의위원회"(이하 심의위원회라 함)**에 관한 설명으로 틀린 것은?**

① 국토교통부에 심의위원회를 둘 수 있다.
② 부득이한 사정으로 당해 연도의 공인중개사자격시험을 시행하지 않을 것인지 여부도 심의위원회 의결사항에 해당한다.
③ 심의위원회의 위원이 해당 안건에 대하여 조사한 경우 심의위원회의 심의·의결에서 제척된다.
④ 심의위원회의 위원장이 부득이한 사유로 직무를 수행할 수 없을 때에는 부위원장이 그 직무를 대행한다.
⑤ 심의위원회의 회의는 재적위원 과반수의 출석으로 개의하고, 출석위원 과반수의 찬성으로 의결한다.

해설 ✦ 위원장이 부득이한 사유로 직무를 수행할 수 없을 때에는 위원장이 미리 지명한 위원이 그 직무를 대행한다.

정답 ✦ ④

02 공인중개사법령에 따른 공인중개사제도에 관한 설명으로 틀린 것은?

① 공인중개사가 다른 사람에게 자기의 성명을 사용하여 중개업무를 하게 한 경우, 시·도지사는 그 자격을 취소해야 한다.

② 공인중개사의 직무와 관련하여 「형법」 위반하여 금고형의 집행유예를 선고받아 자격이 취소된 후 3년이 경과되지 아니한 자는 공인중개사가 될 수 없다.

③ 국토교통부장관은 위원이 제척사유에 해당하는 데에도 불구하고 회피하지 아니한 경우에는 해당 위원을 해촉할 수 있다.

④ 심의위원회의 위원이 해당 안건에 대하여 자문한 경우에는 심의·의결에서 제척된다.

⑤ 무자격자가 거래를 성사시켜 작성한 계약서에 개업공인중개사가 인감을 날인한 경우에는 자격증 대여행위에 해당하지 않는다.

해설 ✦ ⑤ 공인중개사(개업공인중개사)가 무자격자(중개보조원)가 거래를 성사시켜 작성한 거래계약서에 자신의 인감을 날인하는 방법으로 자신이 직접 공인중개사(개업공인중개사)의 업무를 수행하는 형식만 갖추었을 뿐(외관상 공인중개사가 직접 업무를 수행하는 형식을 취하였는지 여부에 관계없이) 실질적으로는 무자격자로 하여금 자기 명의로 공인중개사 업무를 수행하도록 한 것으로 공인중개사자격증의 대여행위에 해당한다.

정답 ✦ ⑤

테마 04 # 공인중개사제도

1 출제예상과 학습포인트

✦ 기출횟수

26회, 28회, 30회, 31회, 33회

✦ 35회 출제 예상

출제가 예상되는 부분이므로 학습이 필요하다.

✦ 35회 중요도

★★

✦ 학습범위

자격증 교부 및 재교부, 자격증의 대여금지규정 및 관련 판례위주로 학습해야 한다.

✦ 학습방법

법조문에 충실하게 함정체크를 해야 하고, 자격증의 대여·유사명칭사용금지 관련 판례와 제재를 학습해야 한다.

✦ 핵심쟁점

❶ 자격증 교부 및 재교부권자

❷ 자격증의 양도·대여행위 및 알선행위금지에 대한 제재 및 판례

2 핵심 내용

❶ 시험시행기관

(1) **원칙적 시험시행기관 : 시·도지사**(× 심의위원회 의결)

공인중개사가 되려는 자는 특별시장·광역시장·도지사·특별자치도지사(시·도지사)가 시행하는 자격시험에 합격하여야 한다.

(2) **예외적 시험시행기관 : 국토교통부장관**(○심의위원회 사전의결)

국토교통부장관이 직접 공인중개사자격시험의 시험문제를 출제하거나 시험을 시행하고자 하는 때에는 공인중개사정책심의위원회의 의결을 미리 거쳐야 한다.

❷ 응시자격 없는 자 = 자격을 취득할 수 없는 자 = 공인중개사가 될 수 없는 자

	응시정지기간	다른 시도지사 통지	국장에게 보고	결격사유
부정행위자	처분일부터 5년간	지체없이	×	×
자격취소된 자	3년간	5일 이내	5일 이내	3년간

㈜ 등록이 취소된 후 3년이 경과되지 아니한 자 : ① 중개업에 종사할 수 없다. ② 공인중개사는 될 수 있다.

❸ 시험시행

① 시험은 매년 1회 이상 시행한다.

② 다만, 시험시행기관장은 시험을 실시하기 어려운 부득이한 사정이 있는 경우에는 공인중개사정책심의위원회의 의결을 거쳐 당해 연도 시험을 실시하지 아니할 수 있다.

❹ 시험 실시 및 자격증 교부 등

(1) 시험공고

① **예비공고** : 시험시행기관장은 예정 시험일시·시험방법 등 시험시행에 관한 개략적인 사항을 매년 2월 말일까지 관보 및 일간신문에 공고하여야 한다.

② **시행공고** : 시험시행기관장은 시험의 시행에 관하여 필요한 사항을 시험시행일 90일 전까지 관보 및 일간신문에 공고하여야 한다.

(2) 응시수수료납부

① **시·도지사가 시행하는 경우** : 해당 지방자치단체의 조례가 정하는 바에 따라 수수료를 납부하여야 한다.

② **국토부장관이 시행하는 경우** : 국토교통부장관이 결정·공고하는 수수료를 납부하여야 한다.

(3) 자격증 교부 : × 수수료납부

시·도지사는 시험합격자 결정공고일로부터 1월 이내에 공인중개사자격증교부대장에 기재한 후 공인중개사자격증을 교부하여야 한다.

(4) 자격증 재교부 : ○수수료납부

공인중개사자격증을 잃어버리거나 못쓰게 된 경우에는 자격증을 교부한 시·도지사에게 신청서를 제출하여 재교부신청할 수 있다. 이 경우 당해 지방자치단체의 조례가 정하는 바에 따라 수수료를 납부하여야 한다.

❺ 공인중개사의 결격사유 및 자격증 대여 등의 금지

(1) 공인중개사의 결격사유

공인중개사의 자격이 취소된 후 3년이 경과되지 아니한 자는 공인중개사가 될 수 없다. + 중개보조원, 법인의 사원 또는 임원이 될 수 없다.

(2) 공인중개사자격증 양도·대여 등의 금지

① **양도·대여금지** : 공인중개사는 다른 사람에게 자기의 성명을 사용하여 중개업무를 하게 하거나(=자격증대여에 해당) 자기의 공인중개사자격증을 양도 또는 대여하여서는 아니된다.

② 이의 위반시는 절대적 자격취소처분 및 1년 이하의 징역 또는 1천만원 이하 벌금에 처해진다.

③ **양수·대여사용금지** : 누구든지 다른 사람의 공인중개사자격증을 양수하거나 대여받아 이를 사용하여서는 아니된다. 위반시는 1년 이하의 징역 또는 1천만원 이하 벌금에 처해진다.(×자격취소)

④ **알선행위금지** : 누구든지 공인중개사자격증을 양도 또는 대여, 양수하거나 대여받아 이를 사용하는 행위를 알선하여서는 아니 된다. 위반시는 1년 이하의 징역 또는 1천만원 이하 벌금에 처해진다.

⑤ 자격증대여 관련판례

㉠ 공인중개사 자격증 대여란 다른 사람이 그 자격증을 이용하여 공인중개사로 행세하면서 공인중개사의 업무를 행하려는 것을 알면서도 그에게 자격증 자체를 빌려주는 것을 말한다. : 유상·무상을 불문하고 금지된다.

㉡ 공인중개사가 무자격자로 하여금 그 공인중개사 명의로 개설등록을 마친 중개사무소의 경영에 관여하거나 자금을 투자하고 그로 인한 이익을 분배받도록 하는 경우라도// 공인중개사 자신이 그 중개사무소에서 공인중개사의 업무인 부동산거래 중개행위를 수행하고 무자격자로 하여금 공인중개사의 업무를 수행하도록 하지 않았다면, 이를 가리켜 등록증·자격증 대여라고 할 수는 없다.

㉢ 공인중개사(개업공인중개사)가 무자격자(중개보조원)가 거래를 성사시켜 작성한 거래계약서에 자신의 인감을 날인하는 방법으로 자신이 직접 공인중개사(개업공인중개사)의 업무를 수행하는 형식만 갖추었을 뿐(외관상 공인중개사가 직접 업무를 수행하는 형식을 취하였는지 여부에 관계없이) 실질적으로는 무자격자로 하여금 자기 명의로 공인중개사 업무를 수행하도록 한 것으로 공인중개사 자격증의 대여행위에 해당한다.

(3) 유사명칭 사용금지

① 공인중개사가 아닌 자는 공인중개사 또는 이와 유사한 명칭을 사용하지 못한다. 이의 위반시 1년 이하의 징역 또는 1천만원 이하의 벌금형 대상이 된다.

② 무자격자가 자신의 명함에「부동산뉴스 대표」라는 명칭을 기재하여 사용한 것은 공인중개사와 유사한 명칭을 사용한 것에 해당한다.

3 대표 기출문제

제33회 출제

01 공인중개사법령상 공인중개사자격증에 관한 설명으로 틀린 것은?

① 시·도지사는 공인중개사자격 시험합격자의 결정 공고일부터 2개월 이내에 시험 합격자에게 공인중개사자격증을 교부해야 한다.

② 공인중개사자격증의 재교부를 신청하는 자는 재교부신청서를 자격증을 교부한 시·도지사에게 제출해야 한다.

③ 공인중개사자격증의 재교부를 신청하는 자는 해당 지방자치단체의 조례로 정하는 바에 따라 수수료를 납부해야 한다.

④ 공인중개사는 유·무상 여부를 불문하고 자기의 공인중개사자격증을 양도해서는 아니된다.

⑤ 공인중개사가 아닌 자로서 공인중개사 명칭을 사용한 자는 1년 이하의 징역 또는 1천만원 이하의 벌금에 처한다.

해설

① 시·도지사는 공인중개사자격 시험합격자의 결정·공고일부터 1개월 이내에 시험 합격자에게 공인중개사자격증을 교부해야 한다.

답 ①

제31회 수정

02 공인중개사법령상 공인중개사 등에 관한 설명으로 틀린 것은?

① 공인중개사의 자격이 취소된 후 3년이 지나지 아니한 자는 중개보조원이 될 수 없다.
② 공인중개사는 자기의 공인중개사자격증을 무상으로도 대여해서는 안된다.
③ 자격증의 재교부를 신청하는 자는 당해 지방자치단체의 조례가 정하는 바에 따라 수수료를 납부해야 한다.
④ 다른 사람에게 자기의 성명을 사용하여 중개업무를 하게 한 경우에는 자격정지처분사유에 해당한다.
⑤ 자격을 취득하지 않은 자가 자신의 명함에 '부동산뉴스(중개사무소의 상호임) 대표'라는 명칭을 기재하여 사용한 것은 공인중개사와 유사한 명칭을 사용한 것에 해당한다.

해설

자격증대여에 해당하여 공인중개사 자격취소사유이다.

답 ④

4 출제 예상문제

01 공인중개사법령상 공인중개사 등에 관한 설명으로 틀린 것은?

① 공인중개사 자격이 취소된 자는 자격취소 후 3년이 경과되지 아니한 경우에는 중개보조원이 될 수 없다.
② 공인중개사는 중개사무소 개설등록을 하지 않더라도 "공인중개사" 명칭을 사용할 수 있다.
③ 시·도지사가 공인중개사 자격시험을 시행하는 경우에는 공인중개사 정책심의위원회의 사전 의결을 거치지 않아도 된다.
④ 부정한 방법으로 공인중개사 자격을 취득한 자는 3년 이하의 징역 또는 3천만원 이하의 벌금형을 받을 수 있다.
⑤ 공인중개사가 다른 사람에게 자기의 성명을 사용하여 중개업무를 하게 한 경우 그 자격이 취소된다.

해설 ✦ ④ 부정한 방법으로 공인중개사 자격을 취득한 자는 자격이 취소될 뿐 징역 또는 벌금형대상은 아니다.
② 공인중개사는 중개사무소 개설등록을 하지 않은 경우 "공인중개사사무소", "부동산중개"또는 이와 유사한 명칭을 사용하여서는 아니되나, "공인중개사"명칭을 사용할 수 있다.

정답 ✦ ④

테마 **05** # 중개사무소 개설등록기준(대통령령)

1 출제예상과 학습포인트

✦ 기출횟수

27회, 28회, 29회, 31회, 33회, 34회

✦ 35회 출제 예상

매회 등록기준 관련 문제가 출제된다.

✦ 35회 중요도

★★★

✦ 학습범위

법인의 등록기준에 관련된 법 조문을 학습해야 한다.

✦ 학습방법

법인의 등록기준을 법 조문에 충실하게 함정체크를 한다.

✦ 핵심쟁점

법인의 등록기준 중 공인중개사와 실무교육대상자의 범위를 구분

2 핵심 내용

법인의 등록기준 : 다른 법률의 규정에 따라 중개업을 할 수 있는 법인의 경우 법인의 등록기준을 적용하지 않는다.

① 상법상 회사 또는 협동조합기본법상 협동조합(사회적 협동조합은 제외)으로서 자본금이 5천만원 이상일 것

② 법 제14조의 업무(중개업 및 6가지 겸업)만을 영위할 목적으로 설립된 법인일 것

③ 대표자는 공인중개사이어야 하고, 대표자를 제외한 임원 또는 사원(합자·합명회사의 무한책임사원)의 1/3 이상은 공인중개사일 것

④ **실무교육 수료할 것** : 법인의 대표자를 포함하여 임원 또는 사원 전원

⑤ **건축물대장에 기재된 건물에 사용권(소유, 전세, 임대차, 사용대차 등) 확보할 것**

㉠ 「건축법」에 따른 가설건축물대장은 제외한다.

㉡ 준공검사, 준공인가, 사용승인, 사용검사 등을 받은 건물로서 건축물대장에 기재되기 전의 건물을 포함한다.

㉢ 반드시 소유권을 확보해야 하는 것은 아니며, 사용권을 확보하면 된다.

3 대표 기출문제

제34회 출제

01 공인중개사법령 법인의 중개사무소 개설등록의 기준으로 틀린 것은? (다른 법령의 규정은 고려하지 않음)

① 대표자는 공인중개사일 것

② 대표자를 포함한 임원 또는 사원(합명회사 또는 합자회사의 무한책임사원을 말함)의 3분의 1 이상은 공인중개사일 것

③ 「상법」상 회사인 경우 자본금은 5천만원 이상일 것

④ 대표자, 임원 또는 사원(합명회사 또는 합자회사의 무한책임사원을 말함) 전원이 실무교육을 받았을 것

⑤ 분사무소를 설치하려는 경우 분사무소의 책임자가 실무교육을 받았을 것

해설

② 대표자를 제외한 임원 또는 사원(합명회사 또는 합자회사의 무한책임사원을 말함)의 3분의 1 이상은 공인중개사일 것

답 ②

제33회 출제

02 공인중개사법령상 법인이 중개사무소를 개설하려는 경우 개설등록 기준에 부합하는 것을 모두 고른 것은? (단, 다른 법률의 규정은 고려하지 않음)

ㄱ. 대표자가 공인중개사이다.
ㄴ. 건축물대장(「건축법」에 따른 가설건축물대장은 제외)에 기재된 건물에 전세로 중개사무소를 확보하였다.
ㄷ. 중개사무소를 개설하려는 법인의 자본금 5천만원 이상인 「협동조합 기본법」상 사회적협동조합이다.

① ㄱ ② ㄷ ③ ㄱ, ㄴ ④ ㄴ, ㄷ ⑤ ㄱ, ㄴ, ㄷ

해설

ㄷ. 「협동조합 기본법」상 사회적협동조합은 비영리법인으로서, 자본금액에 관계없디 중개사무소의 개설등록을 할 수 없다.

답 ③

4 출제 예상문제

01 공인중개사법령상 법인이 중개사무소를 개설등록하려는 경우에 관한 설명으로 옳은 것을 모두 고른 것은? (다른 법률에 의해 중개업을 할 수 있는 법인은 제외함)

> ㄱ. 중개업 및 주택의 분양대행업을 영위할 목적으로 설립된 법인은 중개사무소의 개설등록을 신청할 수 있다.
> ㄴ. 자본금 5천만원의 협동조합기본법상 협동조합(사회적협동조합은 제외)은 개설등록을 신청할 수 있다.
> ㄷ. 대표자를 제외한 임원 또는 사원(합명회사 또는 합자회사의 무한책임사원을 말함)이 4명이라면 그 중 2명이 공인중개사이면 개설등록을 신청할 수 있다.
> ㄹ. 법인은 중개사무소를 설치할 건물에 대한 소유권을 반드시 확보해야 하는 것은 아니다.

① ㄱ ② ㄱ, ㄴ ③ ㄱ, ㄴ, ㄷ
④ ㄱ, ㄴ, ㄹ ⑤ ㄱ, ㄴ, ㄷ, ㄹ

해설 ✦ ⑤ 법인의 등록기준(대통령령) : 다른 법률의 규정에 따라 중개업을 할 수 있는 법인의 경우 법인의 등록기준을 적용하지 않는다.

① 상법상 회사 또는 협동조합(사회적 협동조합은 제외)으로서 자본금이 5천만원 이상일 것
② 법 제14조의 업무만을 영위할 목적으로 설립된 법인일 것
　㉠ 중개업
　㉡ 상업용 건축물 및 주택의 임대관리 등 부동산의 관리대행
　㉢ 부동산의 이용, 개발 및 거래에 관한 상담
　㉣ 개업공인중개사를 대상으로 한 중개업의 경영기법 및 경영정보 제공
　㉤ 상업용 건축물 및 주택의 분양대행
　㉥ 중개의뢰인의 의뢰에 따른 도배·이사업체 소개 등 용역의 알선
　㉦ 민사집행법상 경매 또는 국세징수법 기타 법령에 의한 공매대상 부동산에 대한 권리분석 및 취득의 알선과 매수신청 또는 입찰신청대리(법 부칙규정에 따른 개업공인중개사는 제외)
③ 대표자는 공인중개사이어야 하고, 대표자를 제외한 임원 또는 사원 (합자·합명회사의 무한책임사원)의 1/3 이상은 공인중개사일 것
④ 실무교육 수료할 것 : 법인의 대표자를 포함하여 임원 또는 사원(공인중개사 아닌) 전원
⑤ 건축물대장에 기재된 건물에 사무소확보할 것 + 사용권 확보(소유, 전세, 임대차, 사용대차 등)할 것
　㉠ 「건축법」에 따른 가설건축물대장은 제외한다.
　㉡ 준공검사, 준공인가, 사용승인, 사용검사 등을 받은 건물로서 건축물대장에 기재되기 전의 건물을 포함한다.
　㉢ 반드시 소유권을 확보해야 하는 것은 아니며, 사용권을 확보하면 된다.

정답 ✦ ⑤

테마 **06**

중개사무소의 개설등록절차 등

1 출제예상과 학습포인트

✦ 기출횟수

27회, 28회, 29회, 31회, 32회, 34회

✦ 35회 출제 예상

출제가 예상되는 부분이므로 학습이 필요하다.

✦ 35회 중요도

★★

✦ 학습범위

등록신청 및 제출서류, 등록요건 및 등록사실 통지, 등록증 교부 등은 숙지해야 한다.

✦ 학습방법

법조문에 충실하게 함정체크를 해야 하고, 등록증 등의 게시사항, 협회통보사항을 암기해야 한다.

✦ 핵심쟁점

❶ 등록신청인 및 등록신청서류
❷ 등록절차
❸ 이중등록금지, 이중소속금지, 등록증 양도·대여행위 및 알선금지

2 핵심 내용

❶ 등록신청할 수 있는 자

공인중개사(소속공인중개사는 제외) 또는 법인이 아닌 자 중개사무소의 등록을 신청할 수 없다.

❷ 등록신청을 할 수 없는 자 등 - 등록의 결격사유에 해당하는 자

① 업무정지기간 중에는 폐업은 할 수 있으나, (등록의 결격사유에 해당하므로)등록신청을 할 수 없다.
② 소속공인중개사는 이중소속금지에 해당되므로 등록신청할 수 없다.

❸ 등록관청

중개사무소 소재지를 관할하는 시장(구가 설치되지 아니한 시의 시장과 특별자치도 행정시의 시장을 말한다)·군수·구청장이다.

※ 특별시장, 광역시장, 도지사, 특별자치도지사가 등록관청이 되는 경우는 없다.

❹ 등록신청 서류

(× 자격증 사본, 법인등기부, 건축물대장, 보증설정을 증명할 수 있는 서면,)

등록관청은 ㉠공인중개사 자격증을 발급한 시·도지사에게 개설등록을 하려는 자(법인의 경우 대표자를 포함한 공인중개사인 임원 또는 사원)의 공인중개사 자격확인을 요청하여야 하고, ㉡「전자정부법」에 따라 행정정보의 공동이용을 통하여 법인 등기부(신청인이 법인인 경우에만 해당한다)과 건축물대장(「건축법에 따른 가설건축물대장은 제외한다)을 확인하여야 한다.

(1) **공통서류**(공인중개사, 법인, 외국인, 외국법인)

① 등록신청서(자격증 발급 시·도 기재)

② 실무교육 수료확인증 사본, 다만, 실무교육을 위탁받은 기관 또는 단체가 실무교육수료 여부를 등록관청이 전자적으로 확인할 수 있도록 조치한 경우는 제외한다

③ 여권용 사진

④ 건축물대장에 기재된 건물에 사무실을 확보하였음을 증명하는 서류

㉠ 임대차계약서, 사용계약서 등

㉡ 건축물대장에 기재되지 아니한 건물에 중개사무소를 확보하였을 경우에는 건축물대장 기재가 지연되는 사유를 적은 서류도 함께 내야 한다.

(2) **외국인, 외국법인의 추가서류**

① 등록의 결격사유에 해당되지 아니함을 증명할 수 있는 공증서면

② 외국법인 : 상법상 외국회사규정에 따른 영업소등기를 증명할 수 있는 서면

(3) **수수료 납부**

등록신청을 하는 자는 당해 지방자치단체의 조례가 정하는 바에 따라 수수료를 납부하여야 한다.

참고 수수료 납부

다음에 해당하는 자는 해당 지방자치단체의 조례로 정하는 바에 따라 수수료를 납부하여야 한다. 다만, 공인중개사자격시험을 국토교통부장관이 시행하는 경우 국토교통부장관이 결정·공고하는 수수료를 납부하여야 한다.

① 공인중개사자격시험에 응시하는 자
② 공인중개사자격증의 재교부를 신청하는 자
③ 중개사무소의 개설등록을 신청하는 자
④ 중개사무소등록증의 재교부를 신청하는 자
⑤ 분사무소설치의 신고를 하는 자
⑥ 분사무소설치신고확인서의 재교부를 신청하는 자

(4) 등록처분

등록관청은 개설등록 신청이 다음에 해당하는 경우(등록을 거부할 수 있는 사유)를 제외하고는 개설등록을 해 주어야 한다.

[등록을 거부할 수 있는 사유] (×보증설정, 인장등록)

① 공인중개사 또는 법인이 아닌 자가 중개사무소의 개설등록을 신청한 경우
② 개설등록을 신청한 자가 법 제10조 등록의 결격사유 등에 해당하는 경우
③ 개설등록 기준에 적합하지 아니한 경우
④ 그 밖에 이 법 또는 다른 법령에 따른 제한에 위반되는 경우

(5) 등록의 통지·등록증 교부

① 등록 및 등록통지(개7통)

종별(공인중개사 또는 법인인 개업공인중개사)에 따라 구분하여 등록을 행하고, 개설등록신청일부터 7일 이내에 신청인에게 서면통지하여야 한다.

② 등록증 교부(보증·지체·교부)

등록관청은 중개사무소의 개설등록을 한 자가 보증을 설정하였는지 여부를 확인한 후 중개사무소등록증을 지체 없이 교부하여야 한다.

③ 등록관청은 등록증 교부(×재교부)사항을 다음달 10일까지 공인중개사협회에 통보하여야 한다.

(6) 등록관청의 협회통보사항 : 개업공인중개사에 관한 사항만 통보

등록관청은 다음의 사항을 다음달 10일까지 공인중개사협회에 통보하여야 한다.

① 중개사무소 등록증교부사항
② 중개업 휴업·폐업 신고사항
③ 분사무소 설치 신고사항

④ 중개사무소 이전신고사항
⑤ 고용인 고용 및 고용관계종료신고사항
⑥ 행정처분(등록취소 및 업무정지처분)(× 보증설정신고사항, 자격증 교부, 자격취소, 자격정지처분)

❸ 중개사무소등록증 등의 게시 : 위반시 100만원 이하의 과태료

① 중개사무소등록증 원본(분사무소의 경우에는 분사무소설치신고필증 원본)
② 중개보수·실비의 요율 및 한도액표
③ 개업공인중개사 및 소속공인중개사(있는 경우)의 공인중개사자격증 원본
④ 보증의 설정을 증명할 수 있는 서류
⑤ 부가가치세법 시행령에 따른 사업자등록증(× 실무교육수료확인증, 사본)

❹ 개설등록을 한 개업공인중개사의 종별변경

중개사무소 개설등록을 한 개업공인중개사(공인중개사인 개업공인중개사와 법인인 개업공인중개사)가 종별을 달리하는 경우
① 등록신청서를 다시 제출해야 한다.(×등록증 재교부신청)
② 종전 등록증을 반납해야 한다.
③ 종전에 제출한 서류중 변동이 없는 서류는 다시 제출하지 않아도 된다.
④ 조례가 정하는 바에 따라 수수료를 납부해야 한다.

❺ 무등록중개와 무등록중개업

① 무등록중개업 : 중개사무소의 개설등록을 하지 아니하고 중개업을 영위하는 경우로서 공인중개사법상 위법행위로 행정형벌(3년 이하의 징역 또는 3천만원 이하의 벌금형)대상이 된다.
② 무등록중개업자가 중개의뢰인과 체결한 중개보수지급약정의 효력
공인중개사 자격을 갖추지 못한 자가 등록을 하지 아니한 채 부동산매매계약을 중개하면서 중개의뢰인과 체결한 중개보수 지급약정은 강행규정에 위반되어 무효이다.

❻ 이중등록금지

① (종별 및 지역을 불문하고)개업공인중개사는 이중으로 중개사무소의 개설등록을 하여 중개업을 할 수 없다.
② 절대적 등록취소처분과 1년 이하의 징역 또는 1천만원 이하의 벌금형 대상이 된다.

❼ 이중소속금지 : 개업공인중개사 등

① 개업공인중개사, 소속공인중개사, 중개보조원, 법인의 사원 또는 임원(개업공인중개사 등)은 다른 개업공인중개사의 소속공인중개사, 중개보조원 또는 법인인 개업공인중개사의 임원 또는 사원이 될 수 없다.

② 위반시 제재

㉠ 개업공인중개사 : 절대적 등록취소처분, 1년 이하의 징역 또는 1천만원 이하의 벌금형

㉡ 소속공인중개사 : 자격정지처분, 1년 이하의 징역 또는 1천만원 이하의 벌금형

㉢ 중개보조원 : 1년 이하의 징역 또는 1천만원 이하의 벌금형

❽ 중개사무소등록증 양도 또는 대여행위 등의 금지

① **양도·대여행위금지** : 개업공인중개사는 다른 사람에게 자기의 성명 또는 상호를 사용하여 중개업무를 하게 하거나(등록증대여에 해당) 자기의 중개사무소등록증을 양도 또는 대여하는 행위를 하여서는 아니된다. 이의 위반시 절대적 등록취소처분 및 1년 이하의 징역 또는 1천만원 이하의 벌금형대상이 된다.

② **양수·대여사용금지** : 누구든지 다른 사람의 성명 또는 상호를 사용하여 중개업무를 하거나(등록증 대여받은 자에 해당) 다른 사람의 중개사무소등록증을 양수 또는 대여받아 이를 사용하는 행위를 하여서는 아니된다. 이의 위반시 1년 이하의 징역 또는 1천만원 이하의 벌금형대상이 된다(×등록취소).

③ **알선행위금지** : 누구든지 등록증 양도·대여 및 양수·대여사용행위를 알선하여서는 아니 된다. 이의 위반시 1년 이하의 징역 또는 1천만원 이하의 벌금형대상이 된다.

3 대표 기출문제

제34회 출제

01 공인중개사법령상 중개사무소의 개설등록을 위한 제출서류에 관한 설명으로 틀린 것은?

① 공인중개사자격증 사본을 제출하여야 한다.

② 사용승인을 받았으나 건축물대장에 기재되지 아니한 건물에 중개사무소를 확보하였을 경우에는 건축물대장 기재가 지연되는 사유를 적은 서류를 제출하여야 한다.

③ 여권용 사진을 제출하여야 한다.

④ 실무교육을 위탁받은 기관이 실무교육 수료여부를 등록관청이 전자적으로 확인할 수 있도록 조치한 경우에는 실무교육의 수료확인증 사본을 제출하지 않아도 된다.

⑤ 외국에 주된 영업소를 둔 법인의 경우에는「상법」상 외국회사 규정에 따른 영업소의 등기를 증명할 수 있는 서류를 제출하여야 한다.

해설

① 등록관청은 공인중개사 자격증을 발급한 시·도지사에게 개설등록을 하려는 자(법인의 경우 대표자를 포함한 공인중개사인 임원 또는 사원)의 공인중개사 자격확인을 요청하여야 하고, 「전자정부법」에 따라 행정정보의 공동이용을 통하여 법인 등기부(신청인이 법인인 경우에만 해당한다)과 건축물대장(「건축법에 따른 가설건축물대장은 제외한다)을 확인하여야 한다.

따라서 등록신청시에는 공인중개사 자격증 사본, 법인등기사항증명서, 건축물대장은 제출서류가 아니다.

답 ①

제29회 출제

02 공인중개사법령상 중개사무소 개설등록에 관한 설명으로 틀린 것은? (단, 다른 법률의 규정은 고려하지 않음)

① 법인은 주된 중개사무소를 두려는 지역을 관할하는 등록관청에 중개사무소 개설등록을 해야 한다.
② 대표자가 공인중개사가 아닌 법인은 중개사무소를 개설 할 수 없다
③ 법인의 임원 중 공인중개사가 아닌 자도 분사무소의 책임자가 될 수 있다.
④ 소속공인중개사는 중개사무소 개설등록을 신청할 수 없다.
⑤ 등록관청은 개설등록을 하고 등록신청을 받은 날부터 7일 이내에 등록신청인에게 서면으로 통지해야 한다.

해설

③ 공인중개사법상 공인중개사가 아닌 자는 분사무소의 책임자가 될 수 없다.

답 ③

4 출제 예상문제

01 공인중개사법령상 중개사무소 개설등록에 관한 설명으로 틀린 것은? (단, 다른 법률의 규정은 고려하지 않음)

① 자본금이 5천만원인 「상법」상 유한책임회사는 중개사무소의 개설등록을 할 수 없다.
② 법인의 대표자를 제외한 임원 또는 사원(합명회사 또는 합자회사의 무한책임사원)의 3분의 1이상이 공인중개사이어야 한다.
③ 등록관청은 개업공인중개사에게 등록증을 교부한 경우 중개사무소등록·행정처분등통지서에 기재하여 다음달 10일까지 공인중개사협회에 통보하여야 한다.
④ 소속공인중개사는 중개사무소 개설등록을 신청할 수 없다.
⑤ 등록관청은 개설등록을 하고 개설등록신청을 받은 날부터 7일 이내에 등록신청인에게 서면으로 통지해야 한다.

해설 ✦ ① 자본금이 5천만원 이상인 상법상 회사 또는 협동조합기본법상 협동조합(사회적 협동조합은 제외)도 중개사무소의 개설등록을 할 수 있다.

정답 ✦ ①

02 공인중개사법령상 중개사무소의 개설등록 신청에 대하여 등록관청이 등록을 거부할 수 있는 사유에 해당하지 않는 것은?

① 공인중개사 또는 법인이 아닌 자가 중개사무소의 개설등록을 신청한 경우
② 개설등록을 신청한 자가 법 제10조 등록의 결격사유 등에 해당하는 경우
③ 개설등록 기준에 적합하지 아니한 경우
④ 중개사무소가 건축법상 용도제한에 위반되는 경우
⑤ 손해배상책임을 보장하기 위한 조치를 이행하지 아니한 경우

해설 ✦ ⑤ 등록을 하기 위하여 등록신청전에 갖추어야 하는 사전요건이므로 등록 후 업무개시전에 하여야 하는 손해배상책임을 보장하기 위한 조치를 이행하지 아니한 경우 및 인장을 등록하지 아니한 경우에도 ①②③④에 적합한 경우에는 등록을 하여야 한다.

정답 ✦ ⑤

테마 07 등록의 결격사유 등

1 출제예상과 학습포인트

✦ 기출횟수

25회, 26회, 28회, 29회, 30회, 31회, 32회, 33회

✦ 35회 출제 예상

출제가 예상된다.

✦ 35회 중요도

★★★

✦ 학습범위

결격사유 및 결격기간을 학습해야 한다.

✦ 학습방법

등록의 결격사유에 해당하는 지 여부를 확인하고 해당 결격기간을 연결하여 학습해야 한다.

✦ 핵심쟁점

결격사유 및 결격기간, 등록취소처분을 받은 경우 예외규정

2 핵심 내용

❶ 등록의 결격사유에 해당하는 경우 = 중개업에 종사할 수 없다.

① 중개사무소의 개설등록을 할 수 없다. = 개업공인중개사가 될 수 없다.

② 소속공인중개사, 중개보조원, 법인의 사원 또는 임원이 될 수 없다.

❷ 등록의 결격사유 유형별 중개업에 종사할 수 없는 기간(결격기간)

(1) 제한능력자

① **미성년자** : 성년이 되어야 결격사유에서 벗어난다.

따라서 미성년자가 혼인을 하였거나 후견인의 동의 있어도 결격사유에서 벗어나지 못한다.

② 피한정후견인, 피성년후견인 : 후견종료심판을 받아야 결격사유에서 벗어난다.

(2) 파산선고를 받고 복권되지 아니한 자 … 복권되면 즉시 결격사유에서 벗어난다.

채무를 변제하였다거나 복권을 신청하였다고 하여 결격사유에서 벗어나는 것은 아니고 파산법원에 의하여 복권이 되어야 한다.

(3) (모든 법에 위반하여)금고 이상의 실형의 선고 등을 받은 자

① 금고 이상의 실형의 선고를 받고 집행이 종료되거나 / 집행이 면제된 후 3년이 경과되지 아니한 자
　㉠ 집행종료(=만기석방일) + 3년, 가 석 방 = 잔여형기 + 3년
　㉡ 집행면제(=특별사면일) + 3년
② 금고 이상의 형의 집행유예를 받고 그 유예기간이 만료된 날부터 2년이 지나지 아니한 자

(4) 이법에 위반하여 300만원 이상의 벌금형 선고를 받고 3년이 경과되지 아니한 자

㉠ 이 법 위반인지 타법 위반인지를 먼저 확인하고, ㉡ 300만원이상인지 그 미만인지도 확인하며
㉢ 선고받은 자인지 선고유예를 받은 자인 지를 확인하여야 한다.
예를 들면 ㉠ 도로교통법 위반으로 300만원 이상의 벌금형을 선고받은 경우,
㉡ 이 법 위반하여 200만원의 벌금형을 선고받은 경우,
㉢ 이 법의 300만원의 벌금형의 선고유예를 받은 경우에는 등록의 결격사유에 해당되지 않는다.

(5) 공인중개사법에 의한 처분을 받은 자

① 공인중개사의 자격이 취소된 후 3년이 경과되지 아니한 자
자격이 취소된 후 3년 이내에는 공인중개사도 될 수 없고, 중개보조원, 법인의 사원 또는 임원이 될 수 없다.
② 공인중개사의 자격이 정지된 자로서 자격정지기간중에 있는 자
소속공인중개사가 자격정지처분을 받은 경우 개업공인중개사가 그 사유가 발생한 날로부터 2월 이내에 해소하지 않으면 업무정지처분대상이 된다.
③ 중개사무소의 개설등록이 취소된 후 3년이 경과되지 아니한 자
　㉠ 다만, 재등록개업공인중개사가 폐업신고전의 위반행위로 등록이 취소된 경우에는 3년에서 폐업기간을 공제한 기간이 결격기간에 해당한다.
　㉡ 개업공인중개사가 다음의 사유로 등록취소된 경우에는 등록취소후 3년의 결격기간이 적용되지 않는다. = 결격사유에 해당하지 않는다.
　　ⓐ 개업공인중개사인 법인이 해산한 경우
　　ⓑ 등록기준에 미달하게 된 경우 : 미달되는 기준만 갖추면 언제든지 등록가능
　　ⓒ 등록의 결격사유에 해당하게 된 경우 : 해당 결격기간만 경과하면 된다.

예를 들어, 이 법에 위반하여 300만원 이상의 벌금형의 선고로 인하여 등록취소처분을 받은 경우 = 벌금형을 선고받은 날부터(×등록취소 후) 3년이 경과되면 결격사유에서 벗어난다.

④ 업무정지처분을 받고 폐업신고를 한 자로서 업무정지기간이 경과되지 아니한 자

⑤ 업무정지처분을 받은 개업공인중개사인 법인의 업무정지의 사유가 발생한 당시의 사원 또는 임원이었던 자로서 당해 법인인 개업공인중개사에 대한 업무정지기간이 경과되지 아니한 자 - 사유가 발생한 당시(×처분당시, 사유발생 후)

(6) 사원 또는 임원 중 결격사유에 해당하는 자가 있는 법인

❸ 등록의 결격사유에 해당하지 않는 자

① 피특정후견인× ≠ 피한정후견인, 피성년후견인○
② 개인회생인가를 받은 자× ≠ 파산선고를 받은 자○
③ 일반사면을 받은 자× ≠ 특별사면을 받은 자○
④ 선고유예를 받은 자× ≠ 집행유예를 받은 자○
⑤ 시험부정행위자× ≠× 자격취소처분은 받은 자○
⑥ 과태료처분을 받은 자× ≠ 벌금형을 선고받은 자○
⑦ 양벌규정에 따라 개업공인중개사가 벌금형을 선고받은 경우×

3 대표 기출문제

제33회 출제

01 공인중개사법령상 중개사무소 개설등록의 결격사유가 있는 자를 모두 고른 것은?

ㄱ. 금고 이상의 실형의 선고를 받고 그 집행이 면제된 날부터 2년이 된 자
ㄴ. 공인중개사법을 위반하여 200만원의 벌금형의 선고를 받고 2년이 된 자
ㄷ. 사원 중 금고 이상의 형의 집행유예를 받고 그 유예기간 중에 있는 자가 있는 법인

① ㄱ　② ㄴ　③ ㄱ, ㄷ　④ ㄴ, ㄷ　⑤ ㄱ, ㄴ, ㄷ

해설

③ ㄱ과 ㄷ이 결격사유에 해당한다.

ㄴ. 공인중개사법을 위반하여 '300만원 이상'의 벌금형의 선고를 받고 '3년'이 경과되지 아니한 자가 결격사유에 해당하므로, 공인중개사법을 위반하여 200만원의 벌금형의 선고를 받고 2년이 된 자는 결격사유에 해당하지 아니한다.

ㄱ. 금고 이상의 실형의 선고를 받고 그 집행이 면제된 자는 3년이 경과해야 결격사유에서 벗어난다.

ㄷ. 금고 이상의 형의 집행유예를 받고 그 유예기간 중에 있는 자는 결격사유에 해당하므로, 결격사유자가 사원(무한책임사원)으로 있는 법인은 결격사유에 해당한다.

답 ③

제31회 출제

02 공인중개사법령상 중개사무소 개설등록의 결격사유를 모두 고른 것은?

ㄱ. 파산선고를 받고 복권되지 아니한 자
ㄴ. 피특정후견인
ㄷ. 공인중개사 자격이 취소된 후 3년이 지나지 아니한 임원이 있는 법인
ㄹ. 개업공인중개사인 법인의 해산으로 중개사무소 개설등록이 취소된 후 3년이 지나지 않은 경우 그 법인의 대표이었던 자

① ㄱ　② ㄱ, ㄷ　③ ㄴ, ㄷ　④ ㄴ, ㄹ　⑤ ㄱ, ㄷ, ㄹ

해설

ㄴ. 피한정후견인, 피성년후견인은 후견종료심판을 받기 전에는 결격사유에 해당하지만 피특정후견인은 결격사유에 해당하지 않는다.

ㄹ. 법인의 해산으로 중개사무소 개설등록이 취소된 경우에는 결격사유가 아니므로 대표자이었던 자는 언제든지 등록할 수 있다.

답 ②

4 출제 예상문제

01 공인중개사법령상 중개사무소의 개설등록을 할 수 있는 자는?

① 업무정지기간이 지나지 아니한 개업공인중개사인 법인의 업무정지사유가 발생한 당시의 임원이었던 자

② 금고 이상의 실형의 선고를 받고 집행이 종료된 자

③ 금고 이상의 실형의 선고를 받고 특별사면을 받은 자

④ 금고 이상의 형의 선고유예를 받고 선고유예기간중에 있는 자

⑤ 폐업기간이 1년인 재등록개업공인중개사가 폐업신고전의 위반행위로 등록취소처분을 받고 1년이 경과한 경우

해설 ✦ ⑤ 등록취소 후 3년에서 폐업기간 1년을 공제한 2년간 등록의 결격사유에 해당한다.

[등록의 결격사유에 해당하지 않는 자]

㉠ ×피특정후견인 ≠ ○피한정후견인, 피성년후견인(종료신판을 받지 아니한 자)

㉡ ×일반사면을 받은 자 ≠ ○특별사면을 받은 자(3년이 지나지 아니한 자)

㉢ ×선고유예를 받은 자 ≠ ○집행유예를 받은 자(유예기간 만료된 날부터 2년이 지나지 아니한 자)

㉣ ×개인회생인가를 받은 자 ≠ ○파산선고를 받은 자(복권되지 아니한 자)

㉤ ×시험부정행위자 ≠ ○자격취소처분은 받은 자(3년이 지나지 아니한 자)

㉥ ×과태료처분을 받은 자 ≠ ○벌금형을 선고받은 자(3년이 지나지 아니한 자)

㉦ ×양벌규정에 따라 개업공인중개사가 벌금형을 선고받은 경우

정답 ✦ ④

02 공인중개사법 제10조의 등록의 결격사유 등에 해당하는 자를 모두 고른 것은?

> ㄱ. 변호사법을 위반하여 금고 이상의 실형의 선고를 받고 집행중 가석방 된 후 3년이 경과한 자
> ㄴ. 도로교통법을 위반하여 300만원의 벌금형의 선고를 받고 3년이 경과되지 아니한 자
> ㄷ. 공인중개사 자격이 취소된 후 3년이 지나지 아니한 임원이 있는 법인
> ㄹ. 금고 이상의 형의 선고유예를 받고 그 유예기간이 경과되지 아니한 자

① ㄱ　② ㄱ, ㄷ　③ ㄴ, ㄷ　④ ㄴ, ㄹ　⑤ ㄱ, ㄷ, ㄹ

해설 ✦ ㄱ, 가석방이 된 자는 선고받은 잔여형기를 경과하고 다시 3년이 경과해야 한다.
ㄴ. 다른 법에 위반하여 300만원 이상의 벌금형 선고를 받은 자는 등록의 결격사유에 해당하지 않는다.
ㄹ. 선고유예는 결격사유에 해당하지 않는다.

정답 ✦ ②

테마 08

중개사무소의 설치 및 이전

1 출제예상과 학습포인트

✦ 기출횟수

25회, 26회, 27회, 28회, 29회, 30회, 31회, 32회, 34회

✦ 35회 출제 예상

출제가 예상된다.

✦ 35회 중요도

★★★

✦ 학습범위

이중사무소 설치금지, 공동사무소 설치절차, 법인의 분사무소설치신고절차, 사무소의 이전신고절차

✦ 학습방법

2중사무소 설치·임시중개시설물 설치한 경우 제재를 암기하고, 분사무소의 설치요건 및 절차, 사무소 이전신고절차를 법조문에 충실하게 함정체크한다.

✦ 핵심쟁점

❶ 분사무소 설치요건

❷ 중개사무소 관할지역외로 이전한 경우 신고절차

2 핵심 내용

❶ 중개사무소 설치기준(대통령령)

(1) 중개사무소 설치 : 예외없다.

개업공인중개사는 그 등록관청의 관할구역 안에 중개사무소를 두되, 1개의 중개사무소만을 둘 수 있다.

(2) 임시중개시설물 설치금지 : 예외없다.

개업공인중개사는 천막 그 밖에 이동이 용이한 임시 중개시설물을 설치하여서는 아니된다.

(3) 제재

개업공인중개사가 2개 이상의 중개사무소 또는 임시중개시설물을 둔 경우에는 등록취소 또는 업무정지처분을 받을 수 있고, 1년 이하의 징역 또는 1천만원 이하의 벌금형에 처해진다.

❷ 법인의 분사무소 설치 : ×법인이 아닌 개업공인중개사

(1) 설치요건

① 주된 사무소 소재지가 속한 시·군·구를 제외한 시·군·구별 설치하되
② 시·군·구별 1개소를 초과할 수 없다.
③ 분사무소에는 공인중개사를 책임자로 두어야 한다.
다만, 다른 법률의 규정에 의하여 중개업을 할 수 있는 법인의 분사무소 책임자는 공인중개사가 아니어도 된다.
④ 책임자는 설치신고일 전 1년 이내에 시·도지사가 실시하는 실무교육을 수료하여야 한다.
⑤ 건축물대장에 기재된 건물에 분사무소를 확보하여야 한다.
⑥ 설치신고전에 추가로 2억원 이상의 보증을 설정하여야 한다.

(2) 설치신고 : 주된 사무소소재지 관할 등록관청

분사무소의 설치신고를 받은 등록관청은 자격증을 발급한 시·도지사에게 책임자의 공인중개사 자격확인을 요청하여야 한다.

(3) 설치신고절차(주신고, 주교부, 주통보)

법인인 개업공인중개사가 분사무소를 설치하고자 하는 경우에는 분사무소설치신고서에 다음 서류를 첨부하여 주된 사무소 소재지를 관할하는 등록관청에 제출하여야 한다.

분사무소 설치신고서 기재사항	
본사	분사무소
명칭, 등록번호, 소재지, 전화번호	책임자에게 공인중개사자격증 발급 시·도

① **분사무소 설치신고시 첨부서류(× 자격증 사본, 법인등기부)**
㉠ 분사무소 설치신고서
㉡ 분사무소 책임자의 실무교육수료확인증 사본
㉢ 보증설정을 증명하는 서류

㉣ 건축물대장에 기재된 건물에 분사무소를 확보하였음을 증명하는 서류
(소유·전세·임대차 또는 사용대차 등의 방법에 의하여 사용권을 확보하여야 한다)

구분	개설등록신청시	분사무소설치신고시
사무소의 확보를 증명할 수 있는 서류	○	○
보증설정을 증명할 수 있는 서류	×	○

② **수수료 납부**
분사무소 설치신고를 하는 자는 당해 지방자치단체의 조례가 정하는 바에 따라 수수료를 납부하여야 한다.

③ **신고확인서 교부 및 통보**
분사무소 설치신고를 받은 주된 사무소를 관할하는 등록관청은 그 신고내용이 적합한 경우에는 (국토교통부령이 정하는)신고확인서를 교부하고 지체없이 그 분사무소 설치예정지역을 관할하는 시장·군수 또는 구청장에게 이를 통보하여야 한다.

구분	주사무소 등록신청	분사무소 설치신고
제출서류	㉠ 등록신청서 ㉡ 실무교육수료증 사본 ㉢ 사무소 확보를 증명할 수 있는 서류 ㉣ 여권용 사진	㉠ 설치신고서 ㉡ (책임자) 실무교육 수료증 사본 ㉢ 사무소 확보를 증명할 수 있는 서류 ㉣ 보증설정을 증명할 수 있는 서류
통지 및 교부	신청일부터 7일 이내 서면통지	신고일부터 7일 이내 신고확인서교부
행정수수료	(주사무소) 시·군·구 조례	
관할 관청	주사무소 소재지의 관할 시장·군수·구청장	

❸ 중개사무소의 공동사용

(1) 공동사무소 설치

① 개업공인중개사는 그 업무의 효율적인 수행을 위하여 다른 개업공인중개사와 중개사무소를 공동으로 사용할 수 있다.

② 중개사무소를 공동으로 사용하고자 하는 개업공인중개사는 중개사무소의 개설등록 또는 중개사무소의 이전신고를 하는 때에 그 중개사무소를 사용할 권리가 있는 다른 개업공인중개사의(×건물주) 승낙서를 첨부하여야 한다.

(2) 중개사무소 공동사용의 제한

업무의 정지기간 중에 있는 개업공인중개사("업무정지개업공인중개사")는 다음에 해당하는 방법으로 다른 개업공인중개사와 중개사무소를 공동으로 사용할 수 없다.

① 업무정지개업공인중개사가 다른 개업공인중개사에게 중개사무소의 공동사용을 위하여 승낙서를 주는 방법으로 공동사용할 수 없다. 다만, 업무정지개업공인중개사가 업무정지 처분을 받기 전부터 중개사무소를 공동사용 중인 다른 개업공인중개사는 제외한다.

② 업무정지개업공인중개사가 다른 개업공인중개사의 중개사무소를 공동으로 사용하기 위하여 중개사무소의 이전신고를 하는 방법으로 공동사용할 수 없다.

④ 중개사무소(분사무소)의 이전신고절차

(1) 중개사무소를 등록관청 관할지역 외로 이전한 경우(후신고, 후요청, 후처분) + 송부요청

① 이전신고

이전한 날부터 10일 이내에 이전후의 등록관청에 그 이전사실을 신고하여야 한다. 이 경우 이전후의 등록관청은 등록증을 재교부하여야 한다.

다만, 개업공인중개사가 등록관청의 관할 지역 내로 이전한 경우에는 등록관청은 중개사무소등록증에 변경사항을 기재하여 이를 교부할 수 있다.

② 송부요청 및 송부

이전신고를 받은 이전후 등록관청은 종전의 등록관청에 관련서류를 송부하여 줄 것을 요청하여야 한다. 이 경우 종전의 등록관청은 지체없이 관련서류를 이전후 등록관청에 송부하여야 한다.

③ 송부서류(× 등록증, 사무소의 확보증명서류)

㉠ 이전신고를 한 중개사무소의 부동산중개사무소등록대장

㉡ 부동산중개사무소 개설등록신청서류

㉢ 최근 1년간의 행정처분 및 행정처분절차가 진행 중인 경우 그 관련서류

④ 행정처분 : 이전후 등록관청

중개사무소를 등록관청 관할구역 외의 지역으로 이전한 경우 이전신고전에 발생한 사유로 인한 개업공인중개사에 대한 행정처분은 이전후 등록관청이 이를 행한다.

(2) 분사무소 이전(주신고·주재교부·주전후통보) : 서류송부요청 및 송부절차는 없다.

① 신고확인서의 재교부

분사무소의 이전신고를 받은 (주된 사무소) 등록관청은 그 내용이 적합한 경우에는 분사무소설치신고확인서를 재교부(관할지역내에서 이전한 경우에는 교부할 수 있다.)하여야 한다.

② 이전사실의 통보

(주된 사무소) 등록관청은 분사무소의 이전신고를 받은 때에는 지체 없이 그 분사무소의 이전 전 및 이전 후의 소재지를 관할하는 등록관청에 이를 통보하여야 한다.

③ **협회통보** : 등록관청은 중개사무소 이전신고사항을 다음달 10일까지 공인중개사협회에 통보하여야 한다.

(3) **제재** : 이전신고를 하지 아니한 경우 100만원 이하의 과태료처분대상이 된다.

3 대표 기출문제

제34회 출제

01 공인중개사법령상 중개사무소의 설치에 관한 설명으로 틀린 것은?

① 개업공인중개사는 그 등록관청의 관할 구역 안에 1개의 중개사무소만을 둘 수 있다.
② 개업공인중개사는 이동이 용이한 임시중개시설물을 설치하여서는 아니된다.
③ 주된 사무소의 소재지가 속한 군에는 분사무소를 설치할 수 없다.
④ 법인이 아닌 개업공인중개사가 그 관할 구역 외의 지역에 분사무소를 설치하기 위해서는 등록관청에 신고하여야 한다.
⑤ 분사무소 설치신고를 받은 등록관청은 그 신고내용이 적합한 경우에는 신고확인서를 교부하여야 한다.

해설

④ 법인만이 분사무소를 설치할 수 있다.

답 ④

제32회 출제

02 공인중개사법령상 중개사무소의 설치에 관한 설명으로 틀린 것은?

① 법인이 아닌 개업공인중개사는 그 등록관청의 관할구역 안에 1개의 중개사무소만 둘 수 있다.
② 다른 법률의 규정에 따라 중개업을 할 수 있는 법인의 분사무소에는 공인중개사를 책임자로 두지 않아도 된다.
③ 개업공인중개사가 중개사무소를 공동으로 사용하려면 중개사무소의 개설등록 또는 이전신고를 할 때 그 중개사무소를 사용할 권리가 있는 다른 개업공인중개사의 승낙서를 첨부해야 한다.
④ 법인인 개업공인중개사가 분사무소를 두려는 경우 소유·전세·임대차 또는 사용대차 등의 방법으로 사용권을 확보해야 한다.
⑤ 법인인 개업공인중개사가 그 등록관청의 관할구역 외의 지역에 둘 수 있는 분사무소는 시·도별로 1개소를 초과할 수 없다.

해설

⑤ 분사무소는 시·군·구별로 1개소를 초과할 수 없다.

답 ⑤

제34회 출제

03 공인중개사법령상 개업공인중개사의 중개사무소 이전신고 등에 관한 설명으로 틀린 것은?

① 개업공인중개사가 중개사무소를 등록관청의 관할 지역 외의 지역으로 이전한 경우에는 이전 후의 중개사무소를 관할하는 시장·군수·구청장에게 신고하여야 한다.
② 개업공인중개사가 등록관청에 중개사무소의 이전사실을 신고한 경우에는 지체 없이 사무소의 간판을 철거하여야 한다.
③ 분사무소의 이전신고를 하려는 경우에는 주된 사무소의 소재지를 관할하는 등록관청에 중개사무소이전신고서를 제출해야 한다.
④ 업무정지 기간 중에 있는 개업공인중개사는 중개사무소의 이전신고를 하는 방법으로 다른 개업공인중개사의 중개사무소를 공동으로 사용할 수 없다.
⑤ 공인중개사인 개업공인중개사가 중개사무소이전신고서를 제출할 때 중개사무소등록증을 첨부하지 않아도 된다.

해설

⑤ 중개사무소를 등록관청 관할지역내·외로 이전한 경우 예외없이 중개사무소 등록증과 중개사무소를 확보하였음을 증명하는 서류를 제출해야 한다.

답 ⑤

제32회 출제

04 공인중개사법령상 공인중개사인 개업공인중개사가 중개사무소를 등록관청의 관할 지역 내로 이전한 경우에 관한 설명으로 틀린 것을 모두 고른 것은?

ㄱ. 중개사무소를 이전한 날부터 10일 이내에 신고해야 한다.
ㄴ. 등록관청이 이전신고를 받은 경우, 중개사무소등록증에 변경사항만을 적어 교부할 수 없고 재교부 해야 한다.
ㄷ. 이전신고를 할 때 중개사무소등록증을 제출하지 않아도 된다.
ㄹ. 건축물대장에 기재되지 않은 건물로 이전신고를 하는 경우, 건축물대장 기재가 지연되는 사유를 적은 서류도 제출해야 한다.

① ㄱ, ㄴ ② ㄱ, ㄹ ③ ㄴ, ㄷ ④ ㄷ, ㄹ ⑤ ㄴ, ㄷ, ㄹ

해설

ㄴ. 등록관청의 관할구역 내로 중개사무소를 이전한 경우, 등록관청은 중개사무소등록증을 재교부하지 않고, 변경사항만을 적어 교부할 수도 있다.
ㄷ. 등록관청 관할 지역내·외 관계없이 이전신고를 할 때 중개사무소등록증을 제출해야 한다.

답 ③

4 출제 예상문제

01 공인중개사법령상 중개사무소의 설치 및 이전에 관한 설명으로 틀린 것은?

① 개업공인중개사가 천막 그 밖에 이동이 용이한 임시 중개시설물을 설치한 경우 1년 이하의 징역 또는 1천만원 이하의 벌금형을 받을 수 있다.

② 중개사무소를 등록관청 관할지역외의 지역으로 이전하여 이전후 등록관청의 요청으로 종전 등록관청이 송부해야 하는 서류에는 중개사무소 등록증이 포함된다.

③ 등록관청은 분사무소의 이전신고를 받은 때에는 지체 없이 그 분사무소의 이전 전 및 이전 후의 소재지를 관할하는 시장·군수 또는 구청장에게 이를 통보하여야 한다.

④ 중개사무소를 등록관청의 관할 지역 내로 이전한 경우, 이전신고를 받은 등록관청은 중개사무소등록증에 변경사항만을 적어 교부할 수 있다.

⑤ 건축물대장에 기재되지 않은 건물로 이전하여 신고를 하는 경우, 건축물대장 기재가 지연되는 사유를 적은 서류도 제출해야 한다.

해설 ✦ 중개사무소를 등록관청 관할지역 외의 지역으로 이전한 경우
이전후의 등록관청으로부터 관련서류를 송부하여 줄 것을 요청받은 종전의 등록관청이 이전 후의 등록관청에 송부하여야 하는 서류는 다음과 같다.
㉠ 이전신고를 한 중개사무소의 부동산중개사무소등록대장
㉡ 부동산중개사무소 개설등록 신청서류
㉢ 최근 1년간의 행정처분 및 행정처분절차가 진행 중인 경우 그 관련서류

정답 ✦ ②

02 공인중개사법령상 법인인 개업공인중개사의 분사무소에 관한 설명으로 틀린 것은?

① 분사무소 설치신고를 하는 때에는 보증의 설정을 증명할 수 있는 서류를 제출하여야 한다.
② 분사무소 설치신고서에는 본사 명칭, 등록번호, 소재지와 책임자에게 공인중개사 자격증 발급 시·도를 기재하여야 한다.
③ 분사무소에 옥외광고물을 설치하는 경우 신고확인서에 기재된 대표자의 성명을 표기하여야 한다.
④ 등록관청은 법인인 개업공인중개사에 대하여는 법인 또는 분사무소별로 업무의 정지를 명할 수 있다.
⑤ 분사무소에서 사용할 인장을 「상업등기규칙」에 따라 신고한 법인의 인장을 등록하는 경우, 「상업등기규칙」에 따른 인감증명서의 제출로 갈음할 수 있다.

해설 ✦ ③ 분사무소 책임자의 성명을 인식할 수 있는 정도의 크기로 표기해야 한다.

정답 ✦ ③

테마 09 중개사무소 명칭·옥외광고물·표시광고 등

1 출제예상과 학습포인트

✦ 기출횟수

25회, 27회, 28회, 29회, 30회, 31회, 32회, 34회

✦ 35회 출제 예상

출제가 예상된다.

✦ 35회 중요도

★★★

✦ 학습범위

명칭사용의무, 옥외광고물 설치, 표시·광고시 명시사항 및 모니터링, 간판철거사유를 숙지하여야 한다.

✦ 학습방법

법조문에 충실하게 함정체크하고, 그 제재를 구분하여 암기한다.

✦ 핵심쟁점

❶ 명칭사용의무 ❷ 표시·광고시 명시사항 ❸ 인터넷 표시·광고 모니터링

2 핵심 내용

❶ 중개사무소의 명칭사용 등

(1) 중개사무소의 명칭

① 개업공인중개사는 그 사무소의 명칭에 "공인중개사사무소" 또는 "부동산중개"라는 문자를 사용하여야 한다. 이를 위반한 경우 100만원 이하의 과태료처분대상이 된다.

② 법 부칙 제6조 제2항에 의한 개업공인중개사는 그 사무소의 명칭에 "공인중개사사무소"라는 문자를 사용하여서는 아니된다. 이를 위반한 경우 100만원 이하의 과태료처분대상이 된다.

③ 개업공인중개사가 아닌 자는 "공인중개사사무소", "부동산중개" 또는 이와 유사한 명칭을 사용하여서는 아니된다. 이의 위반시 1년 이하의 징역 또는 1천만원 이하의 벌금형대상이 된다. (발품부동산, 부동산카페)

(2) 옥외광고물 설치 : 설치의무는 없다.

개업공인중개사가 옥외광고물을 설치하는 경우 중개사무소 등록증(분사무소의 경우 신고확인서)에 표기된 개업공인중개사(법인의 대표자, 분사무소의 경우 책임자)의 성명을 인식할 수 있는 정도의 크기로 표기하여야 한다.

(3) 철거명령 및 대집행

등록관청은 개업공인중개사 또는 개업공인중개사가 아닌 자가 사무소 명칭 또는 옥외광고물 성명표기 규정에 위반한 사무소의 간판 등에 대하여 철거를 명할 수 있다. 이 경우 그 명령을 받은 자가 철거를 이행하지 아니하는 경우에는 행정대집행법에 의하여 대집행을 할 수 있다.

❷ 중개대상물의 표시·광고 : 의무는 없다.

① 개업공인중개사가 의뢰받은 중개대상물에 대하여 표시·광고를 하려면 (중개사무소), (개업공인중개사)에 관한 사항으로서 다음의 사항을 명시하여야 하며, 중개보조원에 관한 사항은 명시해서는 아니된다.(×중개대상물)

[공통 명시사항]
㉠ 중개사무소 명칭
㉡ 중개사무소 소재지(×중개대상물 소재지)
㉢ 중개사무소 연락처
㉣ 중개사무소 등록번호
㉤ 개업공인중개사의 성명(법인인 경우에는 대표자의 성명)(×종별)

② 개업공인중개사가 (인터넷)을 이용하여 중개대상물에 대한 표시·광고를 하는 때에는 공통명시사항 외에 (중개대상물)의 종류별로 대통령령으로 정하는 사항을 명시하여야 한다.
㉠ 중개대상물 소재지
㉡ 중개대상물 면적
㉢ 중개대상물 가격
㉣ 중개대상물 종류
㉤ 거래 형태
㉥ 건축물 및 그 밖의 토지의 정착물인 경우 다음 각 목의 사항
ⓐ 총 층수
ⓑ 「건축법」 또는 「주택법」 등 관련 법률에 따른 사용승인·사용검사·준공검사 등을 받은 날
ⓒ 해당 건축물의 방향, 방의 개수, 욕실의 개수, 입주가능일, 주차대수 및 관리비

③ 개업공인중개사가 아닌 자는 중개대상물에 대한 표시·광고를 하여서는 아니 된다.

④ 위반시 제재

㉠ 100만원 이하의 과태료

ⓐ 중개사무소의 명칭, 소재지 및 연락처, 개업공인중개사의 성명(법인인 경우에는 대표자의 성명)을 명시하지 아니하고 중개대상물의 중개에 관한 표시·광고를 한 개업공인중개사

ⓑ 중개대상물에 관한 표시·광고시 중개보조원에 관한 사항을 명시한 개업공인중개사

ⓒ 인터넷 표시·광고시 중개사무소 및 중개대상물에 관한 사항을 명시하지 아니한 개업공인중개사

㉡ 1년 이하의 징역 또는 1천만원 이하의 벌금형

개업공인중개사가 아닌 자가 중개대상물에 대한 표시·광고를 한 경우

⑤ 부당한 표시·광고행위 금지 : 500만원 이하의 과태료처분대상

부당한 표시·광고의 세부적인 유형 및 기준 등에 관한 사항은 국토교통부장관이 정하여 고시한다.

㉠ 중개대상물이 존재하지 않아서 실제로 거래를 할 수 없는 중개대상물에 대한 표시·광고

㉡ 중개대상물의 가격 등 내용을 사실과 다르게 거짓으로 표시·광고하거나 사실을 과장되게 하는 표시·광고

㉢ 중개대상물이 존재하지만 실제로 중개의 대상이 될 수 없는 중개대상물에 대한 표시·광고

㉣ 중개대상물이 존재하지만 실제로 중개할 의사가 없는 중개대상물에 대한 표시·광고

㉤ 중개대상물의 입지조건, 생활여건, 가격 및 거래조건 등 중개대상물 선택에 중요한 영향을 미칠 수 있는 사실을 빠뜨리거나 은폐·축소하는 등의 방법으로 소비자를 속이는 표시·광고

⑥ 인터넷 표시·광고 모니터링

㉠ 국토교통부장관은 인터넷을 이용한 중개대상물에 대한 표시·광고가 중개대상물의 표시·광고 규정을 준수하는지 여부를 모니터링 할 수 있다.

㉡ 국토교통부장관은 모니터링을 위하여 필요한 때에는 정보통신서비스 제공자에게 관련 자료의 제출을 요구할 수 있다. 이 경우 관련 자료의 제출을 요구받은 정보통신서비스 제공자는 정당한 사유가 없으면 이에 따라야 한다.

㉢ 국토교통부장관은 모니터링 결과에 따라 정보통신서비스 제공자에게 이 법 위반이 의심되는 표시·광고에 대한 확인 또는 추가정보의 게재 등 필요한 조치를 요구할 수 있다. 이 경우 필요한 조치를 요구받은 정보통신서비스 제공자는 정당한 사유가 없으면 이에 따라야 한다.

㉣ 국토교통부장관은 모니터링 업무를 공공기관, 정부출연연구기관, 국토교통부장관이 인정하는 기관 또는 단체 등에 위탁할 수 있다. 위탁기관에 예산의 범위에서 위탁업무수행에 필요한 예산을 지원할 수 있다.

⑦ 인터넷 표시·광고 모니터링 업무의 내용 및 방법 등

㉠ 모니터링 업무는 다음의 구분에 따라 수행한다.

ⓐ 기본 모니터링 업무: 모니터링 기본계획서에 따라 분기별로 실시하는 모니터링

ⓑ 수시 모니터링 업무: 법 제18조의2(중개대상물의 표시·광고)를 위반한 사실이 의심되는 경우 등 국토교통부장관이 필요하다고 판단하여 실시하는 모니터링

㉡ 모니터링 업무 수탁기관(모니터링 기관)은 업무를 수행하려면 다음의 구분에 따라 계획서를 국토교통부장관에게 제출해야 한다.

ⓐ 기본 모니터링 업무: 모니터링 대상, 모니터링 체계 등을 포함한 다음 연도의 모니터링 기본계획서를 매년 12월 31일까지 제출할 것

ⓑ 수시 모니터링 업무: 모니터링의 기간, 내용 및 방법 등을 포함한 계획서를 제출할 것

㉢ 모니터링 기관은 업무를 수행한 경우 해당 업무에 따른 결과보고서를 다음의 구분에 따른 기한까지 국토교통부장관에게 제출해야 한다.

ⓐ 기본 모니터링 업무: 매 분기의 마지막 날부터 30일 이내

ⓑ 수시 모니터링 업무: 해당 모니터링 업무를 완료한 날부터 15일 이내

㉣ 국토교통부장관은 제출받은 결과보고서를 시·도지사 및 등록관청에 통보하고 필요한 조사 및 조치를 요구할 수 있다.

㉤ 시·도지사 및 등록관청은 국토교통부장관의 요구를 받으면 신속하게 조사 및 조치를 완료하고, 완료한 날부터 10일 이내에 그 결과를 국토교통부장관에게 통보해야 한다.

3 대표 기출문제

제34회 출제

01 공인중개사법령상 중개사무소의 명칭 및 등록증 등의 게시에 관한 설명으로 틀린 것은?

① 공인중개사인 개업공인중개사는 공인중개사자격증 원본을 해당 중개사무소 안의 보기 쉬운 곳에 게시하여야 한다.

② 개업공인중개사는「부가가치세법 시행령」에 따른 사업자등록증을 해당 중개사무소 안의 보기 쉬운 곳에 게시하여야 한다.

③ 법인인 개업공인중개사는 그 사무소의 명칭에 '공인중개사사무소' 또는 '부동산중개'라는 문자를 사용하여야 한다.

④ 법인인 개업공인중개사의 분사무소에 옥외광고물을 설치하는 경우 분사무소설치 신고확인서에 기재된 책임자의 성명을 표기하여야 한다.

⑤ 법 제7638호 부칙 제6조제2항에 따른 개업공인중개사는 그 사무소의 명칭에 '공인중개사사무소' 및 '부동산중개/라는 문자를 사용하여서는 아니된다.

해설

⑤ 사무소의 명칭에 '공인중개사사무소' 문자사용은 금지되지만, '부동산중개'라는 문자는 사용할 수 있다.

답 ⑤

제31회 출제

02 공인중개사법령상 중개사무소 명칭에 관한 설명으로 옳은 것은?

① 공인중개사인 개업공인중개사는 그 사무소의 명칭에 "공인중개사사무소" 또는 "부동산중개"라는 문자를 사용하여야 한다.
② 공인중개사가 중개사무소의 개설등록을 하지 않은 경우, 그 사무소에 "공인중개사사무소"라는 명칭을 사용할 수 없지만, "부동산중개"라는 명칭은 사용할 수 있다.
③ 공인중개사인 개업공인중개사가 관련 법령에 따른 옥외광고물을 설치하는 경우, 중개사무소등록증에 표기된 개업공인중개사의 성명을 표기할 필요는 없다.
④ 중개사무소 개설등록을 하지 않은 공인중개사가 "부동산중개"라는 명칭을 사용한 경우, 국토교통부장관은 그 명칭이 사용된 간판 등의 철거를 명할 수 있다.
⑤ 개업공인중개사가 의뢰받은 중개대상물에 대하여 표시·광고를 하려는 경우, 중개사무소의 명칭은 명시하지 않아도 된다.

해설

② 중개사무소의 개설등록을 하지 않은 자는 그 사무소에 "공인중개사사무소" 또는 "부동산중개" 이와 유사한 명칭을 사용할 수 없다.
③ 옥외광고물을 설치하는 경우에는 중개사무소등록증에 표기된 개업공인중개사의 성명을 표기해야 한다.
④ 등록관청이 개업공인중개사 또는 개업공인중개사가 아닌 자의 위법 간판의 철거를 명할 수 있다.
⑤ 표시·광고시에는 중개사무소의 명칭을 명시하여야 한다.

답 ①

제31회 출제

03 공인중개사법령상 개업공인중개사가 의뢰받은 중개대상물에 대하여 표시·광고를 하는 경우에 관한 설명으로 옳은 것은?

① 중개보조원이 있는 경우 개업공인중개사의 성명과 함께 중개보조원의 성명을 명시할 수 있다.
② 중개대상물에 대한 표시·광고를 위하여 대통령령으로 정해진 사항의 구체적인 표시·광고 방법은 국토교통부장관이 정하여 고시한다.
③ 중개대상물의 내용을 사실과 다르게 거짓으로 표시·광고한 자를 신고한 자는 포상금 지급 대상이다.
④ 인터넷을 이용하여 표시·광고를 하는 경우 중개사무소에 관한 사항은 명시하지 않아도 된다.
⑤ 인터넷을 이용한 중개대상물의 표시·광고 모니터링 업무 수탁기관은 기본계획서에 따라 6개월마다 기본 모니터링 업무를 수행한다.

해설

① 중개보조원을 명시해서는 아니 된다.
③ 부당한 표시·광고를 한 자는 포상금이 지급되는 신고·고발대상이 아니다.
④ 인터넷을 이용하여 표시·광고시에는 중개사무소의 명칭, 소재지, 연락처, 등록번호를 명시해야 한다.
⑤ 기본 모니터링은 분기마다 실시한다.

답 ②

4 출제 예상문제

01 공인중개사법령상 개업공인중개사가 인터넷을 이용하여 중개대상물에 대한 표시·광고를 하는 경우에 관한 설명으로 틀린 것은?

① 국토교통부장관은 인터넷 표시·광고 모니터링 업무를 대통령령으로 정하는 기관에 위탁하는 경우에는 위탁받는 기관 및 위탁업무의 내용을 고시해야 한다.
② 기본 모니터링업무는 중개대상물의 표시·광고규정을 위반한 사실이 의심되는 경우 등 국토교통부장관이 필요하다고 판단하여 실시하는 모니터링을 말한다.
③ 모니터링 기관은 수시 모니터링 업무를 수행하면 해당 업무에 따른 결과보고서 업무를 완료한 날부터 15일 이내에 국토교통부장관에게 제출해야 한다.
④ 시·도지사 및 등록관청 등은 조사 및 조치의 요구를 받으면 신속하게 조사 및 조치를 완료하고, 완료한 날부터 10일 이내에 그 결과를 국토교통부장관에게 통보해야 한다.
⑤ 중개사무소, 개업공인중개사에 관한 사항외에 중개대상물의 종류별로 대통령령으로 정하는 소재지, 면적, 가격 등의 사항을 명시하여야 한다.

해설✦ ② 기본 모니터링업무는 모니터링 기본계획서에 따라 분기별로 실시하는 모니터링을 말하고, 수시 모니터링업무는 제18조의2(중개대상물의 표시·광고)규정을 위반한 사실이 의심되는 경우 등 국토교통부장관이 필요하다고 판단하여 실시하는 모니터링을 말한다.
③ 모니터링 기관은 업무를 수행한 경우 해당 업무에 따른 결과보고서를 다음의 구분에 따른 기한까지 국토교통부장관에게 제출해야 한다.
㉠ 기본 모니터링 업무: 매 분기의 마지막 날부터 30일 이내
㉡ 수시 모니터링 업무: 해당 모니터링 업무를 완료한 날부터 15일 이내

정답✦ ②

테마 10 개업공인중개사의 업무 범위

1 출제예상과 학습포인트

✦ 기출횟수
28회, 29회, 30회, 31회, 32회

✦ 35회 출제 예상
단독문제 또는 법인의 등록기준과 관련하여 출제가 예상된다.

✦ 35회 중요도
★★★

✦ 학습범위
법인 개업공인중개사의 업무범위(법 제14조)

✦ 학습방법
법인인 개업공인중개사의 업무범위를 함정체크하고, 경매·공매업무범위 학습해야 한다.

✦ 핵심쟁점
법인인 개업공인중개사의 업무범위

2 핵심 내용

❶ 중개업무지역 - 종별에 따른 차이가 있다

(1) 법인인 개업공인중개사(분사무소·특수법인포함) **및 공인중개사인 개업공인중개사의 업무지역 : 전국**

(2) 법 부칙 제6조 제2항의 개업공인중개사

① **원칙** : 당해 중개사무소가 소재하는 특별시·광역시·도 또는 특별자치도의 관할구역내 있는 중개대상물에 한하여 중개할 수 있다.

② **예외** : 부동산거래정보망에 가입·이용하여 중개하는 경우, 당해 거래정보망에 공개된 관할구역(특·광·도)외의 중개대상물에 대하여 이를 중개할 수 있다.

③ **제재** : 업무지역범위(특별시·광역시·도 또는 특별자치도)를 위반한 경우에는 업무정지대상이다.

❷ 중개대상물의 범위 - 종별에 따른 차이가 없다

❸ 법인인 개업공인중개사의 업무범위(법 제14조): 겸업을 할 수 있다.

법인인 개업공인중개사는 다른 법률에 규정된 경우를 제외하고는 중개업 및 다음 업무외에 다른 업무를 함께 할 수 없다. 이의 위반시는 등록취소 또는 업무정지처분을 받을 수 있다.

① 중개업(× 부동산업)
② 상업용 건축물 및 주택의 임대관리 등 부동산의 관리대행
(× 농업용 창고시설의 관리업, 부동산 임대업)
③ 부동산의 이용, 개발 및 거래에 관한 상담(× 부동산개발업, 부동산거래업)
④ 개업공인중개사를 대상으로 한 중개업의 경영기법 및 경영정보 제공(×공인중개사 대상)
⑤ 상업용 건축물 및 주택의 분양대행(× 토지·택지·용지분양대행)
⑥ 중개의뢰인의 의뢰에 따른 도배·이사업체 소개 등 용역의 알선
(×용역업, 용역의 제공, 운송업, 도배업)
⑦ 민사집행법상 경매 또는 국세징수법 기타 법령에 의한 공매대상 부동산에 대한 권리분석 및 취득의 알선과 매수신청 또는 입찰신청대리(부칙 개업공인중개사는 제외)

❹ 개업공인중개사의 경매대리업무 등

개업공인중개사(부칙 개업공인중개사는 제외)가 민사집행법에 의한 경매대상 부동산의 매수신청 또는 입찰신청의 대리를 하고자 하는 때에는 대법원규칙이 정하는 요건을 갖추어 법원(지방법원장)에 등록을 하고 그 감독을 받아야 한다.

❺ 공인중개사법상 개업공인중개사의 종별에 관계없이 법 제14조의 겸업 중 경매·공매업무를 제외한 나머지(5가지)업무는 공통으로 수행할 수 있다.

3 대표 기출문제

제31회 출제

01 공인중개사법령상 법인인 개업공인중개사가 겸업할 수 있는 것을 모두 고른 것은? (단, 다른 법률의 규정은 고려하지 않음)

ㄱ. 주택용지의 분양대행
ㄴ. 주상복합 건물의 분양 및 관리의 대행
ㄷ. 부동산의 거래에 관한 상담 및 금융의 알선
ㄹ. 국세징수법상 공매대상 동산에 대한 입찰신청의 대리
ㅁ. 법인인 개업공인중개사를 대상으로 한 중개업의 경영기법 제공

① ㄱ, ㄴ ② ㄴ, ㅁ ③ ㄷ, ㄹ ④ ㄱ, ㄴ, ㅁ ⑤ ㄴ, ㄷ, ㄹ, ㅁ

해설

중개법인은 ㄱ. 주택용지의 분양대행, ㄷ. 금융의 알선, ㄹ. 공매대상 '동산'에 대한 입찰신청의 대리는 할 수 없다.

답 ②

4 출제 예상문제

01 공인중개사법령상 법인인 개업공인중개사가 중개업과 겸업할 수 있는 업무는? (다른 법률에 규정된 경우를 제외함)

① 주택의 임대업
② 부동산의 개발업
③ 토지에 대한 분양대행업
④ 공인중개사인 개업공인중개사를 대상으로 한 중개업의 경영기법 제공업
⑤ 중개의뢰인의 의뢰에 따른 주거이전에 부수되는 용역의 제공업

해설 ✦ **[개업공인중개사인 법인의 업무범위]**

㉠ 상업용 건축물 및 주택의 임대관리 등 부동산의 관리대행
㉡ 부동산의 이용, 개발 및 거래에 관한 상담
㉢ 개업공인중개사를 대상으로 한 중개업의 경영기법 및 경영정보 제공
㉣ 상업용 건축물 및 주택의 분양대행
㉤ 중개의뢰인의 의뢰에 따른 도배·이사업체 소개 등 용역의 알선
㉥ 민사집행법상 경매 또는 국세징수법 기타 법령에 의한 공매대상 부동산에 대한 권리분석 및 취득의 알선과 매수신청 또는 입찰신청대리(법부칙규정에 따른 개업공인중개사는 제외)

정답 ✦ ④

테마 11 개업공인중개사의 고용인 (소속공인중개사와 중개보조원)

1 출제예상과 학습포인트

✦ 기출횟수

25회, 26회, 27회, 28회, 29회, 30회, 31회, 32회, 34회

✦ 35회 출제 예상

출제가 예상된다.

✦ 35회 중요도

★★★

✦ 학습범위

고용신고 및 종료신고절차, 고용인의 업무상 행위에 대한 개업공인중개사의 책임내용

✦ 학습방법

고용신고 및 종료신고절차에 관한 법조문을 함정체크하고, 고용인의 업무상 행위에 대한 개업공인중개사의 책임범위를 학습해야 한다.

✦ 핵심쟁점

❶ 고용신고 및 종료신고절차
❷ 고용인의 업무상행위로 인한 개업공인중개사의 책임

2 핵심 내용

❶ 공통점

① **고용** : 개업공인중개사는 소속공인중개사 및 중개보조원을 둘 수 있다.

② **고용신고** : 개업공인중개사는 소속공인중개사 또는 중개보조원을 고용한 경우에는 소속공인중개사는 실무교육을, 중개보조원은 직무교육을 받도록 한 후 업무개시 전까지 등록관청에 신고하여야 한다.

③ **고용관계종료신고** : 개업공인중개사는 소속공인중개사 또는 중개보조원과 고용관계가 종료된 경우에는 고용관계종료일부터(해고일부터) 10일 이내에 등록관청에 신고하여야 한다.

④ **업무정지대상** : 개업공인중개사가 고용인의 고용신고 또는 고용관계종료신고의무를 위반한 경우 업무정지대상이 된다.

⑤ 외국인을 고용한 경우 : 고용신고서에 등록의 결격사유에 해당하지 아니함을 증명하는 서류를 첨부하여야 한다.

⑥ **등록관청의 확인** : 고용신고를 받은 등록관청은 등록의 결격사유 등의 해당여부와 소속공인중개사의 실무교육 및 중개보조원의 직무교육수료여부를 확인하여야 한다.

⑦ **개업공인중개사의 책임** : 고용인의 업무상 행위는 그를 고용한 개업공인중개사의 행위로 본다.
= 손해배상책임, 행정처분

⑧ **협회통보** : 등록관청은 고용신고 및 종료신고사항을 다음달 10일까지 공인중개사협회에 통보하여야 한다.

⑨ **행정형벌대상** : 공인중개사법을 위반한 경우 징역형 또는 벌금형대상이 된다.

❷ 차이점

① **공인중개사 자격유무** : 소속공인중개사는 공인중개사로서 중개업무를 보조하는 자인데 대하여 중개보조원은 공인중개사가 아닌 점에서 차이가 있다.

② **중개업무수행여부** : 중개보조원은 중개대상물 확인·설명, 거래계약서 및 중개대상물 확인·설명서 작성행위와 같은 중개업무는 수행할 수 없다.

③ **자격확인** : 소속공인중개사(×중개보조원)의 고용신고를 받은 등록관청은 공인중개사 자격증을 발급한 시·도지사에게 소속공인중개사의 공인중개사 자격확인을 요청하여야 한다.(×자격증사본제출)

④ **소속공인중개사의 고용신고서 기재사항** : 소속공인중개사에게 공인중개사자격증 발급 시·도 및 자격증번호

⑤ **교육대상** : 소속공인중개사는 실무교육 및 연수교육대상자이고, 중개보조원은 직무교육대상자이다.

⑥ **인장등록·서명 및 날인의무** : 소속공인중개사는 중개행위에 사용할 인장을 등록하여야 하고, 거래계약서와 중개대상물 확인·설명서에 서명 및 날인의무가 있는 반면, 중개보조원은 그러한 의무가 없다.

⑦ **행정처분대상** : 소속공인중개사는 자격취소 및 자격정지의 행정처분대상이 될 수 있는데 대하여 중개보조원은 행정처분의 대상이 될 수 없다.

⑧ **기본윤리적용대상** : 개업공인중개사 및 소속공인중개사는 전문직업인으로서 품위유지, 신의·성실, 공정중개의무를 부담한다.

⑨ **중개보조원을 고용할 수 있는 수 제한** : 개업공인중개사가 고용할 수 있는 중개보조원의 수는 개업공인중개사와 소속공인중개사를 합한 수의 5배를 초과하여서는 아니 된다.

⑩ **중개보조원의 고지의무** : 중개보조원은 현장안내 등 중개업무를 보조하는 경우 중개의뢰인에게 본인이 중개보조원이라는 사실을 미리 알려야 한다.

❸ 고용인의 업무상 행위에 대한 개업공인중개사의 책임

(1) 고용인의 업무상 행위는 그를 고용한 개업공인중개사의 행위로 본다.(×추정)

고용인의 고의 또는 과실로 거래당사자에게 손해를 입힌 경우 그 고용인을 고용한 개업공인중개사만이 손해배상책임을 지도록 하고 고용인에게는 손해배상책임을 지우지 않는다는 취지를 규정한 것이 아니라 고용인은 직접 불법행위자로서 책임을 부담한다.

1) 민사상 책임: 고용인은 과실책임, 개업공인중개사는 무과실책임

고용인이 업무상 행위를 함에 있어서 그의 고의 또는 과실로 인하여 거래당사자에게 재산상 손해를 가한 경우 그 행위는 그를 고용한 개업공인중개사의 행위로 본다.

① 중개의뢰인은 고용인 또는 개업공인중개사에게 선택적(한쪽) 또는 공동(쌍방)으로 손해배상청구할 수 있다.

② 고용인의 업무상 행위로 인한 손해에 대하여 개업공인중개사가 손해배상을 한 경우 고용인에게 구상권을 행사할 수 있다.

2) 행정상 책임

고용인이 업무상 행위를 함에 있어서 등록취소 또는 업무정지처분에 해당하는 위반행위를 한 경우 그를 고용한 개업공인중개사가 행정처분을 받게 된다.

예를 들면 고용인 중 소속공인중개사가 법 제33조 소정의 금지행위 등 법령사항을 위반한 경우 자신이 자격정지처분을 받는 것 이외에 그를 고용한 개업공인중개사는 등록취소 또는 업무정지 등 행정처분을 받을 수 있다. 그러나 중개보조원이 이 법을 위반한 경우에는 (중개보조원은 행정처분 대상이 될 수 없으므로)개업공인중개사만 행정처분을 받을 수 있다.

(2) 양벌규정 : 형벌(징역형 또는 벌금형)에 해당하는 위반행위를 한 경우에만 적용

소속공인중개사·중개보조원 또는 개업공인중개사인 법인의 사원·임원이 중개 업무에 관하여 행정형벌(징역 또는 벌금형)에 해당하는 위반행위를 한 때에는 그 행위자(고용인)를 벌하는(징역 또는 벌금형) 외에 그 개업공인중개사에 대하여도 벌금형을 과한다. 다만, 그 개업공인중개사가 그 고용인의 위반행위를 방지하기 위하여 상당한 주의와 감독을 게을리 하지 않은 경우에는 벌금형을 과하지 않는다.

① 양벌규정으로 개업공인중개사가 300만원 이상의 벌금형을 선고받은 경우에도 (이법을 직접 위반한 자가 아니므로) 등록의 결격사유에 해당하지 않는다.

② 고용인과 개업공인중개사가 벌금형대상이 될 수 있는 것은 동일하지만, 항상 동일형량(동일금액)이 선고되는 것은 아니다.

3 대표 기출문제

제34회 출제

01 공인중개사법령상 개업공인중개사의 고용인에 관한 설명으로 옳은 것은?

① 중개보조원의 업무상 행위는 그를 고용한 개업공인중개사의 행위로 보지 않는다.
② 소속공인중개사를 고용하려는 개업공인중개사는 고용 전에 미리 등록관청에 신고해야 한다.
③ 개업공인중개사는 중개보조원과의 고용관계가 종료된 때에는 고용관계가 종료된 날부터 10일 이내에 등록관청에 신고하여야 한다.
④ 개업공인중개사가 소속공인중개사의 고용신고를 할 때에는 해당 소속공인중개사의 실무교육 수료확인증을 제출하여야 한다.
⑤ 개업공인중개사는 외국인을 중개보조원으로 고용할 수 없다.

해설

① 개업공인중개사의 행위로 본다. 따라서 고용인의 업무상 행위에 대하여 개업공인중개사는 무과실인 경우에도 손해배상책임이 있고, 등록취소 또는 업무정지처분을 받을 수 있다.
② 소속공인중개사를 ㉠고용한 경우 ㉡실무교육을 받도록 한 후 ㉢업무개시전에 등록관청에 신고해야 한다.(전자문서 신고포함)
④ 소속공인중개사의 공인중개사 자격증원본은 게시사항에 포함되지만 실무교육수료확인증은 게시사항이 아니다.
⑤ 외국인을 소속공인중개사 또는 중개보조원으로 고용할 수 있다. 이 경우 고용신고시에 등록의 결격사유에 해당하지 아니함을 증명하는 서류를 고용신고서에 첨부하여 제출해야 한다.

답 ③

제32회 출제

02 공인중개사법령상 개업공인중개사의 고용인에 관한 설명으로 틀린 것은?

① 개업공인중개사는 중개보조원과 고용관계가 종료된 경우 그 종료일부터 10일 이내에 등록관청에 신고해야 한다.
② 소속공인중개사의 고용신고를 받은 등록관청은 공인중개사 자격증을 발급한 시·도지사에게 그 소속공인중개사의 공인중개사 자격 확인을 요청해야 한다.
③ 중개보조원뿐만 아니라 소속공인중개사의 업무상 행위는 그를 고용한 개업공인중개사의 행위로 본다.
④ 개업공인중개사는 중개보조원을 고용한 경우, 등록관청에 신고한 후 업무개시 전까지 등록관청이 실시하는 직무교육을 받도록 해야 한다.
⑤ 중개보조원의 고용신고를 받은 등록관청은 그 사실을 공인중개사협회에 통보해야 한다.

해설

④ 중개보조원을 고용한 때에는 직무교육을 받도록 한 후 업무개시 전까지 등록관청에 신고하여야 한다.

답 ④

4 출제 예상문제

01 공인중개사법령상 개업공인중개사의 고용인에 관한 설명으로 틀린 것은?

① 개업공인중개사가 중개보조원을 고용한 경우 직무교육을 받도록 한 후 업무개시 전까지 등록관청에 신고해야 한다.
② 개업공인중개사가 고용할 수 있는 중개보조원의 수는 개업공인중개사와 소속공인중개사를 합한 수의 5배를 초과하여 둔 경우 벌금형대상이 된다.
③ 고용인의 업무상 행위로 발생한 재산상의 손해에 대하여 개업공인중개사는 상당한 주의와 감독을 게을리하지 아니한 경우에는 그 손해를 배상할 책임을 부담하지 않는다.
④ 고용인의 과실로 인한 손해에 대하여 개업공인중개사가 중개의뢰인에게 손해배상을 한 경우, 개업공인중개사는 고용인에게 구상권을 행사할 수 있다.
⑤ 고용인이 중개업무에 관하여 이 법상 형벌에 해당하는 위반행위를 한 경우, 개업공인중개사가 그 위반행위를 방지하기 위하여 해당 업무에 관하여 상당한 주의와 감독을 게을리하지 아니한 경우에는 벌금형을 받지 않는다.

해설 ✦ ③ 고용인이 업무상 행위를 함에 있어서 그의 고의 또는 과실로 인하여 거래당사자에게 재산상 손해를 가한 경우 그 행위는 그를 고용한 개업공인중개사의 행위로 본다. 따라서 개업공인중개사는 무과실인 경우에도 책임이 있다.

④ 고용인의 고의 또는 과실로 거래당사자에게 손해를 입힌 경우 그 고용인을 고용한 개업공인중개사만이 손해배상책임을 지도록 하고 고용인에게는 손해배상책임을 지우지 않는다는 취지를 규정한 것이 아니라 고용인은 직접 불법행위자로서 책임을 부담한다.

⑤ 개업공인중개사가 그 고용인의 위반행위를 방지하기 위하여 상당한 주의와 감독을 게을리 하지 않은 경우에는 벌금형을 과하지 않는다.

정답 ✦ ③

02 개업공인중개사 甲의 소속공인중개사 乙이 중개업무를 하면서 중개대상물의 거래상 중요사항에 관하여 거짓된 언행으로 중개의뢰인 丙의 판단을 그르치게 하여 재산상 손해를 입혔다. 공인중개사법령에 관한 설명으로 틀린 것은? (다툼이 있으면 판례에 따름)

① 乙의 행위는 공인중개사 자격정지 사유에 해당한다.
② 乙은 1년 이하의 징역 또는 1천만원 이하의 벌금에 처한다.
③ 등록관청은 甲의 중개사무소 개설등록을 취소할 수 있다.
④ 乙은 당연히 불법행위자로서 丙이 입은 손해를 배상할 책임이 있다.
⑤ 乙이 징역 또는 벌금형을 선고받은 경우 甲은 乙의 위반행위 방지를 위한 상당한 주의·감독을 게을리 하지 않았더라도 벌금형을 받을 수 있다.

해설 ✦ 양벌규정 : 형벌(징역형 또는 벌금형)에 해당하는 위반행위를 한 경우에만 적용

소속공인중개사·중개보조원 또는 개업공인중개사인 법인의 사원·임원이 중개 업무에 관하여 행정형벌(징역 또는 벌금형)에 해당하는 위반행위를 한 때에는 그 행위자(고용인)를 벌하는(징역 또는 벌금형) 외에 그 개업공인중개사에 대하여도 벌금형을 과한다. 다만, 그 개업공인중개사가 그 고용인의 위반행위를 방지하기 위하여 상당한 주의와 감독을 게을리 하지 않은 경우에는 벌금형을 과하지 않는다.

㉠ 양벌규정으로 개업공인중개사가 300만원 이상의 벌금형을 선고받은 경우에도 (이법을 직접 위반한 자가 아니므로) 등록의 결격사유에 해당하지 않는다.

㉡ 고용인과 개업공인중개사가 벌금형대상이 될 수 있는 것은 동일하지만, 항상 동일형량(동일금액)이 선고되는 것은 아니다.

정답 ✦ ⑤

테마 12 인장의 등록·변경등록 및 사용의무

1 출제예상과 학습포인트

✦ 기출횟수

25회, 27회, 28회, 29회, 30회, 31회, 34회

✦ 35회 출제 예상

자주 출제되는 부분이므로 출제가 예상된다.

✦ 35회 중요도

★★

✦ 학습범위

인장등록의무자 및 등록시기, 등록할 인장, 등록방법

✦ 학습방법

인장등록의무자 및 인장등록시기, 등록할 인장, 등록방법에 대하여 함정체크한다.

✦ 핵심쟁점

❶ 인장등록의무자 및 등록시기 ❷ 등록할 인장 및 등록방법

2 핵심 내용

❶ 인장등록의무(×중개보조원)

개업공인중개사 및 소속공인중개사는 업무개시전까지 중개행위에 사용할 인장을 등록관청에 등록(전자문서에 의한 등록을 포함한다.)하여야 한다.

① 중개사무소의 개설등록신청시에 중개행위에 사용할 인장을 등록할 수 있다.
② 소속공인중개사의 경우 개업공인중개사가 고용신고를 하는 때에 인장을 등록할 수 있다.
③ 분사무소에서 사용할 인장은 주된 사무소 소재지의 관할 등록관청에 등록하여야 한다.

(1) 개업공인중개사 및 소속공인중개사가 등록할 인장 및 등록방법

① **법인이 아닌 자** : 공인중개사인 개업공인중개사, 부칙 제6조 제2항의 개업공인중개사, 소속공인중개사

㉠ 등록할 인장 : 인장에는 제한이 없다, 크기에 제한이 있다.
가족관계등록법에 따른 가족관계등록부 또는 주민등록법에 따른 주민등록표에 기재된 성명이 나타난 인장으로서, 가로 세로 각각 7mm이상 30mm 이내의 인장을 등록하므로 반드시 인감증명법에 따라 신고한 인장을 등록하여야 하는 것은 아니다.

㉡ 인장등록방법 : 중개행위에 사용할 인장을 날인한 인장등록신고서를 제출하여야 한다.(×인감증명서 제출로 갈음한다.)

② 법인인 개업공인중개사 : 인장은 제한이 있다. 크기에는 제한이 없다.

㉠ 등록할 인장 : 법인인 개업공인중개사(주사무소)의 경우에는 「상업등기규칙」에 따라 신고한 법인의 인장이어야 한다. 즉, 법인 대표자의 인장을 등록하는 것이 아니라 법인인장을 등록하는 것이다.

㉡ 인장등록방법 : 상업등기규칙에 따른 인감증명서의 제출로 갈음한다.

㉢ 분사무소에서 사용할 인장도 주사무소 등록관청에 등록하여야 한다.
이 경우 반드시 법인의 인장을 등록하여야 하는 것은 아니며 「상업등기규칙」 규정에 따라 법인의 대표자가 보증하는 인장을 등록할 수 있다.
법인의 인장 또는 법인의 대표자가 보증하는 인장을 등록하는 경우 상업등기규칙에 따른 인감증명서의 제출로 갈음할 수 있다.

❷ 변경등록의무(변7등) : 변경 후 7일 이내

개업공인중개사 또는 소속공인중개사가 등록한 인장을 변경한 경우에는 7일 이내에 그 변경된 인장을 등록관청에 등록(전자문서에 의한 등록을 포함.)하여야 한다.

❸ 위반시 제재

① 개업공인중개사 : 업무정지처분

② 소속공인중개사 : 자격정지처분

3 대표 기출문제

제34회 출제

01 공인중개사법령상 인장등록 등에 관한 설명으로 틀린 것은?

① 개업공인중개사는 중개사무소 개설등록 후에도 업무를 개시하기 전이라면 중개행위에 사용할 인장을 등록할 수 있다.
② 소속공인중개사의 인장등록은 소속공인중개사에 대한 고용 신고와 같이 할 수 있다.
③ 분사무소에서 사용할 인장의 경우에는「상업등기규칙」에 따른 법인의 대표자가 보증하는 인장을 등록할 수 있다.
④ 소속공인중개사가 등록하여야 할 인장의 크기가 가로·세로 각각 7밀리미터 이상 30밀리미터 이내이어야 한다.
⑤ 소속공인중개사가 등록한 인장을 변경한 경우에는 변경일부터 10일 이내에 그 변경된 인장을 등록해야 한다.

해설

⑤ 변경일부터 7일 이내에 변경등록해야 한다.(전자문서 등록포함)

답 ⑤

제31회 출제

02 공인중개사법령상 인장등록 등에 관한 설명으로 옳은 것은?

① 중개보조원은 중개업무를 보조하기 위해 인장등록을 하여야 한다.
② 개업공인중개사가 등록한 인장을 변경한 경우 변경일부터 10일 이내에 그 변경된 인장을 등록관청에 등록하면 된다.
③ 분사무소에서 사용할 인장은 분사무소 소재지 시장·군수 또는 구청장에게 등록해야 한다.
④ 분사무소에서 사용할 인장은 「상업등기규칙」에 따라 신고한 법인의 인장이어야 하고, 「상업등기규칙」에 따른 인감증명서의 제출로 갈음할 수 없다.
⑤ 법인의 소속공인중개사가 등록하지 아니한 인장을 사용한 경우, 6개월의 범위 안에서 자격정지처분을 받을 수 있다.

해설

① 중개보조원은 인장등록을 할 수도, 할 의무도 없다.
② 등록인장의 변경신고는 7일 내에 하면 된다.
③ 분사무소에서 사용할 인장은 '주된 사무소' 소재지 시장·군수 또는 구청장에게 등록해야 한다.
④ 분사무소에서 사용할 인장은 「상업등기규칙」에 따라 그 법인의 대표자가 보증하는 인장을 등록할 수 있고, 인장의 등록은 「상업등기규칙」에 따른 인감증명서의 제출로 갈음한다.

답 ⑤

4 출제 예상문제

01 공인중개사법령상 인장의 등록에 관한 설명으로 <u>틀린</u> 것은?

① 소속공인중개사의 인장의 크기는 가로·세로 각각 7㎜이상 30㎜이내이어야 한다.
② 개업공인중개사가 등록한 인장을 변경한 경우, 변경일부터 7일 이내에 그 변경된 인장을 등록관청에 등록하지 않으면 업무정지사유에 해당한다.
③ 법인인 개업공인중개사의 주된 사무소에서 사용할 인장은 상업등기규칙에 따라 법인의 대표자가 보증하는 인장이어야 한다.
④ 법인인 개업공인중개사의 인장등록은 상업등기규칙에 따른 인감증명서의 제출로 갈음한다.
⑤ 개업공인중개사의 인장등록은 중개사무소 개설등록신청과 같이 할 수 있다.

해설 ✦ 주된 사무소에서 사용할 인장은 상업등기규칙에 따라 법인의 인장이어야 한다.

정답 ✦ ③

테마 13

중개업의 휴업 및 폐업신고 등

1 출제예상과 학습포인트

✦ 기출횟수

25회, 26회, 27회, 28회, 29회, 30회, 31회, 32회, 34회

✦ 35회 출제 예상

출제가 예상된다.

✦ 35회 중요도

★★★

✦ 학습범위

휴업신고대상 및 절차, 휴업기간, 재개 및 변경신고절차와 그 제재

✦ 학습방법

신고대상 휴업기간 및 등록증 첨부여부, 제재를 암기한다.

✦ 핵심쟁점

❶ 휴업 및 폐업신고절차, 휴업기간

❷ 휴·폐업신고 위반시의 제재

2 핵심 내용

❶ 휴업·폐업·재개·변경신고절차

(1) **사전신고의무**(× 한 때)

① 3개월을 초과하는 휴업하고자 하는 때 + 등록증첨부 + 미리 신고하여야 한다.

㉠ 중개사무소의 개설등록한 개업공인중개사가 3개월을 초과하여 업무를 개시하지 아니할 경우에는 사전에 휴업신고를 하여야 한다.

㉡ 법인인 개업공인중개사의 분사무소가 3개월을 초과하는 휴업을 하고자 하는 경우 신고확인서(×등록증)를 첨부하여 등록관청에 미리 신고하여야 한다.

② 폐업하고자 하는 때 + 등록증(분사무소 신고확인서) 첨부 + 미리 신고하여야 한다.

③ 휴업신고한 중개업을 재개하고자 하는 때 + 미리 신고하여야 한다.
④ 휴업신고한 휴업기간을 변경하고자 하는 때 + 미리 신고하여야 한다.

(2) 부가가치세법에 따른 휴업·폐업·등록사항의 변경신고를 같이 하는 경우

관할 세무서장이 「부가가치세법 시행령」 제13조제5항에 따라 부동산중개업의 휴업·폐업·재개·변경 신고서를 받아 해당 등록관청에 송부한 경우에는 부동산중개업의 휴업·폐업·재개·변경신고서가 제출된 것으로 본다.

(3) 신고방법[부동산중개업휴업(폐업·재개·휴업기간변경)신고서]

① 휴업 및 폐업신고 : 등록증첨부○ + 직접방문신고(×전자문서신고)
② 재개 및 변경신고 : 등록증첨부× + 직접방문신고 또는 전자문서신고○

❷ 휴업신고기간의 제한

휴업은 6개월을 초과할 수 없다. 다만, 질병으로 인한 요양 등 부득이한 사유가 있는 경우에는 6개월을 초과하여 휴업을 할 수 있다.
① 질병으로 인한 요양
② 징집으로 인한 입영
③ 취학, 임신 또는 출산
④ 그 밖에 이에 준하는 부득이한 사유로서 국토부장관이 정하여 고시하는 사유

❸ 휴업신고한 중개업의 재개신고 - 즉시 등록증 반환(× 등록증첨부)

개업공인중개사는 신고한 휴업기간중이거나 기간만료로 인하여 중개업을 재개하고자 하는 경우 부동산중개업재개신고서에 의하여 등록관청에 미리 신고하여야 한다. 이 경우 중개업재개신고를 받은 등록관청은 휴업신고시에 반납받은 중개사무소등록증을 즉시 반환하여야 한다.

❹ 휴업신고한 휴업기간의 변경신고(×등록증첨부)

휴업신고기간을 변경하고자 하는 자는 휴업기간변경신고서에 의하여 등록관청에 미리 변경신고를 하여야 한다. 이 경우에도 부득이한 사유가 아니면 6개월을 초과할 수 없다. 변경횟수에 제한이 없다.

⑤ 협회통보

등록관청은 휴업·폐업·재개·변경신고사항을 다음달 10일까지 공인중개사협회에 통보하여야 한다.

⑥ 위반시 제재

① 상대적 등록취소처분 : 특별한 사유없이 계속하여 6개월을 초과하여 휴업한 경우
② 100만원 이하의 과태료 : 휴업, 폐업, 재개 또는 변경신고를 하지 아니한 경우

⑦ 간판의 철거 : × 과태료처분

① 개업공인중개사는 다음에 해당하는 경우에는 지체 없이 사무소의 간판을 철거하여야 한다.
   ㉠ 등록관청에 중개사무소의 이전사실을 신고한 경우
   ㉡ 등록관청에 폐업사실을 신고한 경우(×휴업신고)
   ㉢ 중개사무소의 개설등록 취소처분을 받은 경우(×업무정지)
② 등록관청은 간판의 철거를 개업공인중개사가 이행하지 아니하는 경우에는 「행정대집행법」에 따라 대집행을 할 수 있다.

3 대표 기출문제

제34회 출제

01 공인중개사법령상 개업공인중개사의 부동산중개업 휴업 또는 폐업에 관한 설명으로 옳은 것을 모두 고른 것은?

ㄱ. 분사무소의 폐업신고를 하는 경우 분사무소설치신고확인서를 첨부해야 한다.
ㄴ. 임신은 6개월을 초과하여 휴업할 수 있는 사유에 해당한다.
ㄷ. 업무정지처분을 받고 부동산중개업 폐업신고를 한 개업공인중개사는 업무정지기간이 지나지 아니하더라도 중개사무소 개설등록을 할 수 있다.

① ㄴ ② ㄱ, ㄴ ③ ㄱ, ㄷ ④ ㄴ, ㄷ ⑤ ㄱ, ㄴ, ㄷ

해설

ㄷ. 업무정지처분을 받고 부동산중개업 폐업신고를 한 경우에도 업무정지기간이 지나지 않으면 등록의 결격사유이므로 중개사무소 개설등록을 할 수 없다.

답 ②

제32회 출제

02 공인중개사법령상 중개업의 휴업 및 재개신고 등에 관한 설명으로 옳은 것은?

① 개업공인중개사가 3개월의 휴업을 하려는 경우 등록관청에 신고해야 한다.

② 개업공인중개사가 6개월을 초과하여 휴업을 할 수 있는 사유는 취학, 질병으로 인한 요양, 징집으로 인한 입영에 한한다.

③ 개업공인중개사가 휴업기간 변경신고를 하려면 중개사무소등록증을 휴업기간변경신고서에 첨부하여 제출해야 한다.

④ 재개신고는 휴업기간 변경신고와 달리 전자문서에 의한 신고를 할 수 없다.

⑤ 재개신고를 받은 등록관청은 반납을 받은 중개사무소등록증을 즉시 반환해야 한다.

해설

① 3개월을 초과하는 휴업을 하려는 경우 신고할 의무가 있다.
② 취학, 질병으로 인한 요양, 징집 외에 이에 준하는 사유가 있으면 6개월을 초과하는 휴업이 가능한다.
③ 휴업신고시 중개사무소등록증을 반납하였으므로, 휴업기간 변경신고시에는 중개사무소등록증을 첨부할 수 없다.
④ 재개신고는 전자문서에 의한 신고를 할 수 있다.

답 ⑤

제32회 출제

03 공인중개사법령상 개업공인중개사가 지체 없이 사무소의 간판을 철거해야 하는 사유를 모두 고른 것은?

ㄱ. 등록관청에 중개사무소의 이전사실을 신고하는 경우
ㄴ. 등록관청에 폐업사실을 신고하는 경우
ㄷ. 중개사무소의 개설등록 취소처분을 받은 경우
ㄹ. 등록관청에 6개월을 초과하는 휴업신고를 한 경우

① ㄹ ② ㄱ, ㄷ ③ ㄴ, ㄷ ④ ㄱ, ㄴ, ㄷ ⑤ ㄱ, ㄴ, ㄷ, ㄹ

해설

ㄹ. 휴업신고를 한 경우에는 간판철거의무가 없다.

답 ④

4 출제 예상문제

01 공인중개사법령상 중개업의 휴업 및 폐업신고 등에 관한 설명으로 틀린 것은?

① 휴업기간의 변경신고서에는 원래 휴업기간과 변경 휴업기간을 함께 기재하여야 한다.
② 관할 세무서장이 「부가가치세법 시행령」 제13조제5항에 따라 부동산 중개업의 휴업 및 폐업 신고서를 받아 해당 등록관청에 송부한 경우에는 이 법에 따른 신고서가 제출된 것으로 본다.
③ 개업공인중개사가 3개월의 휴업을 하고 휴업기간만료로 업무를 재개하고자 하는 경우에는 재개신고의무가 없다.
④ 개업공인중개사가 중개업의 폐업신고를 하려는 경우, 폐업신고서에 중개사무소 등록증을 첨부하여 등록관청에 미리 신고하여야 한다.
⑤ 법인인 개업공인중개사의 분사무소 휴업신고를 하는 경우에는 신고서에 신고확인서와 중개사무소 등록증 사본을 첨부하여 등록관청에 제출하여야 한다.

해설 ✦ ⑤ 휴업신고서에 분사무소 신고확인서를 첨부하여 제출하여야 하고, 중개사무소 등록증 사본은 제출하지 않는다.

정답 ✦ ⑤

테마 14

중개계약(일반중개계약·전속중개계약)

1 출제예상과 학습포인트

✦ 기출횟수

25회, 26회, 27회, 28회, 29회, 30회, 31회, 32회, 33회, 34회

✦ 35회 출제 예상

출제가 예상된다.

✦ 35회 중요도

★★★

✦ 학습범위

일반중개계약서 기재사항, 전속중개계약시 개업공인중개사의 의무 및 중개대상물의 공개할 정보

✦ 학습방법

일반중개계약과 전속중개계약시 개업공인중개사의 의무사항 비교, 전속중개계약시 공개할 정보와 확인·설명사항과 비교하고, 중개계약서 기재사항을 학습해야 한다.

✦ 핵심쟁점

❶ 전속중개계약시 개업공인중개사의 의무 ❷ 전속중개계약시 공개할 정보 ❸ 중개계약서 내용

2 핵심 내용

❶ 개업공인중개사와 중개의뢰인간 계약이다.

① 중개의뢰인이 필요한 경우 일반중개계약 또는 전속중개계약을 체결할 수 있다.

② 낙성계약, 불요식계약

③ 민법상 위임유사계약

개업공인중개사와 중개의뢰인간의 법률관계는 ㉠민법상 위임과 같으므로 개업공인중개사는 중개의뢰를 받은 때에는 중개계약의 본지에 따라 ㉡선량한 관리자의 주의로써 의뢰받은 중개업무를 처리하여야 할 의무가 있다.

❷ 공인중개사법상 개업공인중개사와 중개의뢰인의 의무비교

<table>
<tr><th rowspan="2">구분</th><th>일반중개계약</th><th>전속중개계약</th></tr>
<tr><th>불특정다수의 개업공인중개사</th><th>특정한 개업공인중개사에 한정하여</th></tr>
<tr><td rowspan="2">개업공인중개사</td><td>×</td><td>① 전속중개계약서 사용 및 작성의무
② 전속중개계약서 3년간 보존의무
③ 정보공개 및 공개내용 문서통지의무
(비공개요청시 공개금지)
④ 중개업무처리상황의 문서통지의무</td></tr>
<tr><td colspan="2">① 부동산거래정보망을 통하여 거래가 완성된 경우 거래시실을 거래정보사업자에게 통보해야 할 의무
② 중개대상물에 대하여 성실·정확하게 설명할 의무</td></tr>
<tr><td rowspan="2">중개의뢰인</td><td>×</td><td>① 위약금 지급의무
(중개보수에 해당하는 금액)
② 소요된 비용 지급의무
(중개보수의 50%범위안)</td></tr>
<tr><td colspan="2">개업공인중개사 확인·설명의무를 이행하는 때 협조해야 할 의무</td></tr>
</table>

❸ 일반중개계약 - 일반중개계약서의 작성요청

① 중개의뢰인은 중개의뢰내용을 명확하게 하기 위하여 필요한 경우 개업공인중개사에게 다음 사항을 기재한 일반중개계약서의 작성을 요청할 수 있다.
   [예정·위치·규모에 대한 보수는 준수해야 한다.](× 상태, 입지, 거래가격)
   ㉠ 거래예정가격
   ㉡ 중개대상물의 위치
   ㉢ 중개대상물의 규모
   ㉣ 거래예정가격에 대하여 정한 중개보수
   ㉤ 개업공인중개사가 준수하여야 할 사항
   ㉥ 중개의뢰인이 준수하여야 할 사항

② 일반중개계약서는 국토교통부령으로 정하고 있으나 이의 사용의무는 없다.

③ 국토부장관은 일반중개계약의 표준이 되는 서식을 정하여 그 사용을 권장할 수 있다.

❹ 전속중개계약

(1) 개념

중개의뢰인은 중개를 의뢰함에 있어 특정한 개업공인중개사를 정하여 그 개업공인중개사에 한정하여 당해 중개대상물을 중개하도록 하는 전속중개계약을 체결할 수 있다.

(2) 정보공개의무 … 중개의뢰인이 비공개 요청한 경우 공개하여서는 아니된다.

① 거래정보망 또는 일간신문에 공개

② 공개내용 … 7가지【기본·입지·상태, 관계·규제, 예정·공시】

㉠ 기본 : 중개대상물의 종류, 소재지, 지목, 면적, 구조, 용도 등

㉡ 입지 : 도로 및 대중교통수단과의 연계성, 시장·학교 등과의 근접성, 지형 등 입지조건

㉢ 상태 : 도배·도색 등 중개대상물의 내·외부 상태

㉣ 상태 : 수도·전기·가스·소방 등의 상태, 일조·소음·진동 등 환경조건

㉤ 관계 : 중개대상물의 권리관계(각 권리자의 주소 / 성명 등 인적사항은 공개하여서는 아니된다.)

㉥ 규제 : 공법상의 이용제한 및 거래규제

㉦ 예정 : 거래예정가격

㉧ 공시 : 공시지가(임대차의 경우 공개하지 아니할 수 있다.)

(3) 전속중개계약서의 내용

① 개업공인중개사의 의무사항

㉠ 2주 1회 이상 문서로써 중개업무처리상황을 통지하여야 한다.

㉡ 전속중개계약 체결 후 7일 이내에 부동산거래정보망 또는 일간신문에 공개하고, 공개한 내용을 지체없이 중개의뢰인에게 문서로 통지하여야 한다. 다만, 중개의뢰인이 비공개요청한 경우에는 공개하여서는 아니된다.

㉢ 확인·설명의무를 성실히 이행하여야 한다.

② 중개의뢰인의 의무사항

㉠ 중개보수에 해당하는 금액(전액)을 위약금으로 지불하여야 경우

ⓐ 전속중개계약 유효기간내 다른 개업공인중개사에게 중개를 의뢰하여 거래한 경우

ⓑ 전속중개계약 유효기간내 전속개업공인중개사의 소개로 알게 된 상대방과 그 개업공인중개사를 배제하여 직접거래한 경우

㉡ 중개보수의 50% 금액의 범위안에서 소요된 비용을 지불하는 경우
전속중개계약 유효기간내 중개의뢰인 스스로 발견한 상대방과 거래한 경우

㉢ 중개의뢰인은 개업공인중개사가 확인·설명의무를 이행하는데 협조하여야 한다.

③ 유효기간

(약정이 없는 경우) 3개월을 원칙적으로 하되, 중개의뢰인과 개업공인중개사간 약정이 있는 경우에는 그 약정에 따른다.

④ 중개보수

중개대상물의 거래계약이 성립한 경우 중개의뢰인은 거래가액의 ( )% (또는 원)을 중개보수로 개업공인중개사에게 지급한다.

⑤ 중개의뢰인에 대한 손해배상규정

㉠ 중개보수의 과다수령 … 차액환급

㉡ 중개대상물의 확인·설명을 소홀히 하여 재산상 피해를 발생하게 한 경우 … 손해액 배상

⑥ 추가 약정

전속중개계약서에 정하지 아니한 사항에 대하여는 중개의뢰인과 개업공인중개사가 합의하여 별도로 정할 수 있다.

⑦ 중개의뢰인 및 개업공인중개사의 서명 또는 날인(× 소속공인중개사)

중개의뢰인(갑) 성명 : (서명 또는 날인) 주민등록번호/외국인등록번호

주소 : (전화번호 :)

개업공인중개사(을) 성명(대표자) (서명 또는 날인) 주민등록번호/외국인등록번호

상호(명칭) 등록번호

사무소 소재지 (전화번호)

⑧ 중개의뢰내용 기재

㉠ 권리이전용(매도·임대 등)

ⓐ 소유자 및 등기명의인

ⓑ 중개대상물의 표시(은행융자, 제세공과금, 권리금 등)

ⓒ 권리관계

ⓓ 거래규제 및 공법상 제한사항

ⓔ 중개의뢰금액

㉡ 권리취득용(매수·임차 등)

① 희망물건의 종류 ② 취득희망가액 ③ 희망지역

∴ ③④⑤⑥⑦⑧은 일반중개계약서와 내용이 같다.

(4) 위반시 제재

① 업무정지처분

전속중개계약서에 의하지 아니하고 전속중개계약을 체결하거나, 계약서를 보존하지 아니한 경우 (×소속공인중개사의 의무사항이 아니므로 제재는 없다.)

② 상대적 등록취소처분

전속중개계약을 체결하고 중개대상물에 관한 정보를 공개하지 아니하거나 중개의뢰인의 비공개요청에도 불구하고 정보를 공개한 경우

3 대표 기출문제

제34회 출제

01 공인중개사법령상 중개의뢰인 甲과 개업공인중개사 乙의 중개계약에 관한 설명으로 옳은 것은?

① 甲의 요청에 따라 乙이 일반중개계약서를 작성한 경우 그 계약서를 3년간 보존해야 한다.
② 일반중개계약은 표준이 되는 서식이 정해져 있다.
③ 전속중개계약은 법령이 정하는 계약서에 의하여야 하며, 乙이 서명 및 날인하되 소속공인중개사가 있는 경우 소속공인중개사가 함께 서명 및 날인해야 한다.
④ 전속중개계약의 유효기간은 甲과 乙이 별도로 정하더라도 3개월을 초과할 수 없다.
⑤ 전속중개계약을 체결한 甲이 그 유효기간 내에 스스로 발견한 상대방과 거래한 경우 중개보수에 해당하는 금액을 乙에게 위약금으로 지급해야 한다.

해설

①② 일반중개계약은 표준이 되는 서식이 정해져 있지만, 사용 및 작성의무는 없다. 다만, 국토교통부장관은 일반중개계약의 표준이 되는 서식을 정하여 이의 사용을 권장할 수 있다.
③ 중개계약서에는 서명 또는 날인을 하며, 소속공인중개사는 중개계약서에는 서명 또는 날인의무가 없고, 개업공인중개사와 중개의뢰인만 서명 또는 날인을 한다.
④ 약정이 없는 경우 유효기간은 3개월로 하고, 약정이 있는 경우에는 약정기간에 따른다. 약정기간에는 제한이 없다.
⑤ 중개보수의 50%에 해당하는 금액의 범위안에서 소요된 비용을 지급해야 한다.

답 ②

제33회 출제

02 중개의뢰인 甲과 개업공인중개사 乙은 공인중개사법령에 따른 전속중개계약을 체결하고 전속중개계약서를 작성하였다. 이에 관한 설명으로 <u>틀린</u> 것은?

① 甲과 乙이 전속중개계약의 유효기간을 4개월로 약정한 것은 유효하다.

② 乙은 전속중개계약서를 3년 동안 보존해야 한다.

③ 甲은 乙이 공인중개사법령상의 중개대상물 확인·설명의무를 이행하는데 협조해야 한다.

④ 전속중개계약에 정하지 않은 사항에 대하여는 甲과 乙이 합의하여 별도로 정할 수 있다.

⑤ 전속중개계약의 유효기간 내에 甲이 스스로 발견한 상대방과 거래한 경우, 甲은 乙에게 지급해야 할 중개보수 전액을 위약금으로 지급해야 한다.

해설

⑤ 전속중개계약의 유효기간 내에 甲이 스스로 발견한 상대방과 거래한 경우, 甲은 乙에게 지급해야 할 중개보수의 50% 범위 내에서 乙의 소요비용을 지급해야 한다.

답 ⑤

제29회 출제

03 공인중개사법령상 중개계약에 관한 설명으로 <u>틀린</u> 것은? (다툼이 있으면 판례에 따름)

① 임대차에 대한 전속중개계약을 체결한 개업공인중개사는 중개대상물의 공시지가를 공개해야 한다.

② 부동산중개계약은 민법상 위임계약과 유사하다.

③ 전속중개계약은 법령이 정하는 계약서에 의하여야 하며, 중개의뢰인과 개업공인중개사가 모두 서명 또는 날인한다.

④ 개업공인중개사는 전속중개계약 체결 후 중개의뢰인에게 2주일에 1회 이상 중개업무 처리상황을 문서로 통지해야 한다.

⑤ 중개의뢰인은 일반중개계약을 체결할 때 일반중개계약서의 작성을 요청할 수 있다.

해설

① 임대차를 위한 전속중개계약의 경우 경우 공시지가는 공개하지 아니할 수 있다.

답 ①

4 출제 예상문제

01 공인중개사법령상 중개계약에 관한 설명으로 틀린 것은? (다툼이 있으면 판례에 따름)

① 전속중개계약의 유효기간을 5개월로 약정하는 경우 그 기간은 3개월이 된다.
② 전속중개계약서 표준서식에는 개업공인중개사의 중개업무 처리상황에 대한 통지의무를 정하고 있다.
③ 전속중개계약은 법령이 정하는 계약서에 의하여야 하며, 중개의뢰인과 개업공인중개사가 모두 서명 또는 날인한다.
④ 임대차에 대한 전속중개계약을 체결한 개업공인중개사는 중개대상물의 공시지가를 공개하지 아니할 수 있다.
⑤ 개업공인중개사가 중개의뢰인의 요청으로 일반중개계약서를 작성하는 경우 중개보수를 기재하여야 한다.

해설 ✦ ① 유효기간은 (약정이 없는 경우) 3개월을 원칙적으로 하되, 당사자간 약정이 있는 경우에는 그 약정에 따른다. 따라서 유효기간은 5개월이 된다.

정답 ✦ ①

02 개업공인중개사는 토지의 매도의뢰인과 전속중개계약을 체결하였다. 이에 대한 다음 설명 중 옳은 것은?

① 개업공인중개사는 국토교통부령이 정하는 전속중개계약서에 의하지 아니하고 전속중개계약을 체결한 경우 등록이 취소될 수 있다.
② 개업공인중개사는 전속중개계약체결 후 지체없이 중개대상물에 관한 정보를 부동산거래정보망 또는 일간신문에 공개하여야 한다.
③ 개업공인중개사는 매도의뢰인의 비공개요청이 없는 한 당해 토지의 거래예정금액과 공시지가를 반드시 공개하여야 한다.
④ 매도의뢰인은 전속중개계약의 유효기간 내에 스스로 발견한 상대방과 토지의 매매계약을 체결한 경우 중개보수에 해당하는 금액을 개업공인중개사에게 지급하여야 한다.
⑤ 전속중개계약의 유효기간은 별도의 약정이 없으면 6월로 한다.

해설 ✦ ③ 매매계약을 위한 전속중개계약이므로 공시지가도 공개하여야 한다. ① 업무정지사유에 해당한다.
② 7일 이내에 공개하여야 한다.
④ 중개보수의 50% 해당하는 금액의 범위내에서 소요된 비용을 지급하여야 한다. ⑤ 3월

정답 ✦ ③

테마 15 부동산거래정보망의 지정 및 운영

1 출제예상과 학습포인트

✦ 기출횟수

26회, 27회, 29회, 30회, 31회, 32회, 33회

✦ 35회 출제 예상

34회에 출제되지 않았으므로 출제가 예상된다.

✦ 3회 중요도

★★

✦ 학습범위

거래정보사업자의 지정요건, 지정절차, 지정취소사유

✦ 학습방법

지정요건의 함정체크가 필수적이며, 지정절차와 지정취소사유 중 운영규정과 정보공개의무위반에 대한 제제를 암기해야 한다.

✦ 핵심쟁점

❶ 거래정보사업자의 지정요건
❷ 거래정보사업자의 지정절차
❸ 지정취소 사유

2 핵심 내용

(1) 부동산거래정보망이란 개업공인중개사 상호간에 중개대상물 중개에 관한 정보를 교환하는 체계를 말한다.

(2) **거래정보사업자 지정목적**

국토교통부장관은 개업공인중개사 상호간에 부동산매매 등에 관한 정보의 공개와 유통을 촉진하고 공정하고 투명한 부동산거래질서를 확립하기 위하여 부동산거래정보망을 설치·운영할 자를 지정할 수 있다.

(3) 거래정보사업자로 지정을 받을 수 있는 자

부가통신사업자인 개인 및 법인(법인인 개업공인중개사는 제외)

(4) 거래정보사업자 지정요건

① 당해 부동산거래정보망의 가입·이용신청을 한 개업공인중개사(×공인중개사)의 수가 5백명 이상이고 2개 이상의 특별시·광역시·도(× 시·군·구)에서 각각 30명 이상의 개업공인중개사(×공인중개사)가 가입·이용신청을 할 것
② 정보처리기사 1인 이상을 확보할 것
③ 공인중개사 1인 이상을 확보할 것(× 개업공인중개사)
④ 부동산거래정보망의 가입자가 이용하는 데 지장이 없는 정도로서 국토교통부장관이 정하는 용량 및 성능을 갖춘 컴퓨터 설비를 확보할 것

(5) 거래정보사업자 지정절차(신청30지정, 지정3개월규정, 지정1년설치)

국토교통부장관에게 지정신청서에 다음 서류를 첨부하여 제출하여야 한다.
① 지정신청서
② 개업공인중개사가 가입·이용신청을 한 신청서 및 당해 개업공인중개사의 중개사무소개설등록증 사본
③ 정보처리기사 1인 이상의 자격증 사본
④ 공인중개사 1인 이상의 자격증 사본(×개업공인중개사)
⑤ 부가통신사업자의 주된 컴퓨터의 용량 및 성능 등을 알 수 있는 서류(×개업공인중개사)
⑥ 부가통신사업신고서를 제출하였음을 확인할 수 있는 서류

(6) 거래정보사업자 지정서 교부

국토부장관은 지정신청을 받은 때에는 30일 이내 검토하여 지정기준에 적합한 경우 거래정보사업자 지정대장에 기재를 한 후 지정서를 교부하여야 한다.

[지정대장 기재사항]
① 지정 번호 및 지정 연월일
② 상호 또는 명칭 및 대표자의 성명
③ 주된 컴퓨터설비의 내역
④ 전문자격자의 보유에 관한 사항

(7) 운영규정의 제정승인

지정받은 날부터 3개월 이내 운영규정 정하여 국토교통부장관 승인을 얻어야 한다. 변경시에도 국토교통부장관의 변경승인을 얻어야 한다.(상대적 지정취소 + 500과)

(8) 거래정보망의 설치 및 운영

지정받은 날부터 1년 이내에 거래정보망을 설치·운영하여야 한다.

(9) 정보 등 공개시 준수사항

① 거래정보사업자
  ㉠ 개업공인중개사(×중개의뢰인)로부터 의뢰받은 정보에 한하여 공개하여야 하고, 의뢰받은 내용과 다르게 공개하여서는 아니된다.
  ㉡ 개업공인중개사에 따라 정보가 차별적으로 공개되도록 하여서는 아니된다.
  ㉢ 제재 : 상대적 지정취소처분, 1년 이하 징역 또는 1천만원 이하 벌금,

② 개업공인중개사(일반·전속중개계약모두) : 업무정지처분
  ㉠ 부동산거래정보망에 거짓된 정보를 공개하여서 아니되며,
  ㉡ 부동산거래정보망을 통하여 거래가 이루어진 때에는 이를 거래정보사업자(×거래당사자)에게 지체없이 통보하여야 한다.

(10) 지정취소(부정하게 운영한 것을 공개하면 1년내에 사망한다)

① 국토교통부장관은 다음에 해당하면 거래정보사업자의 지정을 취소할 수 있다.

② 국토교통부장관은 거래정보사업자 지정을 취소하고자 하는 경우에는 청문을 실시하여야 한다(사망 또는 해산은 제외).
  ㉠ 거짓 기타 부정한 방법으로 지정을 받은 때
  ㉡ 운영규정의 승인 또는 변경승인을 얻지 아니하거나, 운영규정의 내용에 위반하여 부동산거래정보망을 운영한 때(500만원 이하 과태료처분대상도 됨)
  ㉢ 정보공개의무 위반한 때 : 개업공인중개사로부터 의뢰받지 아니한 정보를 공개, 의뢰받은 내용과 다르게 공개한 경우, 차별적으로 공개한 경우(1년 이하 징역 또는 1천만원 이하 벌금)
  ㉣ 정당한 사유없이 지정받은 날부터 1년 이내에 부동산거래정보망을 설치·운영하지 아니한 때
  ㉤ 개인인 거래정보사업자의 사망 또는 법인의 해산 기타 사유로 부동산거래정보망의 계속적인 운영이 불가능한 때(청문대상×)

3 대표 기출문제

기출 종합

01 공인중개사법령상 부동산거래정보망의 지정 및 이용에 관한 설명으로 틀린 것은?

① 부동산거래정보망을 설치·운영한 자로 지정받기 위해서는 공인중개사 1명 이상을 확보해야 한다.

② 거래정보사업자는 지정받은 날부터 3개월 이내에 부동산거래정보망의 이용 및 정보제공방법 등에 관한 운영규정을 정하여 국토교통부장관의 승인을 얻어야 한다.

③ 거래정보사업자는 개업공인중개사로부터 공개를 의뢰받은 중개대상물의 정보에 한하여 이를 부동산거래정보망에 공개해야 한다.

④ 거래정보사업자가 정당한 사유 없이 지정받은 날부터 1년 이내에 부동산거래정보망을 설치·운영하지 아니한 경우에는 그 지정을 취소해야 한다.

⑤ 개업공인중개사는 당해 중개대상물의 거래가 완성된 때에는 지체 없이 이를 당해 거래정보사업자에게 통보해야 한다.

해설

'지정을 취소해야 한다'가 아니고 '지정을 취소할 수 있다'

답 ④

제30회 출제

02 공인중개사법령상 부동산거래정보망의 지정 및 이용에 관한 설명으로 틀린 것은?

① 국토교통부장관은 부동산거래정보망을 설치·운영할 자를 지정할 수 있다.

② 부동산거래정보망을 설치·운영할 자로 지정을 받을 수 있는 자는 전기통신사업법의 규정에 의한 부가통신사업자로서 국토교통부령이 정하는 요건을 갖춘 자이다.

③ 거래정보사업자는 지정받은 날부터 3개월 이내에 부동산 거래정보망의 이용 및 정보제공방법 등에 관한 운영규정을 정하여 국토교통부장관의 승인을 얻어야 한다.

④ 거래정보사업자가 부동산거래정보망의 이용 및 정보제공방법 등에 관한 운영규정을 변경하고자 하는 경우 국토교통부장관의 승인을 얻어야 한다.

⑤ 거래정보사업자는 개업공인중개사로부터 공개를 의뢰받은 중개대상물의 정보를 개업공인중개사에 따라 차별적으로 공개할 수 있다.

해설

⑤ 거래정보사업자는 중개대상물에 관한 정보를 개업공인중개사에 따라 차별적으로 공개하여서는 아니 된다. 이의 위반시에는 지정이 취소될수 있고, 1년 이하의 징역 또는 1천만원 이하의 벌금형대상이 된다.

답 ⑤

4 출제 예상문제

01 공인중개사법령상 부동산거래정보망의 지정 및 이용에 관한 설명으로 옳은 것은?

① 거래정보사업자는 개업공인중개사로부터 의뢰받은 중개 대상물의 정보에 한정하여 이를 공개하여야 한다.

② 거래정보사업자는 개업공인중개사 1인 이상과 정보처리기사 1인 이상을 확보하여야 한다.

③ 거래정보사업자로 지정받으려는 자는 지정받은 날부터 30일 이내에 운영규정을 정하여 국토교통부장관의 승인을 얻어야 한다.

④ 부동산거래정보망을 설치·운용할 자로 지정받으려면 가입한 개업공인중개사가 보유하고 있는 주된 컴퓨터의 용량 및 성능을 확인할 수 있는 서류가 필요하다.

⑤ 국토교통부장관은 거래정보사업자가 개업공인중개사로부터 공개의뢰를 받은 정보와 다르게 공개한 경우 지정을 취소해야 한다.

해설 ✦ ② 공인중개사 1명 이상
③ 3개월 이내에
④ 지정을 받고자 하는 부가통신사업자의 주된 컴퓨터의 용량 및 성능을 확인할 수 있는 서류를 제출하여야 한다.
⑤ 지정을 취소할 수 있다.

정답 ✦ ①

테마 16

개업공인중개사 등의 기본윤리 등 (법 제29조)

1 출제예상과 학습포인트

✦ 기출횟수

24회, 25회, 30회, 32회

✦ 35회 출제 예상

출제가능성이 적은 부분이다.

✦ 35회 중요도

★

✦ 학습범위

의무의 부담자와 비밀준수의무을 이해해야 한다.

✦ 학습방법

의무의 부담자를 정리하고, 비밀준수의무는 제재를 위주로 숙지해야 한다.

✦ 핵심쟁점

❶ 선량한 관리자의 주의의무 적용범위 ❷ 비밀준수의무위반시 반의사불벌죄적용

2 핵심 내용

(1) 개업공인중개사 및 소속공인중개사는 전문직업인으로서의 품위를 유지하고 신의와 성실로써 공정하게 중개관련 업무를 수행하여야 한다.

(2) **판례** : 선량한 관리자의 주의의무

① 개업공인중개사와 중개의뢰인간의 법률관계는 민법상 위임과 같으므로 // ㉡개업공인중개사는 중개의뢰를 받은 때에는 중개계약의 본지에 따라 선량한 관리자의 주의로써 의뢰받은 중개업무를 처리하여야 할 의무가 있다.

② 개업공인중개사는 선량한 관리자의 주의와 신의·성실로써 매도 등 처분을 하려는 자가 진정한 권리자와 동일인인지의 여부를 부동산등기부와 주민등록증 등에 의하여 조사·확인할 의무가 있다고 할 것이다.

③ 개업공인중개사나 고용인이 공인중개사법에서 정한 중개대상물 범위 외의 물건이나 권리 또는 지위를 중개하는 경우에도 선량한 관리자의 주의로 권리관계 등을 조사·확인하여 의뢰인에게 설명할 의무가 있다.

④ 개업공인중개사는 자기가 조사·확인하여 설명할 의무가 없는 사항이라도 중개의뢰인이 계약을 맺을지를 결정하는 데 중요한 것이라면 그에 관해 그릇된 정보를 제공해서는 안 되고, 그 정보가 진실인 것처럼 그대로 전달하여 중개의뢰인이 이를 믿고 계약을 체결하도록 했다면 선량한 관리자의 주의로 신의를 지켜 성실하게 중개해야 할 의무를 위반한 것이 된다.

(3) 비밀누설금지의무

개업공인중개사 등은 이 법 및 다른 법률에 특별한 규정이 있는 경우를 제외하고는 그 업무상 알게 된 비밀을 누설하여서는 아니된다. 개업공인중개사 등이 그 업무를 떠난 후에도 비밀을 누설하여서는 아니된다.

① **반의사불벌죄(反意思不罰罪)** : 피해자가 재판상 절차에서 비밀을 누설한 개업공인중개사 등의 처벌을 원치 않는다는 명시적 의사표시를 하면 그 의사에 반하여 처벌을 할 수 없다.

② **위반시 제재** : 1년 이하의 징역 또는 1천만원 이하의 벌금형

3 대표 기출문제

제32회 출제

01 공인중개사법령상 벌칙 부과대상 행위 중 피해자의 명시한 의사에 반하여 벌하지 않는 경우는?

① 거래정보사업자가 개업공인중개사로부터 의뢰받은 내용과 다르게 중개대상물의 정보를 부동산거래정보망에 공개한 경우

② 개업공인중개사가 그 업무상 알게 된 비밀을 누설한 경우

③ 개업공인중개사가 중개의뢰인으로부터 법령으로 정한 보수를 초과하여 금품을 받은 경우

④ 시세에 부당한 영향을 줄 목적으로 개업공인중개사에게 중개대상물을 시세보다 현저하게 높게 표시·광고하도록 강요하는 방법으로 개업공인중개사의 업무를 방해한 경우

⑤ 개업공인중개사가 단체를 구성하여 단체 구성원 이외의 자와 공동중개를 제한한 경우

해설

② 공인중개사법상 피해자의 명시한 의사에 반하여 벌하지 않는 경우(반의사불벌죄)는 업무상 알게 된 비밀을 누설한 경우이다.

답 ②

4 출제 예상문제

01 「공인중개사법」상의 개업공인중개사 등의 의무와 관련한 내용이다. 틀린 것은?

① 개업공인중개사 및 소속공인중개사는 전문직업인으로서 품위를 유지하고 신의와 성실로써 공정하게 중개 관련 업무를 수행하여야 한다.

② 개업공인중개사는 중개의뢰를 받은 때에는 중개계약의 본지에 따라 선량한 관리자의 주의로써 의뢰받은 중개업무를 처리하여야 할 의무가 있다.

③ 비밀누설금지의무는 개업공인중개사가 그 업무를 떠난 후에는 준수할 의무가 없다.

④ 개업공인중개사나 고용인이 공인중개사법에서 정한 중개대상물 범위 외의 물건이나 권리 또는 지위를 중개하는 경우에도 선량한 관리자의 주의로 권리관계 등을 조사·확인하여 의뢰인에게 설명할 의무가 있다.

⑤ 비밀누설금지의무를 위반한 경우에도 피해자의 명시한 불처벌의 의사에 반하여 처벌할 수 없다.

해설 ✦ ③ 비밀누설금지의무는 개업공인중개사 등이 그 업무를 떠난 후(폐업후)에도 준수해야 한다.

정답 ✦ ③

테마 17

중개대상물 확인·설명 및 확인·설명서 작성 등

1 출제예상과 학습포인트

✦ 기출횟수

26회, 27회, 28회, 29회, 30회, 31회, 32회, 34회

✦ 35회 출제 예상

출제가 예상된다.

✦ 35회 중요도

★★★

✦ 학습범위

확인·설명의 시기·방법, 확인·설명사항 및 확인·설명서의 작성시기·교부대상자·보존기간과 서명 및 날인의무자 그리고 관련 판례

✦ 학습방법

확인·설명시기·대상자·방법의 함정체크를 정확히 하고, 확인·설명사항은 암기해야 하고, 관련 판례를 학습한다.

✦ 핵심쟁점

❶ 확인·설명 의무
❷ 확인·설명서 작성·교부·보존 및 서명·날인 의무
❸ 관련 판례

2 핵심 내용

❶ 확인·설명의무 … 권리취득의뢰인에게만

개업공인중개사는 중개를 의뢰받은 경우에는 중개가 완성되기 전에 다음의 사항을 확인하여 이를 당해 중개대상물에 관한 권리를 취득하고자 하는 중개의뢰인에게 성실·정확하게 설명하고, 토지대장·등기사항증명서·부동산종합증명서 등 설명의 근거자료를 제시하여야 한다.

❷ 주택임대차 중개 시의 설명의무 : 개업공인중개사는 주택의 임대차계약을 체결하려는 중개의뢰인에게 다음의 사항을 설명하여야 한다.

① 「주택임대차보호법」에 따라 확정일자부여기관에 정보제공을 요청할 수 있다는 사항
② 「국세징수법」 및 「지방세징수법」에 따라 임대인이 납부하지 아니한 국세 및 지방세의 열람을 신청할 수 있다는 사항

❸ 중개보조원의 고지의무 : 중개보조원은 현장안내 등 중개업무를 보조하는 경우 중개의뢰인에게 본인이 중개보조원이라는 사실을 미리 알려야 한다.

❹ 확인·설명사항【기본·입지·상태/ 관계·규제/ 예정·취득·보수】

① **기본(표시)** : 중개대상물의 종류·소재지·지번·지목·면적·용도·구조 등
② **입지** : 도로 및 대중교통수단과의 연계성, 시장·학교와의 근접성 등 입지조건
③ **상태** : 수도·전기·가스·소방·열공급·승강기 설비 및 배수 등 시설물의 상태
④ **상태** : 벽면, 바닥면 및 도배의 상태
⑤ **상태** : 일조·소음·진동 등 환경조건(상태)
⑥ **관계** : 중개대상물의 권리관계에 관한 사항(권리자에 관한 사항 포함)
⑦ **규제** : 토지이용계획, 공법상 거래규제 및 이용제한에 관한 사항
⑧ **예정** : 거래예정금액(×거래금액)
⑨ **취득** : 권리를 취득함에 따라 부담하여야 할 조세의 종류 및 세율(×이전)
⑩ **보수** : 거래예정금액에 대한 중개보수 및 실비의 금액과 그 산출내역

❺ 상태에 관한 자료요구권 … 권리이전의뢰인에게 요구

① 개업공인중개사는 확인 또는 설명을 위하여 필요한 경우에는 매도의뢰인, 임대의뢰인 등에게 당해 중개대상물의 상태에 관한 자료를 요구할 수 있다.
② 매도의뢰인, 임대의뢰인이 자료요구에 불응한 경우 : 불응한 사실을 매수 또는 임차의뢰인에게 설명하고, 확인·설명서에 기재하여야 한다.

❻ 소유자 등의 확인 : 개업공인중개사는 중개업무를 수행하기 위하여 필요한 경우 중개의뢰인에게 신분증명서를 제시할 것을 요구할 수 있다.

❼ 확인·설명서 작성 등 의무 … 거래당사자 쌍방모두에게

① 확인·설명서 작성·교부·보존의무

개업공인중개사는 중개가 완성되어 거래계약서를 작성하는 때에는 확인·설명사항을 국토교통부령으로 정하는 중개대상물 확인·설명서에 적어 거래당사자에게 발급하고 3년 동안 그 원본, 사본 또는 전자문서를 보존하여야 한다. 다만, 공인전자문서센터에 보관된 경우에는 보존의무가 없다.

② 서명 및 날인

㉠ 개업공인중개사, 법인의 경우 대표자가, 분사무소의 경우에는 분사무소 책임자가 서명 및 날인하여야 한다.

㉡ 소속공인중개사가 중개행위를 수행한 경우에는 개업공인중개사와 함께 서명 및 날인을 하여야 한다.

㉢ 공동중개를 통하여 중개가 완성된 경우에는 중개업무에 관여한 개업공인중개사 모두가 함께 서명 및 날인하여야 한다.

❽ 관련판례

① 중개대상물의 권리관계에 관한 사항

권리관계에 관한 사항 중에는 당해 중개대상물의 권리자에 관한 사항도 포함되어 있다고 할 것이므로, 개업공인중개사는 선량한 관리자의 주의와 신의·성실로써 매도 등 처분을 하려는 자가 진정한 권리자와 동일인인지의 여부를 부동산등기부와 주민등록증 등에 의하여 조사·확인할 의무가 있다고 할 것이다.

② 무상중개의 경우 확인·설명의무 및 손해배상의무

중개계약에 따른 개업공인중개사의 확인·설명의무와 이에 위반한 경우의 손해배상의무는 중개의뢰인이 개업공인중개사에게 소정의 중개보수를 지급하지 아니하였다고 해서 당연히 소멸되는 것이 아니다.

③ 중개대상 물건에 근저당이 설정된 경우

개업공인중개사는 그 채권최고액을 조사·확인하여 의뢰인에게 설명하면 족하고, 실제의 피담보채무액까지 조사·확인하여 설명할 의무까지 있다고 할 수는 없다.

④ 중개대상물 외의 물건 또는 지위에 대한 주의의무

개업공인중개사나 고용인이 공인중개사법에서 정한 중개대상물 범위 외의 물건이나 권리 또는 지위를 중개하는 경우에도 선량한 관리자의 주의로 권리관계 등을 조사확인하여 의뢰인에게 설명할 의무가 있다.

⑤ 개업공인중개사는 자기가 조사·확인하여 설명할 의무가 없는 사항이라도 중개의뢰인이 계약을 맺을지를 결정하는 데 중요한 것이라면 그에 관해 그릇된 정보를 제공해서는 안 되고, 그 정보가 진실인 것처럼 그대로 전달하여 중개의뢰인이 이를 믿고 계약을 체결하도록 했다면 선량한 관리자의 주의로 신의를 지켜 성실하게 중개해야 할 의무를 위반한 것이 된다.

⑥ 개업공인중개사가 다가구주택 일부에 관한 임대차계약을 중개하는 경우

㉠ 개업공인중개사는 다가구주택 일부에 관한 임대차계약을 중개하면서 임차의뢰인에게 부동산등기부상에 표시된 중개대상물의 권리관계 등을 확인·설명하는 데 그쳐서는 아니 되고,

㉡ 임대의뢰인에게 다가구주택 내에 이미 거주해서 살고 있는 다른 임차인의 개인정보를 제외하고, 임대차보증금, 임대차의 시기와 종기 등에 관한 부분의 자료를 요구하여 이를 확인한 다음 임차의뢰인에게 설명하고 자료를 제시하여야 하며,

㉢ 중개대상물 확인·설명서의 중개목적물에 대한 '실제 권리관계 또는 공시되지 아니한 물건의 권리 사항'란에 다른 임차인의 임대차보증금, 임대차의 시기와 종기 등에 관한 기재하여 교부하여야 할 의무가 있다.

⑦ 상가임차권 양도계약을 중개하는 경우

㉠ 상가건물에 대한 임차권 양도계약을 중개할 때에는 의뢰인에게 중개대상물인 임차권의 존재와 내용에 관하여 확인·설명할 의무가 있으므로,

㉡ 상가임대차계약을 중개하는 것에 준해서 임차권의 목적이 된 부동산의 등기부상 권리관계뿐만 아니라 의뢰인이 상가임대차법에서 정한 대항력, 우선변제권 등의 보호를 받을 수 있는 임대차에 해당하는지를 판단하는 데 필요한 상가건물의 권리관계 등에 관한 자료를 확인·설명하여야 할 의무가 있다.

㉢ 개업공인중개사가 거래당사자에게 교부하는 중개대상물 확인·설명서 서식에는 중개대상물의 권리관계란에 '등기부 기재사항'이외에 '실제 권리관계 또는 공시되지 아니한 물건의 권리 사항'을 기재하여야 하고, 여기에는 상가건물 임대차보호법에 따른 임대차가 포함된다.

9 위반시 제재

① 성실·정확하게 중개대상물의 확인·설명을 하지 아니하거나 설명의 근거자료를 제시하지 아니한 경우 : 개업공인중개사는 500만원 이하의 과태료, 소속공인중개사는 자격정지대상

② 중개대상물확인·설명서에 서명 및 날인을 하지 아니한 경우 : 개업공인중개사는 업무정지, 소속공인중개사 자격정지

③ 확인·설명서를 교부하지 아니하거나 그 원본, 사본 또는 전자문서를 3년간 보존하지 않은 경우 : 개업공인중개사는 업무정지, 소속공인중개사는 제재가 없다.

3 대표 기출문제

제34회 출제

01 공인중개사법령상 개업공인중개사 甲의 중개대상물 확인·설명에 관한 설명으로 틀린 것은? (다툼이 있으면 판례에 따름)

① 甲은 중개가 완성되어 거래계약서를 작성하는 때에 중개대상물 확인·설명서를 작성하여 거래당사자에게 교부해야 한다.
② 甲은 중개대상물에 근저당권이 설정된 경우, 실제의 피담보채무액을 조사·확인하여 설명할 의무가 있다.
③ 甲은 중개대상물의 범위 외의 물건이나 권리 또는 지위를 중개하는 경우에도 선량한 관리자의 주의로 권리관계 등을 조사·확인하여 설명할 의무가 있다.
④ 甲은 자기가 조사·확인하여 설명할 의무가 없는 사항이라도 중개의뢰인이 계약을 맺을지를 결정하는 데 중요한 것이라면 그에 관한 그릇된 정보를 제공해서는 안 된다.
⑤ 甲이 성실·정확하게 중개대상물의 확인·설명을 하지 않거나 설명의 근거자료를 제시하지 않은 경우 500만원 이하의 과태료 부과사유에 해당한다.

해설

② 개업공인중개사는 그 채권최고액을 조사·확인하여 의뢰인에게 설명하면 족하고, 실제의 피담보채무액까지 조사·확인하여 설명할 의무까지 있다고 할 수는 없다.
③ 부동산중개업자와 중개의뢰인의 법률관계는 민법상 위임관계와 유사하므로 중개의뢰를 받은 중개업자는 선량한 관리자의 주의로 중개대상물의 권리관계 등을 조사·확인하여 중개의뢰인에게 설명할 의무가 있고, 이는 부동산중개업자나 중개보조원이 중개대상물의 범위 외의 물건이나 권리 또는 지위를 중개하는 경우에도 선량한 관리자의 주의로 권리관계 등을 조사·확인하여 설명할 의무가 있다.
④ 개업공인중개사는 자기가 조사·확인하여 설명할 의무가 없는 사항이라도 중개의뢰인이 계약을 맺을지를 결정하는 데 중요한 것이라면 그에 관해 그릇된 정보를 제공해서는 안 되고, 그 정보가 진실인 것처럼 그대로 전달하여 중개의뢰인이 이를 믿고 계약을 체결하도록 했다면 선량한 관리자의 주의로 신의를 지켜 성실하게 중개해야 할 의무를 위반한 것이 된다.

답 ②

제30회 출제

02 공인중개사법령상 중개대상물의 확인·설명에 관한 내용으로 옳은 것은? (다툼이 있으면 판례에 따름)

① 개업공인중개사는 선량한 관리자의 주의로 중개대상물의 권리관계 등을 조사·확인하여 중개의뢰인에게 설명할 의무가 있다.

② 2명의 개업공인중개사가 공동중개한 경우 중개대상물확인·설명서에는 공동중개한 개업공인중개사 중 1인만 서명·날인하면 된다.

③ 개업공인중개사는 중개대상물에 대한 확인·설명을 중개가 완성된 후 해야 한다.

④ 중개보조원은 중개의뢰인에게 중개대상물의 확인·설명의무를 진다.

⑤ 개업공인중개사는 중개대상물 확인·설명서를 작성하여 거래당사자에게 교부하고 그 원본을 5년간 보존하여야 한다.

해설

② 공동중개에 관여한 개업공인중개사 모두가 확인·설명서에 서명 및 날인하여야 한다.
③ 확인·설명은 중개가 완성되기 전에 하여야 한다.
④ 중개보조원은 확인·설명을 할 수 없다.
⑤ 개업공인중개사는 확인·설명서의 원본, 사본, 전자문서를 3년간 보관하여야 한다. 다만, 공인전자문서센터에 보관된 경우에는 보존하지 않아도 된다.

답 ①

4 출제 예상문제

01 공인중개사법령상 중개대상물의 확인·설명에 관한 설명으로 틀린 것은? (다툼이 있으면 판례에 따름)

① 중개의뢰를 받은 개업공인중개사는 선량한 관리자의 주의로 중개대상물을 조사·확인하여 중개의뢰인에게 설명할 의무가 있다.

② 확인·설명해야 할 권리관계 중에는 중개대상물의 권리자에 관한 사항도 포함된다.

③ 임대의뢰인이 중개대상물의 상태에 관한 자료요구에 불응한 경우 그 사실을 중개대상물 확인·설명서에 기재해야 한다.

④ 거래예정금액에 대한 중개보수 및 실비의 금액과 그 산출내역을 확인·설명해야 한다.

⑤ 개업공인중개사는 중개대상 물건에 근저당이 설정된 경우에는 그 채권최고액과 실제의 피담보채무액을 조사·확인하여 설명해야 한다.

해설 ✦ ⑤ 개업공인중개사는 중개대상 물건에 근저당이 설정된 경우에는 그 채권최고액을 조사·확인하여 의뢰인에게 설명하면 족하고, 실제의 피담보채무액까지 조사·확인하여 설명할 의무까지 있다고 할 수는 없다. 다만, 개업공인중개사가 채권최고액의 설명에 그치지 않고 실제의 피담보채무액에 관한 그릇된 정보를 제대로 확인하지도 않은 채 마치 그것이 진실인 것처럼 의뢰인에게 그대로 전달하여 의뢰인이 그 정보를 믿고 상대방과 계약에 이르게 되었다면, 부동산개업공인중개사의 그러한 행위는 선량한 관리자의 주의로 신의를 지켜 성실하게 중개행위를 하여야 할 개업공인중개사의 의무에 위반된다.

정답 ✦ ⑤

02 개업공인중개사가 주택임대차계약을 중개하는 경우, 공인중개사법령상 중개대상물 확인·설명 의무에 관한 내용으로 틀린 것은?

① 중개대상물 확인·설명서를 작성하여 교부하지 아니한 개업공인중개사는 과태료 처분의 대상이 된다.

② 「국세징수법」 제109조제1항·제2항에 따라 임대인이 납부하지 아니한 국세의 열람을 신청할 수 있다는 사항을 설명하여야 한다.

③ 개업공인중개사가 매도의뢰인에게 당해 중개대상물의 상태에 관한 자료를 요구하였으나 불응한 경우에는 그러한 사실에 대하여 권리를 취득하고자 하는 중개의뢰인에게 설명하여야 한다.

④ 소속공인중개사가 확인·설명을 하면서 설명의 근거자료를 제시하지 않은 경우 공인중개사 자격이 정지될 수 있다.

⑤ 법인의 분사무소에서 중개가 완성되어 거래계약서를 작성하면서 확인·설명서를 작성한 경우에는 책임자가 서명 및 날인해야 한다.

해설 ✦ ① 업무정지대상이 된다.
주의할 점은 소속공인중개사는 거래계약서 및 확인·설명서 작성·교부·보존의무가 없으므로 자격정지 등 제재는 없다.

정답 ✦ ①

테마 18

거래계약서 작성 등

1 출제예상과 학습포인트

✦ 기출횟수

27회, 28회, 29회, 31회, 32회, 33회

✦ 35회 출제 예상

34회 시험에서 출제되지 않았으므로 출제가 예상된다.

✦ 35회 중요도

★★

✦ 학습범위

거래계약서 작성시기·교부대상자·서명 및 날인의무자·보존기간, 거래계약서 기재사항

✦ 학습방법

거래계약서의 표준서식 유무·작성시기·거래계약서 기재사항의 함정체크가 필수적이다.

✦ 핵심쟁점

❶ 거래계약서 작성시기·표준서식유무·기재사항 ❷ 거래계약서 교부대상자·서명·날인의무자

2 핵심 내용

❶ 거래계약서 작성, 서명 및 날인 의무

① 개업공인중개사는 중개대상물에 관하여 중개가 완성된 때에는 거래계약서를 작성하여 거래당사자에게 교부하고 5년 동안 그 원본, 사본 또는 전자문서를 보존하여야 한다. 다만, 공인전자문서센터에 보관된 경우에는 보존의무가 없다.

② 법정서식은 없다. = 거래계약서의 형식에는 제한이 없다. = 임의로 정할 수 있다.

③ 국토교통부장관은 개업공인중개사가 작성하는 거래계약서의 표준이 되는 서식을 정하여 그 사용을 권장할 수 있다.

④ 개업공인중개사(법인인 경우에는 대표자를 말하며, 분사무소가 설치되어 있는 경우에는 분사무소의 책임자)가 서명 및 날인하되, 해당 중개행위를 한 소속공인중개사가 있는 경우에는 소속공인중개사가 함께 서명 및 날인하여야 한다.

❷ 거래계약서 기재사항 : 인·표와 인·이는 거래·계약·조건을 확인하여 약정하였다.

① 인 : 거래당사자의 인적사항
② 표 : 물건의 표시
③ 인 : 물건의 인도일시
④ 이 : 권리이전의 내용(×권리관계)
⑤ 거래 : 거래금액·계약금액 및 그 지급일자 등 지급에 관한 사항(×거래예정금액)
⑥ 계약 : 계약일
⑦ 조건 : 계약의 조건이나 기한이 있는 경우에는 그 조건 또는 기한
⑧ 확인 : 중개대상물확인·설명서 교부일자
⑨ 약정 : 그 밖의 약정내용 : 약정사항이 있는 경우 반드시 기재하여야 한다.

❸ 거짓기재 및 2중계약서 작성 금지

거래계약서에 거래금액 등 ①거래내용을 거짓으로 기재하거나 ②서로 다른 2 이상의 거래계약서를 작성하여서는 아니된다.

❹ 개업공인중개사가 중개를 하지 않았음에도 거래계약서를 작성하여 교부한 경우

① 개업공인중개사가 중개를 하지 않은 경우에는 거래계약서 등을 작성·교부하여서는 아니된다.
= 중개가 완성된 때에만 거래계약서를 작성·교부하여야 한다.
② 개업공인중개사가 자신의 중개로 전세계약이 체결되지 않았음에도 실제 계약당사자가 아닌 자에게 전세계약서 등을 작성·교부해 줌으로써 이를 담보로 제공받아 금전을 대여한 대부업자가 대여금을 회수하지 못하는 손해를 입은 자에게 개업공인중개사의 주의의무 위반에 따른 손해배상책임이 인정된다.

❺ 제재

① 업무정지처분
㉠ 적정하게 거래계약서를 작성·교부하지 아니하거나 보존하지 아니한 개업공인중개사 (소속공인중개사의 의무사항이 아니므로 제재가 없다.)
㉡ 거래계약서 서명 및 날인하지 않은 개업공인중개사

② 상대적 등록취소처분

거래금액 등 거래내용을 거짓으로 기재하거나 서로 다른 2 이상의 거래계약서를 작성한 개업공인중개사

③ 자격정지처분(소속공인중개사)

㉠ 당해 중개행위를 수행한 소속공인중개사가 거래계약서에 서명 및 날인하지 않은 경우

㉡ 거래금액 등 거래내용을 거짓으로 기재하거나 서로 다른 2 이상의 거래계약서를 작성한 경우

3 대표 기출문제

제33회 출제

01 공인중개사법령상 개업공인중개사의 거래계약서 작성 등에 관한 설명으로 옳은 것은?

① 개업공인중개사가 국토교통부장관이 정하는 거래계약서 표준서식을 사용하지 아니한 경우, 시·도지사는 그 자격을 취소해야 한다.

② 중개대상물 확인·설명서 교부일자는 거래계약서에 기재해야 하는 사항이다.

③ 하나의 거래계약에 대하여 서로 다른 둘 이상의 거래계약서를 작성한 경우, 시·도지사는 3개월의 범위 안에서 그 업무를 정지해야 한다.

④ 중개행위를 한 소속공인중개사가 거래계약서를 작성하는 경우, 그 소속공인중개사가 거래계약서에 서명 및 날인하여야 하며 개업공인중개사는 서명 및 날인의무가 없다.

⑤ 거래계약서가 「전자문서 및 전자거래기본법」에 따른 공인전자문서센터에 보관된 경우 3년간 그 사본을 보존해야 한다.

해설

① 거래계약서 표준서식은 공인중개사법에 정하지 않고 있다.

③ 하나의 거래계약에 대하여 서로 다른 둘 이상의 거래계약서를 작성한 경우, 상대적 등록취소사유로, '등록관청'이 등록을 취소하거나 '6개월'의 범위 안에서 그 업무의 정지를 '명할 수 있다.'

④ 소속공인중개사가 거래계약서를 작성한 경우라도 개업공인중개사는 거래계약서에 서명 및 날인해야 한다.

⑤ 거래계약서가 「전자문서 및 전자거래기본법」에 따른 공인전자문서센터에 보관된 경우 별도의 거래계약서 보존의무는 없다.

답 ②

제28회 출제

02 개업공인중개사 甲이 공인중개사법령에 따라 거래계약서를 작성하고자 한다. 이에 관한 설명으로 틀린 것은? (다툼이 있으면 판례에 따름)

① 甲은 중개대상물에 대하여 중개가 완성된 때에만 거래계약서를 작성·교부해야 한다.
② 甲이 작성하여 거래당사자에게 교부한 거래계약서를 보존해야 할 기간은 5년이다.
③ 공동중개의 경우, 甲과 참여한 개업공인중개사 모두 거래계약서에 서명 또는 날인해야 한다.
④ 계약의 조건이 있는 경우, 그 조건은 거래계약서에 기재해야 할 사항이다.
⑤ 국토교통부장관은 개업공인중개사가 작성하는 거래계약서의 표준이 되는 서식을 정하여 그 사용을 권장할 수 있다.

해설

거래계약서, 중개대상물 확인·설명서에는 서명 및 날인해야 한다.

답 ③

4 출제 예상문제

01 공인중개사법령상 개업공인중개사가 거래계약서를 작성하는 경우에 관한 설명으로 옳은 것은? (다툼이 있으면 판례에 따름)

① 개업공인중개사는 중개가 완성된 때에만 거래계약서를 작성·교부하여야 한다.
② 공인중개사법 시행규칙에 개업공인중개사가 작성하는 거래계약서의 표준이 되는 서식이 정해져 있다.
③ 중개대상물 확인·설명서 교부일자는 거래계약서의 기재사항에 해당하지 않는다.
④ 거래계약서가 전자문서 및 전자거래기본법에 따른 공인전자문서센터에 보관된 경우라도 개업공인중개사는 거래계약서를 작성하여 보존하여야 한다.
⑤ 개업공인중개사가 하나의 거래계약에 대하여 서로 다른 둘 이상의 거래계약서를 작성한 경우, 등록관청은 중개사무소의 개설등록을 취소하여야 한다.

해설 ✦ ①, ④ 개업공인중개사는 중개대상물에 관하여 중개가 완성된 때에는 거래계약서를 작성하여 거래당사자에게 교부하고 그 원본, 사본 또는 전자문서를 5년 동안 보존하여야 한다. 다만, 공인전자문서센터에 보관된 경우에는 보존의무가 없다.

② 공인중개사법 시행규칙에 개업공인중개사가 작성하는 거래계약서의 표준이 되는 서식이 정해져 있지 않다.

③ 거래계약서 기재사항

㉠ 거래당사자의 인적사항

㉡ 물건의 표시

㉢ 물건의 인도일시

㉣ 권리이전의 내용(× 권리관계)

㉤ 거래금액·계약금액 및 그 지급일자 등 지급에 관한 사항(×거래 예정금액)

㉥ 계약일

㉦ 계약의 조건이나 기한이 있는 경우에는 그 조건 또는 기한

㉧ 중개대상물 확인·설명서 교부일자

㉨ 그 밖의 약정내용

정답 ✦ ①

02 공인중개사법령에 따른 거래계약서 필수적 기재사항에 해당하는 것은 몇 개인가?

㉠ 권리관계	㉡ 토지이용계획
㉢ 공법상 거래규제 및 이용제한	㉣ 조건과 기한
㉤ 물건의 인도일시	

① 1개 ② 2개 ③ 3개 ④ 4개 ⑤ 5개

해설 ✦ ㉠㉡㉢은 중개대상물 확인·설명사항 및 확인·설명서 기재사항이다.

정답 ✦ ②

테마 19

중개대상물 확인·설명서 작성 (영문서식포함)

1 출제예상과 학습포인트

✦ 기출횟수

25회, 26회, 27회, 28회, 29회, 31회, 32회, 33회, 34회

✦ 35회 출제 예상

출제가 예상된다.

✦ 35회 중요도

★★★

✦ 학습범위

확인·설명서 서식유형별 기재내용 및 주거용 건축물 확인·설명서 작성방법

✦ 학습방법

확인·설명서의 기재내용 및 작성방법을 주거용 건축물 서식을 기준으로 암기하고, 다른 서식은 어떤 차이가 있는지를 숙지해야 한다.

✦ 핵심쟁점

❶ 개업공인중개사 기본확인사항과 세부확인사항 구분
❷ 확인·설명서 서식유형별 기재내용 비교
❸ 주거용 건축물 확인·설명서 작성방법

2 핵심 내용

❶ 중개대상물 확인·설명서 서식의 구분

(1) **중개대상물 확인·설명서Ⅰ** : 주거용 건축물(단독주택과 공동주택으로 구분)

(2) **중개대상물 확인·설명서Ⅱ** : 비주거용 건축물(업무용·상업용·공업용으로 구분)

(3) **중개대상물 확인·설명서Ⅲ** : 토지

(4) **중개대상물 확인·설명서Ⅳ** : 입목·광업재단·공장재단

❷ 중개대상물 확인·설명서 개업공인중개사의 기재사항구분

① **기본확인사항** : 개업공인중개사가 확인한 사항을 기재한다.
- ㉠ 표시사항
- ㉡ 권리관계에 관한 사항 : 등기부 기재사항 - 등기사항증명서를 확인하여 기재
- ㉢ 토지이용계획, 공법상 거래규제 및 이용제한에 관한 사항
- ㉣ 입지조건
- ㉤ 관리에 관한 사항
- ㉥ 비선호시설
- ㉦ 거래예정금액
- ㉧ 취득시 부담할 조세의 종류 및 세율

② **세부확인사항** : 실제·상태
- ㉠ 실제권리관계, 공시되지 아니한 물건의 권리사항 : 매도(임대)의뢰인이 고지한 사항을 기재
- ㉡ 내·외부시설물 상태 : 매도(임대)의뢰인에게 요구하여 확인한 사항을 기재
- ㉢ 벽면·바닥면 및 도배상태 : 매도(임대)의뢰인에게 요구하여 확인한 사항을 기재
- ㉣ 환경조건(상태) : 매도(임대)의뢰인에게 요구하여 확인한 사항을 기재

③ **중개보수 등** : 거래예정금액을 기준으로 계산 + 부가세는 별도로 부과될 수 있다.

④ 거래당사자의 서명 또는 날인, 개업공인중개사 및 (당해 중개행위를 수행한)소속공인중개사의 서명 및 날인

❸ 중개대상물 확인·설명서 서식의 유형별 기재사항정리

① **공통기재사항** : 표시, 관계, 실제, 예정, 취득, 보수
- ㉠ 대상물건의 표시
- ㉡ 권리관계(등기부 기재사항)
- ㉢ 실제권리관계 또는 공시되지 아니한 물건의 권리사항
- ㉣ 거래예정금액
- ㉤ 취득시 부담할 조세의 종류 및 세율 : 기본 + 공통 + 임대차는 제외
- ㉥ 중개보수 및 실비금액과 그 산출내역, 지급시기

② **입목·공장재단·광업재단 확인·설명서**

공통기재사항 + 재단목록 또는 입목의 생육상태 그 밖의 참고사항이 기재된다.

③ **주거용 건축물 확인·설명서에만 기재하는 사항**
- ㉠ 도배상태
- ㉡ 환경조건(일조량, 소음, 진동)

ⓒ 교육시설, 판매시설, 의료시설

④ 비주거용 건축물 확인·설명서의 기재사항이 아닌 것
㉠ 도배상태
㉡ 환경조건(일조량, 소음, 진동)
㉢ 교육시설과 판매 및 의료시설
㉣ 비선호시설(1㎞이내)

⑤ 토지 확인·설명서의 기재사항이 아닌 것 (비선호시설○)
㉠ 내·외부 시설물 상태
㉡ 벽면 및 도배상태
㉢ 환경조건(일조량, 소음, 진동)
㉣ 관리에 관한 사항(경비실, 관리주체)
㉤ 주차장, 교육시설, 판매 및 의료시설

⑥ 임대차계약의 경우
㉠ 생략할 수 있는 사항 : 토지이용계획, 공법상 이용제한 및 거래규제, 개별공시지가, 건물공시가격
㉡ 제외되는 사항 : 취득시 부담할 조세의 종류 및 세율

▶ 주거용 건축물 확인·설명서 기재사항 및 작성방법

중개대상물 확인·설명서[Ⅰ] (주거용 건축물)

([ ]단독주택 [ ]공동주택 [ ]매매·교환 [ ]임대)

확인·설명 자료	**확인·설명 근거자료 등**	[ ]등기권리증 [ ]등기사항증명서 [ ]토지대장 [ ]건축물대장 [ ]지적도 [ ]임야도 [ ]토지이용계획확인서 [ ]기타( )
	대상물건의 상태에 관한 자료요구 사항	"대상물건의 상태에 관한 자료요구 사항"에는 매도(임대)의뢰인에게 요구한 사항 및 그 관련 자료의 제출 여부와 ⑨ 실제권리관계 또는 공시되지 않은 물건의 권리사항부터 ⑫ 환경조건까지의 항목을 확인하기 위한 자료의 요구 및 그 불응 여부를 기재한다.

① 중개대상물이 단독주택인지 공동주택인지를 구분하여 표시한다(비주거용 건축물의 경우 업무용, 상업용, 공업용을 구분하여 표시한다).

② 「확인·설명자료」 항목의 "확인·설명 근거자료 등"에는 개업공인중개사가 확인·설명과정에서 제시한 자료를 기재한다.

❹ 개업공인중개사 기본확인사항

① 대상물건의 표시부터 ⑧ 취득시 부담할 조세의 종류 및 세율까지는 개업공인중개사가 확인한 사항을 기재한다.

(1) 대상물건의 표시

Ⅰ. 개업공인중개사 기본 확인사항

<table>
<tr><td rowspan="9">① 대상물건의 표시</td><td rowspan="3">토 지</td><td>소재지</td><td colspan="4"></td></tr>
<tr><td rowspan="2">면적(㎡)</td><td rowspan="2"></td><td rowspan="2">지 목</td><td>공부상 지목</td><td></td></tr>
<tr><td>실제이용 상태</td><td></td></tr>
<tr><td rowspan="6">건축물</td><td>전용면적(㎡)</td><td colspan="2"></td><td>대지지분(㎡)</td><td></td></tr>
<tr><td rowspan="2">준공년도
(증개축년도)</td><td rowspan="2"></td><td rowspan="2">용도</td><td>건축물대장상 용도</td><td></td></tr>
<tr><td>실제 용도</td><td></td></tr>
<tr><td>구조</td><td colspan="2"></td><td>방향</td><td>(기준:　　　)</td></tr>
<tr><td>내진설계 적용여부</td><td colspan="2"></td><td>내진능력</td><td></td></tr>
<tr><td>건축물대장상
위반건축물 여부</td><td>[ ] 위반 [ ] 적법</td><td>위반내용</td><td colspan="2"></td></tr>
</table>

① 작성방법

㉠ 대상물건의 표시는 토지대장 및 건축물대장 등을 확인하여 기재한다.

㉡ 건축물의 방향은 주택의 경우 거실이나 안방 등 주실(主室)의 방향을, 기타 건물은 주된 출입구의 방향을 기준으로 남향, 북향 등 방향을 기재하고 방향의 기준이 불분명한 경우 기준(예 남동향 - 거실앞 발코니 기준)을 표시하여 기재한다.

② 작성내용

위반건축물 여부와 내진설계적용여부 및 내진능력을 건축물대장을 확인하여 기재한다.

(2) **권리관계**(토지, 건축물)

<table>
<tr><td rowspan="9">② 권리관계</td><td colspan="2" rowspan="2">등기부 기재사항</td><td colspan="2">소유권에 관한 사항</td><td colspan="2">소유권 외의 권리사항</td></tr>
<tr><td>토지
건축물</td><td></td><td>토지
건축물</td><td></td></tr>
<tr><td rowspan="3">민간 임대 등록 여부</td><td rowspan="2">등록</td><td colspan="4">[ ] 장기일반민간임대주택 [ ] 공공지원민간임대주택
[ ] 그 밖의 유형( )</td></tr>
<tr><td>임대의무기간</td><td></td><td>임대개시일</td><td></td></tr>
<tr><td>미등록</td><td colspan="4">[ ] 해당사항 없음</td></tr>
<tr><td colspan="2">계약갱신 요구권 행사 여부</td><td colspan="4">[ ] 확인(확인서류 첨부) [ ] 미확인 [ ] 해당 없음</td></tr>
<tr><td colspan="2">다가구주택 확인서류 제출여부</td><td colspan="4">[ ] 제출(확인서류 첨부) [ ] 미제출 [ ] 해당 없음</td></tr>
</table>

① 등기부 기재사항

㉠ 작성방법 : 등기부 기재사항은 등기사항증명서를 확인하여 기재한다.

㉡ 근저당권이 설정된 경우 채권최고액을 확인하여 기재한다.(×실채무액)

② 민간임대등록여부 : 등록·미등록으로 구분

㉠ 작성방법 : 대상물건이「민간임대주택에 관한 특별법」에 따라 등록된 민간임대주택인지 여부를 임대주택정보체계에 접속하여 확인하거나 임대인에게 확인하여 "[ ]"안에 √로 표시하고, 민간임대주택인 경우「민간임대주택에 관한 특별법」에 따른 권리·의무사항을 임차인에게 설명해야 합니다.

㉡ 작성내용

ⓐ 장기·공공지원임대주택으로 구분하여 표시한다.

ⓑ 임대의무기간, 임대개시일

③ **계약갱신요구권 행사여부** : 확인(확인서류 첨부), 미확인

"계약갱신요구권 행사여부"는 대상물건이 「주택임대차보호법」의 적용을 받는 주택으로서 임차인이 있는 경우 매도인(임대인)으로부터 계약갱신요구권 행사 여부에 관한 사항을 확인할 수 있는 서류를 받으면 "확인"에 √로 표시하여 해당 서류를 첨부하고, 서류를 받지 못한 경우 "미확인"에 √로 표시하며, 임차인이 없는 경우에는 "해당 없음"에 √로 표시한다.

④ 다가구주택 확인서류 제출여부

매도인(임대인) 또는 개업공인중개사가 주민센터 등에서 발급받은 다가구주택 확정일자 부여현황(임대차기간, 보증금 및 차임)이 적힌 서류를 제출하면 "제출"에 √로 표시하고, 제출하지 않은 경우에는 "미제출"에 √로 표시하며, 다가구주택이 아닌 경우에는 "해당 없음"에 √로 표시하고 그 사실을 중개의뢰인에게 설명해야 한다.

(3) 토지이용계획, 공법상이용제한 및 거래규제에 관한 사항(토지)

<table>
<tr><td rowspan="6">③ 토지이용계획, 공법상이용 제한 및 거래 규제에 관한 사항(토지)</td><td rowspan="3">지역지구</td><td>용도지역</td><td colspan="2"></td><td>건폐율 상한</td><td>용적률 상한</td></tr>
<tr><td>용도지구</td><td colspan="2"></td><td rowspan="2">%</td><td rowspan="2">%</td></tr>
<tr><td>용도구역</td><td colspan="2"></td></tr>
<tr><td rowspan="2">도시·군 계획 시설</td><td rowspan="2"></td><td>허가·신고 구역 여부</td><td colspan="3">[ ]토지거래허가구역</td></tr>
<tr><td>투기지역 여부</td><td colspan="3">[ ]토지투기지역 [ ]주택투기지역 [ ]투기과열지구</td></tr>
<tr><td colspan="2">지구단위계획구역, 그 밖의 도시관리계획</td><td></td><td>그 밖의 이용제한 및 거래규제사항</td><td colspan="2"></td></tr>
</table>

① 작성방법

㉠ "건폐율 상한 및 용적률 상한"은 시·군의 조례에 따라 기재한다.

㉡ "도시·군계획시설", "지구단위계획구역, 그 밖의 도시관리계획"은 개업공인중개사가 확인하여 기다.재한

㉢ 공부에서 확인할 수 없는 사항은 부동산종합공부시스템 등에서 확인하여 기재한다.

㉣ 그 밖의 이용제한 및 거래규제사항(용도지역·지구·구역 등)은 토지이용계획확인서의 내용을 확인하여 기재한다.

② **작성내용** : 임대차의 경우에는 생략할 수 있다.

(4) **입지조건** : 개업공인중개사가 확인한 사항을 기재한다.

④ 입지 조건	도로와의 관계	(m× m)도로에 접함 [ ]포장 [ ]비포장	접근성	[ ]용이함 [ ]불편함
	대중교통	버 스	( ) 정류장, 소요시간 : ([ ]도보, [ ]차량) 약 분	
		지하철	( ) 역 , 소요시간 : ([ ]도보, [ ]차량) 약 분	
	주차장	[ ]없음 [ ]전용주차시설 [ ]공동주차시설 [ ]기타 ( )		
	교육시설	초등학교	( ) 학교, 소요시간 : ([ ]도보, [ ]차량) 약 분	
		중 학 교	( ) 학교, 소요시간 : ([ ]도보, [ ]차량) 약 분	
		고등학교	( ) 학교, 소요시간 : ([ ]도보, [ ]차량) 약 분	
	판매 및 의료시설	백화점 및 할인매장	( ), 소요시간 : ([ ]도보, [ ]차량) 약 분	
		종합의료시설	( ), 소요시간 : ([ ]도보, [ ]차량) 약 분	

(5) **관리에 관한 사항** : 개업공인중개사가 확인한 사항을 기재한다.

⑤ 관리에 관한 사항	경비실	[ ]있음 [ ]없음	관리주체	[ ]위탁관리 [ ]자체관리 [ ]그 밖의 유형

(6) **비선호시설** : 개업공인중개사가 확인한 사항을 기재한다.

⑥ 비선호시설(1km 이내)	[ ]없음	[ ]있음(종류 및 위치 :)

비선호시설(1㎞ 이내)의 "종류 및 위치"는 대상물건으로부터 1㎞ 이내에 사회통념상 기피 시설인 화장장·납골당·공동묘지·쓰레기처리장·쓰레기소각장·분뇨처리장·하수종말처리장 등의 시설이 있는 경우, 그 시설의 종류 및 위치를 기재한다.

(7) **거래예정금액 등**

⑦ 거래예정금액 등	거래예정금액			
	개별공시지가(m^2당)		건물(주택)공시가격	

① 작성방법

거래예정금액은 중개가 완성되기 전 거래예정금액을 기재하고, 개별공시지가 및 건물(주택)공시가격은 중개가 완성되기 전 공시된 공시지가 또는 공시가격을 기재한다.

② 작성내용

임대차계약의 경우에는 "개별공시지가"및"건물(주택)공시가격"을 생략할 수 있다.

(8) 취득시 부담할 조세의 종류 및 세율

⑧ 취득 시 부담할 조세의 종류 및 세율	취득세	%	농어촌특별세	%	지방교육세	%
	※ 재산세는 6월 1일 기준 대상물건 소유자가 납세의무를 부담					

① 작성방법

중개가 완성되기 전 「지방세법」의 내용을 확인하여 기재한다.

② 작성내용 : 임대차의 경우에는 제외한다.

❺ 개업공인중개사 세부 확인사항

(1) 실제권리관계 또는 공시되지 아니한 물건의 권리사항

II. 개업공인중개사 세부 확인사항
⑨ 실제 권리관계 또는 공시되지 않은 물건의 권리 사항

① 작성방법

매도(임대)의뢰인이 고지한 사항(법정지상권, 유치권, 「주택임대차보호법」에 따른 임대차, 토지에 부착된 조각물 및 정원수, 계약 전 소유권 변동 여부, 도로의 점용허가 여부 및 권리·의무 승계 대상 여부 등)을 기재한다.

② 작성내용

㉠ 공동주택(기숙사는 제외) 중 분양을 목적으로 건축되었으나 분양되지 아니하여 보존등기만 마쳐진 상태인 공동주택에 대하여 임대차계약을 알선하는 경우에는 미분양공동주택인 사실을 임차인에게 설명하여야 한다.

㉡ 임대차계약이 있는 경우 임대보증금, 월 단위의 차임액, 계약기간, 장기수선충당금의 처리 등을 확인하여 기재한다.

(2) 내·외부시설물의 상태(건축물)

<table>
<tr><td rowspan="10">⑩ 내부·
외부
시설물의
상태
(건축물)</td><td rowspan="2">수도</td><td>파손 여부</td><td colspan="3">[ ] 없음 [ ] 있음(위치:)</td></tr>
<tr><td>용수량</td><td colspan="3">[ ] 정상 [ ] 부족함(위치:)</td></tr>
<tr><td>전기</td><td>공급상태</td><td colspan="3">[ ] 정상 [ ] 교체 필요(교체할 부분:)</td></tr>
<tr><td>가스(취사용)</td><td>공급방식</td><td colspan="3">[ ] 도시가스 [ ] 그 밖의 방식( )</td></tr>
<tr><td>소방</td><td>단독경보형
감지기</td><td colspan="2">[ ] 없음 [ ] 있음 (수량: 개)</td><td>※「화재예방, 소방시설 설치·유지 및 안전관리에 관한 법률」 제8조 및 같은 법 시행령 제13조에 따른 주택용 소방시설로서 아파트(주택으로 사용하는 층수가 5개층 이상인 주택을 말한다)를 제외한 주택의 경우만 작성합니다.</td></tr>
<tr><td rowspan="2">난방방식 및
연료공급</td><td>공급방식</td><td>[ ] 중앙공급
[ ] 개별공급</td><td>시설작동</td><td>[ ] 정상 [ ] 수선 필요( )</td></tr>
<tr><td>종류</td><td colspan="3">[ ]도시가스 [ ]기름 [ ]프로판가스 [ ]연탄 [ ]그밖의 종류( )</td></tr>
<tr><td>승강기</td><td colspan="4">[ ] 있음 ([ ] 양호 [ ] 불량) [ ] 없음</td></tr>
<tr><td>배수</td><td colspan="4">[ ] 정상 [ ] 수선 필요( )</td></tr>
<tr><td>그 밖의
시설물</td><td colspan="4"></td></tr>
</table>

① 작성방법

중개대상물에 대하여 개업공인중개사가 매도(임대)의뢰인에게 자료를 요구하여 확인한 사항을 기재한다.

② 작성내용

㉠ 소방란에 단독경보형 감지기 유무와 수량을 주택용 소방시설로서 아파트를 제외한 주택의 경우만 작성한다.

㉡ "그 밖의 시설물"은 가정자동화 시설(Home Automation 등 IT 관련 시설)의 설치 여부를 기재한다.

(3) **벽면 및 도배상태** : 매도(임대)의뢰인에게 자료를 요구하여 확인한 사항을 기재한다.

<table>
<tr><td rowspan="4">⑪ 벽면·
바닥면 및
도배 상태</td><td rowspan="2">벽면</td><td>균열</td><td>[ ] 없음 [ ] 있음 (위치:)</td></tr>
<tr><td>누수</td><td>[ ] 없음 [ ] 있음 (위치:)</td></tr>
<tr><td>바닥면</td><td colspan="2">[ ] 깨끗함 [ ] 보통임 [ ] 수리 필요 (위치:)</td></tr>
<tr><td>도배</td><td colspan="2">[ ] 깨끗함 [ ] 보통임 [ ] 도배 필요</td></tr>
</table>

(4) **환경조건** : 매도(임대)의뢰인에게 자료를 요구하여 확인한 사항을 기재한다.

<table>
<tr><td rowspan="2">⑫ 환경
조건</td><td>일조량</td><td colspan="3">[ ] 풍부함 [ ] 보통임 [ ] 불충분 (이유:)</td></tr>
<tr><td>소음</td><td>[ ] 아주 작음 [ ] 보통임
[ ] 심한 편임</td><td>진동</td><td>[ ] 아주 작음 [ ] 보통임
[ ] 심한 편임</td></tr>
</table>

❻ 중개보수 등에 관한 사항

Ⅲ. 중개보수 등에 관한 사항

<table>
<tr><td rowspan="4">⑬ 중개보수
및 실비의
금액과
산출내역</td><td>중개보수</td><td></td><td rowspan="4">〈산출내역〉
중개보수:

실 비:

※ 중개보수는 시·도 조례로 정한 요율한도에서 중개의뢰인과 개업공인중개사가 서로 협의하여 결정하며 부가가치세는 별도로 부과될 수 있습니다.</td></tr>
<tr><td>실비</td><td></td></tr>
<tr><td>계</td><td></td></tr>
<tr><td>지급시기</td><td></td></tr>
</table>

① 중개보수는 시·도 조례로 정한 요율한도에서 중개의뢰인과 개업공인중개사가 서로 협의하여 결정하며 부가가치세는 별도로 부과될 수 있다.

② 중개보수 및 실비는 개업공인중개사와 중개의뢰인이 협의하여 결정한 금액을 적되 "중개보수"는 거래예정금액을 기준으로 계산하고, "산출내역(중개보수)"은 "거래예정금액(임대차의 경우에는 임대보증금 + 월 단위의 차임액 × 100) × 중개보수 요율"과 같이 기재한다. 다만, 임대차로서 거래예정금액이 5천만원 미만인 경우에는 "임대보증금 + 월 단위의 차임액 × 70"을 거래예정금액으로 한다.

매도인 (임대인)	주소		성명	(서명 또는 날인)
	생년월일		전화번호	
매수인 (임차인)	주소		성명	(서명 또는 날인)
	생년월일		전화번호	
개업 공인중개사	등록번호		성명(대표자)	(서명 및 날인)
	사무소 명칭		소속 공인중개사	(서명 및 날인)
	사무소 소재지		전화번호	
개업 공인중개사	등록번호		성명(대표자)	(서명 및 날인)
	사무소 명칭		소속 공인중개사	(서명 및 날인)
	사무소 소재지		전화번호	

3 대표 기출문제

제34회 출제

01 공인중개사법령상 중개대상물 확인·설명서[1](주거용 건축물)의 작성방법으로 옳은 것을 모두 고른 것은?

ㄱ. 임대차의 경우 '취득 시 부담할 조세의 종류 및 세율'은 적지 않아도 된다.
ㄴ. '환경조건'은 중개대상물에 대해 개업공인중개사가 매도(임대)의뢰인에게 자료를 요구하여 확인한 사항을 적는다.
ㄷ. 중개대상물에 법정지상권이 있는 지 여부는 '실제 권리관계 또는 공시되지 않은 물건의 권리 사항'란에 개업공인중개사가 직접 확인한 사항을 적는다.

① ㄱ ② ㄱ, ㄴ ③ ㄱ, ㄷ ④ ㄴ, ㄷ ⑤ ㄱ, ㄴ, ㄷ

해설

ㄷ. 실제 권리관계 또는 공시되지 않은 물건의 권리 사항에 관한 사항은 세부확인사항으로 매도(임대)의뢰인이 고지한 사항을 기재한다.

답 ②

제33회 출제

02 공인중개사법령상 중개대상물 확인·설명서[II](비주거용 건축물)에서, 개업공인중개사의 기본 확인사항이 아닌 것은?

① 소재지, 면적 등 대상물건의 표시에 관한 사항
② 소유권 외의 권리사항
③ 비선호시설(1km이내)의 유무에 관한 사항
④ 관리주체 등 관리에 관한 사항
⑤ 소유권에 관한 사항

해설

③ 비주거용 건축물 확인·설명서에는 비선호시설(1km 이내) 기재란이 없다.

답 ③

기출 종합

03 공인중개사법령상 중개대상물 확인·설명서의 작성방법으로 틀린 것은?

① 주거용 건축물의 경우 '환경조건'은 중개대상물에 대해 개업공인중개사가 매도(임대)의뢰인에게 자료를 요구하여 확인한 사항을 적는다.
② 비주거용 건축물의 경우"단독경보형감지기 설치 여부는 기재사항이 아니다.
③ 토지의 경우 주차장, 관리주체의 유형에 관한 사항은 기재사항이 아니다.
④ "건폐율 상한 및 용적률 상한"은 시·군의 조례에 따라 적는다.
⑤ "중개보수"는 실제거래금액을 기준으로 계산하고, 협의가 없는 경우 부가가치세는 포함된 것으로 본다.

해설

중개보수 및 실비는 개업공인중개사와 중개의뢰인이 협의하여 결정한 금액을 적되 "중개보수"는 거래예정금액을 기준으로 계산하고, 협의가 없는 경우 부가가치세는 별도로 부과될 수 있다.

답 ⑤

4 출제 예상문제

01 공인중개사법령상 중개대상물 확인·설명서 작성방법에 관한 설명으로 틀린 것은?

① 취득시 부담할 조세의 종류 및 세율은 기본확인사항 및 중개대상물 확인·설명서(Ⅰ,Ⅱ,Ⅲ,Ⅳ)의 공통기재사항으로 임대차의 경우에도 작성한다.

② 민간임대등록여부는 기본확인사항으로 주거용 건축물과 비주거용 건축물의 경우에 "권리관계"란에 작성한다.

③ 내진설계적용여부와 내진능력은 기본확인사항으로 주거용 건축물과 비주거용 건축물의 경우에 "대상물건의 표시"란에 작성한다.

④ 비선호시설(1㎞이내)은 기본확인사항으로 주거용 건축물과 토지의 경우에 작성한다.

⑤ 단독경보형감지기는 세부확인사항으로 주거용 건축물 (아파트제외)의 경우 "내·외부시설물 상태"란에 작성한다.

해설 ✦ ① 임대차의 경우에는 기재사항에 해당하지 않는다.
③ 표시사항으로 건축물대장등본을 확인하여 기재한다.

정답 ✦ ①

02 공인중개사법령상 중개대상물 확인·설명서[II](비주거용 건축물)상 입지조건란에 기재할 요소를 모두 고른 것은?

ㄱ. 도로와의 관계　　ㄴ. 대중교통　　ㄷ. 주차장
ㄹ. 교육시설　　ㅁ. 판매·의료시설

① ㄱ　② ㄱ, ㄴ　③ ㄱ, ㄴ, ㅁ　④ ㄱ, ㄴ, ㄷ　⑤ ㄱ, ㄴ, ㄷ, ㅁ

해설 ✦ 입지조건 : 도로(접근성 등), 대중교통, 주차장, 교육시설, 판매·의료시설

주거용 건축물	비주거용 건축물	토지
도로	도로	도로
대중교통	대중교통	대중교통
주차장	주차장	×
교육시설	×	×
판매·의료시설	×	×

정답 ✦ ④

테마 20

개업공인중개사의 손해배상책임과 그 보장제도

1 출제예상과 학습포인트

✦ 기출횟수

25회, 26회, 27회, 28회, 29회, 31회, 32회, 34회

✦ 35회 출제 예상

출제가 예상된다.

✦ 35회 중요도

★★★

✦ 학습범위

손해배상책임요건 및 배상범위, 보증제도, 관련 판례

✦ 학습방법

공인중개사법상 손해배상책임요건·보증제도와 관련 판례를 학습한다.

✦ 핵심쟁점

❶ 손해배상책임요건 ❷ 보증제도 ❸ 관련 판례

2 핵심 내용

❶ 손해배상책임의 구분

구분	민법	공인중개사법 = 보증기관의 보증금액
책임요건	고의 또는 과실로 인한 위법행위로 타인에게 손해를 가한 자는 그 손해를 배상할 책임이 있다. (모든사람·행위·손해)	① 개업공인중개사 등에 한하여 적용된다. ② 중개행위에 한하여 적용된다. ③ 보증설정금액한도내에서의 재산상 손해에 한하여 책임이 있다.
책임범위	개업공인중개사에게 청구할 수 있는 범위는 발생한 손해 모두	보증기관에 청구할 수 있는 범위는 설정금액 범위내에서의 재산상 손해만
소멸시효	손해 및 가해자를 안 날로부터 3년간, 불법행위를 한 날로부터 10년 – 공인중개사법에서는 소멸시효에 관한 규정이 없고 민법규정을 준용	

❷ 개업공인중개사가 손해배상책임을 부담하는 경우의 고의 또는 과실유무

① 개업공인중개사가 중개행위를 한 경우 : 과실책임
개업공인중개사의 고의 또는 과실이 있는 경우에만 책임이 있다.
② 개업공인중개사가 중개행위를 하지 않은 경우 : 무과실책임
㉠ 고용인이 업무상 행위를 한 경우
㉡ 다른 사람의 중개행위의 장소로 제공한 경우

❸ 개업공인중개사의 손해배상책임요건(법제30조)

(1) 중개행위자책임 : 과실책임

개업공인중개사가 중개행위를 함에 있어서 고의 또는 과실(경과실, 추상적 과실)로 인하여 거래당사자에게 재산상의 손해가 발생한 경우 그 손해를 배상할 책임이 있다.

(2) 장소제공자책임 및 사용자 책임 : 무과실책임

① 개업공인중개사는 자기의 중개사무소를 다른 사람의 중개행위의 장소로 제공함으로서 발생한 재산상 손해에 대하여 배상할 책임이 있다.
② 고용인이 업무상 행위를 함에 있어서 고의 또는 과실로 인하여 거래당사자에게 재산상 손해가 발생한 경우 그를 고용한 개업공인중개사의 행위로 간주되므로 무과실책임을 부담한다.

❹ 보증제도

(1) 보증제도의 의의 및 성격

특수법인을 포함하여 모든 개업공인중개사는 예외없이 보증을 설정하여야 한다.

(2) 보증설정신고 : 보증설정은 반드시, 신고는 생략가능

① 중개사무소 개설등록을 한 때에는 업무개시전에 보증을 설정한 후 증명서류(전자문서 포함)를 갖추어 등록관청에 신고하여야 한다. 다만, 보증기관이 보증사실을 등록관청에 직접 통보한 경우에는 신고를 생략할 수 있다.
② 다른 법률의 규정에 따라 중개업을 할 수 있는 법인이 중개업무를 개시하기 전에 보장금액 2천만원 이상의 보증을 보증기관에 설정하고 그 증명서류를 갖추어 등록관청에 신고하여야 한다.
③ 법인인 개업공인중개사가 분사무소를 설치하고자 하는 경우 설치신고전에 분사무소별로 2억원 이상 보증을 설정하여야 한다.

④ 손해배상책임을 보장하기 위한 조치를 이행하지 않고(=보증을 설정하지 아니하고) 중개업무를 개시한 경우에는 등록취소 또는 업무정지처분대상이 된다.

(3) 보증설정 방법 및 금액

개업공인중개사 종별	방 법	금 액
법인이 아닌 개업공인중개사	• 보증보험 • 공 제 • 공 탁	2억원 이상
법인인 개업공인중개사		4억원 이상, 분사무소는 2억원 이상 추가설정
다른 법률에 따라 중개업을 할 수 있는 법인		2천만원 이상

① 보증보험은 타인을 위한 손해보험계약의 성격을 가지고, 공제는 보증보험적 성격을 가진 제도이다.
② 기간만료로 인한 재보증설정은 보증보험이나 공제의 경우에만 적용되고 공탁의 경우에는 적용되지 않는다.
③ 손해배상 후 15일 이내에 공탁은 부족하게 된 금액을 보전하여야 하고, 보증보험이나 공제는 다시 가입하여야 한다.
④ 개업공인중개사가 사망 또는 중개업을 폐업한 날로부터 3년 이내에 공탁금을 회수할 수 없다.

(4) 보증변경

이미 설정한 보증의 효력이 있는 기간 중 다른 보증으로 변경설정하고 증명서류를 갖추어 등록관청에 신고하여야 한다.

(5) 기간만료로 인한 보증의 재설정신고

보증보험 또는 공제에 가입한 개업공인중개사는 보증기간만료일까지 보증설정을 하고 증명서류를 갖추어 등록관청에 신고하여야 한다.

(6) 손해배상금 지급

① 구비서류

중개의뢰인이 손해배상금으로 보증보험금 등을 지급받고자 하는 경우에는 손해배상합의서, 확정판결문 사본 등을 첨부하여 보증기관에 손해배상금의 지급청구를 하여야 한다. (×보증관계증서)

② 손해배상 후 보증의 재설정 등

개업공인중개사는 손해배상을 한 때에는 15일 이내에 보증보험 또는 공제에 다시 가입하거나 공탁금 중 부족하게 된 금액을 보전하여야 한다.

③ 개업공인중개사에게 직접 청구할 수 있는 범위

개업공인중개사의 고의 또는 과실로 인하여 발생한 모든 손해

④ 보증기관에 청구할 수 있는 범위

보증설정한도내의 재산상 손해만. 그러므로 보증금액을 초과하는 재산상 손해와 정신적 피해에 대해서는 개업공인중개사를 상대로 별도로 청구해야 한다.

(7) 중개완성시 거래당사자에게 보증관련사항의 설명 및 교부

① 보증기관, 소재지, 보증기간, 보증금액을 설명하고

② 보증관계증서 사본 교부(전자문서제공)하여야 한다. - 100만원 이하의 과태료

▷ 보증설정시기 비교

신규설정신고	등록후 업무개시전
보증기간만료신고	기간만료일까지
보증변경신고	이미 설정한 보증의 효력이 있는 기간중
손해배상 후 신고	손해배상 후 15일 이내
분사무소 설치신고	설치신고전에 추가로 2억 이상 설정

❺ 개업공인중개사의 손해배상책임 관련판례

① 중개행위 해당여부는 객관적으로 보아 사회통념상 판단하여야 한다.

어떤 행위가 중개행위에 해당하는지 여부는 개업공인중개사가 진정으로 거래당사자를 위하여 거래를 알선·중개하려는 의사를 갖고 있었는가 하는 개업공인중개사의 주관적 의사에 의하여 결정할 것이 아니라 개업공인중개사의 행위를 객관적으로 보아 사회통념상 거래의 알선·중개를 위한 행위라고 인정되는지 여부에 의하여 결정하여야 한다.

② 부동산매매계약을 중개하고 계약체결 후 계약금 및 중도금지급에도 관여한 개업공인중개사의 행위도 중개행위에 해당한다.

계약체결 후 계약금 및 중도금지급에도 관여한 개업공인중개사가 잔금 중 일부를 횡령한 경우, 그러한 행위는 개업공인중개사가 중개행위를 함에 있어서 거래당사자에게 재산상의 손해를 발생하게 한 경우에 해당한다. = 보증기관에 배상청구할 수 있다.

③ 무상중개의 경우에도 확인·설명의무위반에 따른 손해배상책임은 소멸되지 않는다.

부동산중개계약에 따른 개업공인중개사의 확인·설명의무와 이에 위반한 경우의 손해배상의무는 중개의뢰인이 개업공인중개사에게 소정의 중개보수를 지급하지 아니하였다고 해서 당연히 소멸되는 것이 아니다.

④ **장소제공자로서 다른 사람의 횡령행위의 경우에도 그 손해를 배상할 책임이 있다.**
개업공인중개사 甲이 자신의 사무소를 乙의 중개행위의 장소로 제공하여 乙이 그 사무소에서 임대차계약을 중개하면서 거래당사자로부터 종전 임차인에게 임대차보증금을 전달하여 달라는 부탁을 받고 수령한 후 이를 횡령한 경우 개업공인중개사 甲은 거래당사자가 입은 손해를 배상할 책임이 있다.

⑤ **경매정보제공과 조언하는 경우에도 중개행위에 해당한다.**
경매정보제공과 조언이 공인중개사법의 중개자체에 해당하는 것은 아니라 해도 실질적인 내용은 시행령에서 규정하는 거래의 알선과 전혀 다를 바 없고 다만 목적물에 차이가 날 뿐이므로 중개행위로 보는 게 타당하다.

3 대표 기출문제

제34회 출제

01 공인중개사법령상 공인중개사인 개업공인중개사 甲의 손해배상책임의 보장에 관한 설명으로 틀린 것은?

① 甲은 업무를 시작하기 전에 손해배상책임을 보장하기 위한 조치를 하여야 한다.
② 甲은 2억원 이상의 금액을 보장하기 위하여 보증보험 또는 공제에 가입하거나 공탁을 해야 한다.
③ 甲은 보증보험금·공제금 또는 공탁금으로 손해배상을 한 때에는 15일 이내에 보증보험 또는 공제에 다시 가입하거나 공탁금 중 부족하게 된 금액을 보전해야 한다.
④ 甲이 손해배상책임을 보장하기 위한 조치를 이행하지 아니하고 업무를 개시한 경우는 업무정지사유에 해당하지 않는다.
⑤ 甲은 자기의 중개사무소를 다른 사람의 중개행위의 장소로 제공함으로써 거래당사자에게 재산상의 손해를 발생하게 한 때에는 그 손해를 배상할 책임이 있다.

해설

손해배상책임을 보장하기 위한 조치를 이행하지 아니하고 업무를 개시한 경우 상대적 등록취소사유이므로 등록관청은 등록취소처분을 하거나 업무정지처분을 할 수 있다.

답 ④

제31회 출제

02 공인중개사법령상 개업공인중개사 甲의 손해배상책임의 보장에 관한 설명으로 틀린 것은?

① 甲은 업무를 개시하기 전에 손해배상책임을 보장하기 위하여 보증보험 또는 공제에 가입하거나 공탁을 해야 한다.

② 甲이 설정한 보증을 다른 보증으로 변경하려는 경우 이미 설정한 보증의 효력이 있는 기간 중에 다른 보증을 설정하여야 한다.

③ 甲이 보증보험 또는 공제에 가입한 경우 보증기간의 만료로 다시 보증을 설정하려면, 그 보증기간 만료일까지 다시 보증을 설정하여야 한다.

④ 甲이 손해배상책임을 보장하기 위한 조치를 이행하지 아니하고 업무를 개시한 경우 등록관청은 개설등록을 취소할 수 있다.

⑤ 甲이 공제금으로 손해배상을 한 때에는 30일 이내에 공제에 다시 가입하여야 한다.

해설

⑤ 보증기관을 통하여 손해배상을 한 때에는 '15일' 이내에 보증보험, 공제에 다시 가입하거나 공탁금 중 부족한 금액을 보전하여야 한다.

답 ⑤

제32회 출제

03 공인중개사법령상 손해배상책임의 보장에 관한 설명으로 틀린 것은?

① 개업공인중개사는 중개가 완성된 때에는 거래당사자에게 손해배상책임의 보장기간을 설명해야 한다.

② 개업공인중개사는 고의로 거래당사자에게 손해를 입힌 경우에는 재산상의 손해뿐만 아니라 비재산적 손해에 대해서도 공인중개사법령상 손해배상책임보장 규정에 의해 배상할 책임이 있다.

③ 개업공인중개사가 자기의 중개사무소를 다른 사람의 중개행위의 장소로 제공하여 거래당사자에게 재산상의 손해를 발생하게 한때에는 그 손해를 배상할 책임이 있다.

④ 법인인 개업공인중개사가 분사무소를 두는 경우 분사무소마다 추가로 2억원 이상의 손해배상책임의 보증설정을 해야 하나 보장금액의 상한은 없다.

⑤ 지역농업협동조합이 「농업협동조합법」에 의해 부동산중개업을 하는 경우 보증기관에 설정하는 손해배상책임보증의 최저보장금액은 개업공인중개사의 최저보장금액과 다르다.

해설

② 공인중개사법령상 비재산적 손해는 배상할 책임이 없다. 비재산적 손해(정신적 손해)는 민법에 따라 책임을 진다.

답 ②

4 출제 예상문제

01 공인중개사법령상 개업공인중개사의 손해배상책임의 보장에 관한 설명으로 틀린 것은? (다툼이 있으면 판례에 따름)

① 개업공인중개사가 중개행위를 함에 있어서 재산산의 손해를 가한 경우, 그의 고의 또는 과실에 관계없이 손해를 배상할 책임이 있다.

② 중개보조원이 중개의뢰인이 맡겼던 계약금을 횡령한 경우에도 이 법에 따른 손해배상책임이 있다.

③ 개업공인중개사가 자기의 중개사무소를 다른 사람의 중개행위 장소로 제공함으로써 거래당사자에게 재산상 손해가 발생한 경우 이 법에 따른 손해배상책임이 있다.

④ 손해배상책임의 보장을 위한 공탁금은 개업공인중개사가 폐업 또는 사망한 날부터 3년 이내에는 회수할 수 없다.

⑤ 2억원의 보증을 설정한 개업공인중개사의 중과실로 거래 당사자에게 2억2천만원의 재산상의 손해가 발생한 때에는 거래당사자는 개업공인중개사에게 전액 손해배상을 청구할 수 있다.

해설 ✦ ⑤ 개업공인중개사에게 청구할 수 있는 범위는 재산상·정신적 손해 모두이고, 개업공인중개사의 보증기관에 청구할 수 있는 범위는 보증설정금액 범위내의 재산상 손해만. 그러므로 보증금액을 초과하는 재산상 손해와 정신적 피해에 대해서는 개업공인중개사를 상대로 별도로 청구해야 한다.

① 개업공인중개사가 중개행위를 한 경우에는 고의 또는 과실이 있는 경우에 한하여 배상할 책임이 있다.

정답 ✦ ①

02 공인중개사법령상 개업공인중개사의 손해배상책임의 보장에 관한 설명으로 틀린 것은? (다툼이 있으면 판례에 따름)

① 손해배상책임보증 설정신고서에는 보증기관, 보증설정일, 보장금액, 보장기간을 기재해야 한다.

② 부동산 매매계약을 중개하고 계약금 및 중도금 지급에도 관여한 개업공인중개사가 잔금 중 일부를 횡령한 경우 이 법에 따른 손해배상책임이 있다.

③ 개업공인중개사등이 아닌 제3자의 중개행위로 거래당사자에게 재산상 손해가 발생한 경우 그 제3자는 이 법에 따른 손해배상책임을 진다.

④ 개업공인중개사는 중개가 완성된 때에는 거래당사자에게 손해배상책임의 보장에 관한 보장금액, 보장기간, 보증기관 및 소재지를 설명해야 한다.

⑤ 손해배상책임의 보장을 위한 공탁금은 개업공인중개사가 폐업 또는 사망한 날부터 3년 이내에는 회수할 수 없다.

해설 ✦ ③ 공인중개사법에 따른 손해배상책임은 개업공인중개사 등이 중개행위를 함에 있어서 고의 또는 과실로 인하여 거래당사자에게 재산상의 손해를 발생하게 한 경우에 한하여 적용된다.

② 매매계약을 알선한 중개업자가 단순히 계약의 체결만을 알선하는 데 그치지 아니하고 계약 체결 후에도 중도금 및 잔금의 지급, 목적물의 인도 및 소유권이전등기의 경료 등과 같은 거래당사자의 계약상 의무의 실현에 관여함으로써 계약상 의무가 원만하게 이행되도록 주선할 것이 예정되어 있는 경우에, 그러한 중개업자의 행위는 객관적으로 보아 사회통념상 거래의 알선·중개를 위한 행위로서 중개행위의 범주에 포함된다. 따라서 공인중개사법에 따른 손해배상책임이 있다.

정답 ✦ ③

테마 21

계약금 등의 반환채무이행의 보장 (예치권고)

1 출제예상과 학습포인트

✦ 기출횟수

23회, 24회, 30회, 34회

✦ 35회 출제 예상

출제가능성이 낮다.

✦ 35회 중요도

★

✦ 학습범위

개업공인중개사의 명의로 예치시 의무, 예치명의자

✦ 학습방법

예치명의자·개업공인중개사의 명의로 예치시 그 의무를 필수적으로 학습한다.

✦ 핵심쟁점

❶ 예치명의자 ❷ 개업공인중개사의 명의로 예치시의 의무

2 핵심 내용

❶ 예치 권고

개업공인중개사는 거래의 안전을 보장하기 위하여 필요하다고 인정하는 경우에는 거래계약의 이행이 완료될 때까지 계약금·중도금 또는 잔금("계약금 등")을 개업공인중개사 또는 대통령령이 정하는 자의 명의로 금융기관, 공제사업을 하는 자 또는 신탁업자 등에 예치하도록 거래당사자에게 권고할 수 있다.

❷ 개업공인중개사명의의 예치시 계약금 등의 예치관리의무사항 : 업무정지대상

① 약정의무

개업공인중개사는 거래당사자가 계약금 등을 개업공인중개사의 명의로 금융기관 등에 예치할 것을 의뢰하는 경우에는 계약이행의 완료 또는 계약해제 등의 사유로 인한 계약금 등의 인출에 대한

거래당사자의 동의 방법, 계약금 등의 반환채무이행 보장에 소요되는 실비 그 밖에 거래안전을 위하여 필요한 사항을 약정하여야 한다.

② **보증설정 및 교부의무**

개업공인중개사는 거래당사자의 의뢰에 의하여 계약금 등을 자기 명의로 금융기관 등에 예치하는 경우 그 계약금 등을 거래당사자에게 지급할 것을 보장하기 위하여 예치대상이 되는 계약금 등에 해당하는 금액을 보장하는 ㉠보증보험 또는 공제에 가입하거나 공탁을 하여야 하며, ㉡거래당사자에게 관계증서의 사본을 교부하거나 관계증서에 관한 전자문서를 제공하여야 한다.

③ **분리관리의무 및 임의인출금지의무**

개업공인중개사는 거래당사자의 의뢰에 의하여 거래계약과 관련된 계약금 등을 자기 명의로 금융기관 등에 예치하는 경우에는 ㉠자기 소유의 예치금과 분리하여 관리될 수 있도록 하여야 하며, ㉡예치된 계약금 등은 거래당사자의 동의 없이 인출하여서는 아니 된다.

❸ 매도·임대인의 계약금 등의 사전 수령

계약금 등을 예치한 경우 매도인·임대인 등 계약금 등을 수령할 수 있는 권리가 있는 자는 당해 계약을 해제한 때에 계약금 등의 반환을 보장하는 내용의 금융기관 또는 보증보험회사가 발행하는 보증서를 계약금 등의 예치명의자에게 교부하고 계약금 등을 미리 수령할 수 있다.

▷ 예치명의자, 예치기관, 보증서발행기관 비교

예치명의자	예치기관	보증서발행기관
개 : 개업공인중개사	금 : 금융기관	금 : 금융기관
공 : 공제사업자	공	증 : 보증보험회사
은 : 은행	신	
신 : 신탁업자	보	
체 : 체신관서	체 등	
보 : 보험회사		
전 : 전문회사		
× 거래당사자		

3 대표 기출문제

제30회 출제

01 공인중개사법령상 계약금 등의 반환채무이행의 보장 등에 관한 설명으로 틀린 것은?

① 개업공인중개사는 거래의 안전을 보장하기 위하여 필요하다고 인정하는 경우, 계약금 등을 예치하도록 거래당사자에게 권고할 수 있다.

② 예치대상은 계약금·중도금 또는 잔금이다.

③ 보험업법에 따른 보험회사는 계약금 등의 예치명의자가 될 수 있다.

④ 개업공인중개사는 거래당사자에게 공인중개사법에 따른 공제사업을 하는 자의 명의로 계약금 등을 예치하도록 권고할 수 없다.

⑤ 개업공인중개사는 계약금 등을 자기 명의로 금융기관 등에 예치하는 경우 자기 소유의 예치금과 분리하여 관리될 수 있도록 하여야 한다.

해설

④ 공제사업자는 예치명의자 및 예치기관이 될 수 있으므로, 공제사업자의 명의로 예치할 것을 권고할 수 있다.

답 ④

제34회 출제

02 공인중개사법령상 계약금 등을 예치하는 경우 예치명의자가 될 수 있는 자를 모두 고른 것은?

ㄱ. 「보험업법」에 따른 보험회사
ㄴ. 「자본시장과 금융투자업에 관한 법률」에 따른 투자중개업자
ㄷ. 「자본시장과 금융투자업에 관한 법률」에 따른 신탁업자
ㄹ. 「한국지방재정공제회법」에 따른 한국지방재정공제회

① ㄱ ② ㄱ, ㄷ ③ ㄱ, ㄴ, ㄷ
④ ㄴ, ㄷ, ㄹ ⑤ ㄱ, ㄴ, ㄷ, ㄹ

해설

예치명의자(×거래당사자 명의)
개업공인중개사, 공제사업자, 은행, 신탁업자, 체신관서, 보험회사, 전문회사(계약금 등 및 계약관련서류를 보관)

답 ②

4 출제 예상문제

01 공인중개사법령상 계약금 등의 반환채무이행의 보장 등에 관한 설명으로 틀린 것은?

① 계약금 등을 예치한 경우 매도인 등 계약금 등을 수령할 수 있는 권리가 있는 자는 당해 계약을 해제한 때에 계약금 등의 반환을 보장하는 내용의 보증서를 계약금 등의 예치명의자에게 교부하고 계약금 등을 미리 수령할 수 있다.
② 개업공인중개사가 계약금 등의 예치관리의무를 위반한 경우 업무정지처분을 받은 수 있다.
③ 보험업법에 따른 보험회사는 계약금 등의 예치명의자가 될 수 있다.
④ 개업공인중개사는 거래당사자에게 자기 명의로 계약금 등을 예치하도록 권고할 수 없다.
⑤ 개업공인중개사는 계약금 등을 자기 명의로 금융기관 등에 예치하는 경우 자기 소유의 예치금과 분리하여 관리될 수 있도록 하여야 한다.

해설 ✦ 개업공인중개사, 공제사업자, 은행, 신탁업자, 체신관서, 보험회사, 전문회사는 예치명의자가 될 수 있다.

정답 ✦ ④

테마 22 금지행위(법 제33조):예외없다.

1 출제예상과 학습포인트

✦ 기출횟수
25회, 26회, 27회, 28회, 29회, 30회, 31회, 34회

✦ 35회 출제 예상
출제가 예상된다.

✦ 35회 중요도
★★★

✦ 학습범위
금지행위의 내용 및 관련 판례

✦ 학습방법
금지행위 유형별 적용대상자 및 관련 판례와 그 제재를 학습해야 한다.

✦ 핵심쟁점
❶ 금지행위의 내용
❷ 금지행위 관련 판례

2 핵심 내용

❶ 금지행위 내용

① 개업공인중개사등은 다음 각 호의 행위를 하여서는 아니된다.

1. 중개대상물(토지·건축물·입목·공장재단·광업재단)의 매매를 업으로 하는 행위
2. 중개사무소의 개설등록을 하지 아니하고 중개업을 영위하는 자인 사실을 알면서 ㉠그를 통하여 중개를 의뢰받는 행위 ㉡그에게 자기의 명의를 이용하게 하는 행위
3. 사례·증여 그 밖의 어떠한 명목으로도 중개보수 또는 실비를 초과하여 금품을 받는 행위
   ① 강행법규에 속하는 것으로서 그 한도액을 초과하는 부분은 무효이다.
   ② 초과수수금지규정에 위반한 행위는 중개의뢰인에게 현실적으로 그 한도초과액 상당의 재산상 손해가 발생함을 요건으로 하는 것이 아니다.

③ 개업공인중개사가 법정한도를 초과하여 당좌수표를 교부받았다면 곧바로 금지규정을 위반한 것이 되고, 비록 그 후 그 당좌수표가 부도처리가 되었다거나 또는 중개의뢰인에게 그대로 반환되었더라도 초과수수금지규정의 위반죄는 성립된다.

④ 중개와 구별되는 이른바 '분양대행'(=겸업)과 관련하여 교부받은 금원은 공인중개사법 제33조 제3호에 의하여 초과수수가 금지되는 금원에 해당하지 않는다.

4. 당해 중개대상물의 거래상의 중요사항에 관하여 거짓된 언행 그 밖의 방법으로 중개의뢰인의 판단을 그르치게 하는 행위

① 「거래상 중요사항」에 중개대상물의「가격」도 포함된다.

② 개업공인중개사 등이 서로 짜고 매도의뢰가격을 숨긴 채 무척 높은 가격으로 매도하고 차액을 취득한 행위는 판단을 그르치게 하는 행위에 해당될 뿐만 아니라 불법행위를 구성한다.

③ 중개대상물인 임야가 개발제한구역으로 결정되어 가격이 떨어지고 매수하려는 사람도 없어 상당한 가격으로 현금화하기가 어려운데도 그러한 사정을 모르는 매수중개의뢰인에게 바로 비싼 값에 전매할 수 있다고 기망하여 매매계약을 체결하였다면 이는 불법행위로 된다.

5. 관계법령에서 양도·알선 등이 금지된 부동산의 분양·임대 등과 관련 있는 증서등의 매매·교환 등을 ㉠중개하거나 ㉡그 매매를 업으로 하는 행위

① 분양권은 중개대상물인 건물에 포함되므로 부동산 분양과 관련있는 증서에 해당하지 않는다. 다만, 투기과열지구안에서 전매제한기간중에 있는 분양권의 매매 중개는 부동산투기조장행위에 해당한다.

② 상가전부를 매도할 때 사용할 목적으로 매매대금과 지급기일을 작성한 상가분양계약서는 상가의 매매계약서일 뿐이고 부동산 분양/임대관련증서로 볼 수 없다.

6. ㉠ 중개의뢰인과 직접 거래를 하는 행위 ㉡거래당사자 쌍방을 대리하는 행위

① '직접거래'란 개업공인중개사가 중개의뢰인으로부터 의뢰받은 매매·교환·임대차 등과 같은 권리의 득실·변경에 관한 행위의 직접 상대방이 되는 경우를 의미한다.

② 직접거래금지에 해당하는 중개의뢰인의 범위에는 소유자뿐만 아니라 대리인·수임인도 포함된다.

③ 개업공인중개사가 매도인으로부터 매도중개의뢰를 받은 다른 개업공인중개사의 중개로 부동산을 매수하여, 매수중개의뢰를 받은 또 다른 개업공인중개사의 중개로 매도한 경우에는 직접거래에 해당하지 않는다.

④ 중개의뢰인과 직접 거래행위 자체가 그 사법상의 효력까지도 부인하지 않으면 안 될 정도로 현저히 반사회성, 반도덕성을 지닌 것이라고 할 수 없으므로 단속규정에 해당한다.

⑤ 일방당사자로부터 대리권을 수여받은 경우에는 일방대리로서 가능하다.

7. ㉠ 탈세 등 관계법령을 위반할 목적으로 소유권보존등기 또는 이전등기를 하지 아니한 부동산의 매매를 중개하는 등(=미등기전매를 중개하는 등) 부동산투기를 조장하는 행위 : 탈세를 목

적으로 한 부동산전매계약에서 개업공인중개사 등이 전매차익을 노린 의뢰인의 미등기전매를 중개한 경우 비록 전매차익이 발생치 않았다 할지라도 이는 부동산투기를 조장하는 행위에 해당된다.

㉡ 관계법령의 규정에 의하여 전매 등 권리의 변동이 제한된 부동산의 매매를 중개하는 등 부동산투기를 조장하는 행위 : 주택법상 투기과열지구안에서 전매제한기간내의 분양권매매 중개는 부동산투기조장행위에 해당한다.

8. 부당한 이익을 얻거나 제3자에게 부당한 이익을 얻게 할 목적으로 거짓으로 거래가 완료된 것처럼 꾸미는 등 중개대상물의 ㉠시세에 부당한 영향을 주거나 ㉡줄 우려가 있는 행위
9. ㉠단체를 구성하여 특정 중개대상물에 대하여 중개를 제한하거나 ㉡단체 구성원 이외의 자와 공동중개를 제한하는 행위

② **누구든지 시세에 부당한 영향을 줄 목적으로 다음 각 호의 어느 하나의 방법으로 개업공인중개사등의 업무를 방해해서는 아니 된다.**

1. 안내문, 온라인 커뮤니티 등을 이용하여 특정 개업공인중개사등에 대한 중개의뢰를 제한하거나 제한을 유도하는 행위
2. 안내문, 온라인 커뮤니티 등을 이용하여 중개대상물에 대하여 시세보다 현저하게 높게 표시·광고 또는 중개하는 특정 개업공인중개사등에게만 중개의뢰를 하도록 유도함으로써 다른 개업공인중개사등을 부당하게 차별하는 행위
3. 안내문, 온라인 커뮤니티 등을 이용하여 특정 가격 이하로 중개를 의뢰하지 아니하도록 유도하는 행위
4. 정당한 사유 없이 개업공인중개사등의 중개대상물에 대한 정당한 표시·광고 행위를 방해하는 행위
5. 개업공인중개사등에게 ㉠중개대상물을 시세보다 현저하게 높게 표시·광고하도록 강요하거나 ㉡대가를 약속하고 시세보다 현저하게 높게 표시·광고하도록 유도하는 행위

❷ 위반시 제재

① **행정처분** : 제33조 1항(9금지행위)

㉠ 개업공인중개사 - 상대적 등록취소처분 사유

㉡ 소속공인중개사 - 자격정지처분

② **행정형벌**

㉠ 제1항 1, 2, 3, 4호 위반(개업공인중개사 등) … 1년 이하 징역 또는 1천만원 이하 벌금

㉡ 제1항 5, 6, 7, 8, 9호(개업공인중개사 등) … 3년 이하 징역 또는 3천만원 이하 벌금

㉢ 제2항 위반(개업공인중개사등의 업무를 방해한 자) … 3년 이하 징역 또는 3천만원 이하 벌금

3 대표 기출문제

제34회 출제

01 공인중개사법령상 소속공인중개사에게 금지되는 행위를 모두 고른 것은?

ㄱ. 공인중개사 명칭을 사용하는 행위
ㄴ. 중개대상물에 대한 표시·광고를 하는 행위
ㄷ. 중개대상물의 매매를 업으로 하는 행위
ㄹ. 시세에 부당한 영향을 줄 목적으로 온라인 커뮤니티 등을 이용하여 특정 가격 이하로 중개를 의뢰하지 아니하도록 유도함으로써 개업공인중개사의 업무를 방해하는 행위

① ㄱ, ㄴ ② ㄴ, ㄹ ③ ㄷ, ㄹ
④ ㄴ, ㄷ, ㄹ ⑤ ㄱ, ㄴ, ㄷ, ㄹ

해설

ㄱ. 소속공인중개사는 공인중개사이므로 공인중개사명칭을 사용할 수 있다. 다만, 개업공인중개사는 아니므로「공인중개사사무소」 또는「부동산중개」문자는 사용할 수 없다.

[명칭사용범위]
① 공인중개사인 개업공인중개사 : 공인중개사, 공인중개사사무소, 부동산중개
② 소속공인중개사 : 공인중개사
③ 공인중개사 : 공인중개사

답 ④

제31회 출제

02 공인중개사법령상 개업공인중개사 등의 금지행위에 해당하지 않는 것은?

① 무등록중개업을 영위하는 자인 사실을 알면서 그를 통하여 중개를 의뢰받는 행위
② 부동산의 매매를 중개한 개업공인중개사가 당해 부동산을 다른 개업공인중개사의 중개를 통하여 임차한 행위
③ 자기의 중개의뢰인과 직접 거래를 하는 행위
④ 제3자에게 부당한 이익을 얻게 할 목적으로 거짓으로 거래가 완료된 것처럼 꾸미는 등 중개대상물의 시세에 부당한 영향을 줄 우려가 있는 행위
⑤ 단체를 구성하여 단체 구성원 이외의 자와 공동중개를 제한하는 행위

해설

② 다른 개업공인중개사의 중개로 부동산을 거래한 행위는 직접거래에 해당하지 않는다(대판 1991. 3. 27, 90도 2858).

답 ②

4 출제 예상문제

01 공인중개사법 제33조의 금지행위에 관한 설명으로 틀린 것은?

① 주택법에 따른 전매제한을 받지 않는 아파트 분양권 전매계약을 중개한 경우 금지행위에 해당하지 않는다.
② 제3자에게 부당한 이익을 얻게 할 목적으로 거짓으로 거래가 완료된 것처럼 꾸미는 등 중개대상물의 시세에 부당한 영향을 줄 우려가 있는 행위는 금지된다.
③ 개업공인중개사가 중개의뢰인과 직접 거래를 하는 행위를 금지하는 규정은 효력규정이다.
④ 온라인 커뮤니티를 이용하여 특정 개업공인중개사등에 대한 중개의뢰 제한을 유도하는 행위를 한 자는 부동산거래질서 교란행위 신고센터의 신고사항에 해당한다.
⑤ 상가분양대행업무를 수행하고 주택외의 법정한도를 초과하여 중개보수를 받는 행위는 금지행위에 해당하지 않는다.

해설 ✦ ③ 중개의뢰인과 직접 거래행위 자체가 그 사법상의 효력까지도 부인하지 않으면 안 될 정도로 현저히 반사회성, 반도덕성을 지닌 것이라고 할 수 없으므로// 단속규정에 해당한다.

⑤ 분양대행업무는 중개업이 아닌 겸업이므로 중개보수한도규정이 적용되지 않아 초과수수에 해당하지 않는다.

정답 ✦ ③

02 공인중개사법 제33조의 금지행위에 해당하지 않는 것은? (다툼이 있으면 판례에 따름)

① 중개사무소 개설등록을 하지 않고 중개업을 영위하는 자인 사실을 알면서 그에게 자기 명의를 이용하게 하는 행위

② 매도중개의뢰인을 대리하여 중개대상물에 대하여 매수중개의뢰인과 매매계약을 체결하는 행위

③ 주택법상 입주자저축증서의 매매를 중개하는 행위

④ 주택법상 투기과열지구내 전매제한을 받고 있는 아파트분양권 전매를 중개하는 행위

⑤ 중개의뢰인이 중간생략등기의 방법으로 전매하여 세금을 포탈하려는 것을 개업공인중개사가 알고도 투기목적의 전매를 중개하였으나, 전매차익이 발생하지 않은 경우 그 중개행위

해설 ✦ **[일방대리]**

개업공인중개사가 매도중개의뢰인 일방으로부터 대리권을 수여받아 매매계약을 체결한 경우로서 금지행위에 해당하지 않는다.

③ 관계 법령에서 양도·알선등이 금지된 부동산의 분양·임대 등과 관련 있는 증서에 대하여 ㉠매매·교환 등을 중개하거나 ㉡매매를 업으로 하는 행위로서 금지행위에 해당한다.

④ 관계법령의 규정에 의하여 전매 등 권리의 변동이 제한된 부동산의 매매를 중개하는 등 부동산투기를 조장하는 행위로서 금지행위에 해당한다.

정답 ✦ ②

테마 23

개업공인중개사의 보수 : 중개보수 및 실비

1 출제예상과 학습포인트

✦ 기출횟수

26회, 27회, 28회, 29회, 31회, 33회, 34회

✦ 35회 출제 예상

출제가 예상된다.

✦ 35회 중요도

★★★

✦ 학습범위

중개대상물에 대한 중개보수의 한도규정, 거래유형별 중개보수산정시 거래금액기준

✦ 학습방법

주택와 주택외의 중개대상물의 중개보수의 한도규정의 구별 및 중개보수 산정시 거래금액기준의 함정체크를 필수적으로 학습한다.

✦ 핵심쟁점

❶ 중개보수의 한도 ❷ 중개보수계산

2 핵심 내용

❶ 개업공인중개사의 중개보수청구권

① 개업공인중개사는 중개계약체결시 보수지급에 관하여 약정(중개계약서에 유상임을 명시)을 하지 않았어도 중개행위로 중개완성이 되면 당연히 보수를 지급받을 수 있다.

② 공인중개사법령상 중개보수 제한 규정들은 공매대상 부동산 취득의 알선에 대해서도 적용된다.

③ 개업공인중개사는 중개대상물에 대한 거래계약이 완료되지 않을 경우에도 중개의뢰인과 중개행위에 상응하는 보수를 지급하기로 약정할 수 있고, 이 경우 공인중개사법령상 중개보수 제한 규정들이 적용된다.

(1) 중개보수 청구권의 발생·행사·소멸

① 중개보수 청구권 발생 : 중개계약체결시

② 중개보수 청구권 행사 : 중개완성시
개업공인중개사의 중개행위와 거래계약체결간에 인과관계가 있어야 한다.

③ 중개보수 청구권 소멸
개업공인중개사는 중개업무에 관하여 중개의뢰인으로부터 소정의 보수를 받는다. 다만, 개업공인중개사의 고의 또는 과실로 인하여 중개의뢰인간의 거래행위가 무효·취소 또는 해제된 경우에는 받을 수 없다.

❷ 중개대상물의 중개에 따른 중개보수

(1) 주택(부속토지를 포함한다.)

① 주택(부속토지를 포함한다.)의 중개에 대한 보수에 관하여 필요한 사항은 국토교통부령으로 정하는 범위 안에서 특별시·광역시·도 또는 특별자치도("시·도")의 조례로 정한다.

② 주택의 중개에 대한 보수는 중개의뢰인 쌍방으로부터 각각 받되, 그 일방으로부터 받을 수 있는 한도는 별표 1과 같으며, 그 금액은 시·도의 조례로 정하는 요율한도 이내에서 중개의뢰인과 개업공인중개사가 서로 협의하여 결정한다.

③ 중개대상물(주택)의 소재지와 중개사무소의 소재지가 다른 경우에는 개업공인중개사는 중개사무소의 소재지를 관할하는 시·도의 조례에서 정한 기준에 따라 중개보수 및 실비를 받아야 한다.

■ 공인중개사법 시행규칙 [별표 1]

주택 중개보수 상한요율(제20조제1항 관련)

거래내용	거래금액	상한요율	한도액
매매·교환	5천만원 미만	1천분의 6	25만원
	5천만원 이상 2억원 미만	1천분의 5	80만원
	2억원 이상 9억원 미만	1천분의 4	
	9억원 이상 12억원 미만	1천분의 5	
	12억원 이상 15억원 미만	1천분의 6	
	15억원 이상	1천분의 7	
임대차 등	5천만원 미만	1천분의 5	20만원
	5천만원 이상 1억원 미만	1천분의 4	30만원
	1억원 이상 6억원 미만	1천분의 3	
	6억원 이상 12억원 미만	1천분의 4	
	12억원 이상 15억원 미만	1천분의 5	
	15억원 이상	1천분의 6	

(2) 주택 외의 중개대상물

① 주택 외의 중개대상물의 중개에 대한 보수는 국토교통부령으로 정한다.(×시·도의 조례)

② 주택 외의 중개대상물에 대한 중개보수는 다음의 구분에 따른다.

㉠ 「건축법 시행령」 별표 1에 따른 오피스텔(다음의 요건을 모두 갖춘 경우에 한정한다): 중개의뢰인 쌍방으로부터 각각 받되, 별표 2의 요율 범위에서 중개보수를 결정한다.

ⓐ 전용면적이 85제곱미터 이하일 것

ⓑ 상·하수도 시설이 갖추어진 전용입식 부엌, 전용수세식 화장실 및 목욕시설(전용수세식 화장실에 목욕시설을 갖춘 경우를 포함한다)을 갖출 것

■ 공인중개사법 시행규칙 [별표 2]

오피스텔 중개보수 요율(제20조제4항 관련)

구분	상한요율
1. 매매·교환	1천분의 5
2. 임대차 등	1천분의 4

㉡ ㉠ 외의 경우: 중개의뢰인 쌍방으로부터 각각 받되, 거래금액의 1천분의 9 이내에서 중개의뢰인과 개업공인중개사가 서로 협의하여 결정한다.

❸ 중개보수 산정시 거래금액의 계산기준

참고 주택의 중개에 대한 중개보수 산정기준 : 요율·한도액표기준

1. 거래금액 × 요율 = 산출액 > 한도액 → 한도액을 기준
2. 거래금액 × 요율 = 산출액 < 한도액 → 산출액을 기준

① 임대차 중 보증금 외에 차임이 있는 경우

임대차 중 보증금 외에 차임이 있는 경우에는 월 단위의 차임액에 100을 곱한 금액을 보증금에 합산한 금액을 거래금액으로 한다. 다만, 합산한 금액이 5천만원 미만인 경우에는 월 단위의 차임액에 70을 곱한 금액과 보증금을 합산한 금액을 거래금액으로 한다.

㉠ [보증금+(월세액×100)]=산출액

㉡ 산출액이 5천만원 이상인 경우에는 산출액에 요율 및 한도액을 적용

㉢ 산출액이 5천만원 미만인 경우에는 [보증금+(월세액×70)]=산출액×요율 및 한도액을 적용한다.

② 아파트분양권 전매시 거래금액

총 분양가격을 기준으로 하는 것이 아니라 전매계약시까지 매도인이 매수인으로부터 수수하게 되는 총대금(매도인이 이미 납입한 대금(계약금, 중도금 등)에 프리미엄을 합산한 가격)을 기준으로 요율 및 한도액을 적용한다.

③ 교환계약의 경우

교환대상 중개대상물 중 거래금액이 큰 중개대상물의 가액을 거래금액으로 한다.

④ 복합건축물의 경우

중개대상물인 건축물이 복합건축물의 경우에는 건축물 중 주택의 면적이 2분의 1 이상인 경우에는 주택의 중개보수 규정을 적용하고, 주택의 면적이 2분의 1 미만인 경우에는 주택외의 중개대상물에 대한 중개보수 규정을 적용한다.

⑤ 2 이상의 거래계약을 동시에 체결시킨 경우

동일한 중개대상물에 대하여 동일 당사자간에 매매를 포함한 둘 이상의 거래가 동일 기회에 이루어지는 경우에는 매매계약에 관한 거래금액만을 적용한다.

❹ 중개보수의 지급시기

개업공인중개사와 중개의뢰인간의 약정에 따르되, 약정이 없을 때에는 중개대상물의 거래대금 지급이 완료된 날로 한다.

❺ 실비

실비의 한도 등에 관하여 필요한 사항은 국토교통부령이 정하는 범위안에서 특별시·광역시 또는 도의 조례로 정한다.

(1) 중개대상물의 권리관계 등의 확인에 소요되는 실비

개업공인중개사는 영수증 등을 첨부하여 매도·임대, 그 밖의 권리를 이전코자 하는 중개의뢰인(지상권설정자, 전세권설정자 등)에게 청구할 수 있다.

(2) 계약금 등 반환채무이행 보장에 소요되는 실비

개업공인중개사는 영수증 등을 첨부하여 매수·임차 그 밖의 권리를 취득하고자 하는 중개의뢰인에게 청구할 수 있다.

3 대표 기출문제

제31회 출제

01 乙이 개업공인중개사 甲에게 중개를 의뢰하여 거래계약이 체결된 경우 공인중개사법령상 중개보수에 관한 설명으로 틀린 것은? (다툼이 있으면 판례에 따름)

① 甲의 고의와 과실 없이 乙의 사정으로 거래계약이 해제된 경우라도 甲은 중개보수를 받을 수 있다.

② 주택의 중개보수는 국토교통부령으로 정하는 범위 안에서 시·도의 조례로 정하고, 주택 외의 중개대상물의 중개보수는 국토교통부령으로 정한다.

③ 甲이 중개보수 산정에 관한 지방자치단체의 조례를 잘못 해석하여 법정 한도를 초과한 중개보수를 받은 경우 공인중개사법 제33조의 금지행위에 해당하지 않는다.

④ 법정한도를 초과하는 甲과 乙의 중개보수 약정은 그 한도를 초과하는 범위 내에서 무효이다.

⑤ 중개보수의 지급시기는 甲과 乙의 약정이 없을 때에는 중개대상물의 거래대금 지급이 완료된 날이다.

해설

③ 개업공인중개사가 중개보수 산정에 관한 지방자치단체의 조례를 잘못 해석하여 법에서 허용하는 금액을 초과한 중개보수를 수수한 경우 이는 법률의 착오에 해당하지 않는다(처벌을 면할 수 없다는 의미임. 대판 2005. 5. 27, 2004도62).

답 ③

기출 종합

02 공인중개사법령상 중개보수의 제한에 관한 설명으로 틀린 것은? (다툼이 있으면 판례에 따름)

① 공인중개사법령상 중개보수 제한 규정들은 공매대상 부동산 취득의 알선에 대해서도 적용된다.

② 중개대상물인 주택 소재지와 중개사무소 소재지가 다른 경우 중개대상물 소재지를 관할하는 시·도 조례에서 정한 기준에 따라 중개보수를 받아야 한다.

③ 전용면적이 85제곱미터 이하이고, 상·하수도 시설이 갖추어진 전용입식 부엌, 전용수세식 화장실 및 목욕시설을 갖춘 오피스텔의 임대차에 대한 중개보수의 상한요율은 거래금액의 1천분의 4이다.

④ 아파트 분양권의 매매를 중개한 경우 당사자가 거래 당시 수수하게 되는 총 대금(통상적으로 계약금, 기 납부한 중도금, 프리미엄을 합한 금액)을 거래가액으로 보아야 한다.

⑤ 乙소유의 건축물(그 중 주택의 면적은 3분의 1임)에 대하여 乙과 丙사이에 매매계약과 동시에 乙을 임차인으로 하는 임대차계약을 중개한 경우 주택외의 중개보수규정을 적용하고 매매계약에 관한 거래금액만을 적용한다.

해설

중개대상물이 주택인 경우 중개사무소 소재지를 관할하는 시·도 조례에서 정한 기준에 따라 중개보수를 받아야 한다.

답 ②

제34회 출제

03 A시에 중개사무소를 둔 개업공인중개사가 A시에 소재하는 주택(부속토지 포함)에 대하여 아래와 같이 매매와 임대차계약을 동시에 중개하였다. 공인중개사법령상 개업공인중개사가 甲으로부터 받을 수 있는 중개보수의 최고한도액은?

> [계약에 관한 사항]
> 1. 계약당사자 : 갑(매도인, 임차인)과, 을(매수인, 임대인)
> 2. 매매계약
>   1) 매매대금 : 2억 5천만원
>   2) 매매계약에 대하여 합의한 중개보수 : 160만원
> 3. 임대차계약
>   1) 임대보증금 : 1천만원
>   2) 월차임 : 30만원
>   3) 임대기간 : 2년
>
> [A시 중개보수 조례 기준]
> 1. 거래금액 2억원 이상 9억원 미만(매매·교환) : 상한요율 0.4%
> 2. 거래금액 5천만원 미만(임대차 등) : 상한요율 0.5%(한도액 20만원)

① 100만원 ② 115만 5천원 ③ 120만원
④ 160만원 ⑤ 175만 5천원

해설

[동일한 주택에 대하여 동일당사자 甲과 乙간 매매를 포함한 임대차계약을 동시에 중개한 경우에 해당하고, 매매계약에 관한 거래금액만을 기준으로 중개보수 부담은 일방으로부터 받을 수 있는 최고한도액을 구하는 문제이다.]
2억5천만원 × 0.4% = 100만원이고, 甲으로부터 100만원을 받을 수 있다.

답 ①

제33회 출제

04 A시에 중개사무소를 둔 개업공인중개사 甲은 B시에 소재하는 乙 소유의 오피스텔(건축법령상 업무시설로 전용면적 80제곱미터이고, 상·하수도 시설이 갖추어진 전용입식 부엌, 전용수세식 화장실 및 목욕시설을 갖춤)**에 대하여, 이를 매도하려는 乙과 매수하려는 丙의 의뢰를 받아 매매계약을 중개하였다. 이 경우 공인중개사법령상 甲이 받을 수 있는 중개보수 및 실비에 관한 설명으로 옳은 것을 모두 고른 것은?**

ㄱ. 甲이 乙로부터 받을 수 있는 실비는 A시가 속한 시·도의 조례에서 정한 기준에 따른다.
ㄴ. 甲이 丙으로부터 받을 수 있는 중개보수의 상한 요율은 거래금액의 1천분 5이다.
ㄷ. 甲은 乙과 丙으로부터 각각 중개보수를 받을 수 있다.
ㄹ. 주택(부속토지 포함)의 중개에 대한 보수 및 실비 규정을 적용한다.

① ㄹ ② ㄱ, ㄷ ③ ㄴ, ㄹ ④ ㄱ, ㄴ, ㄷ ⑤ ㄱ, ㄴ, ㄷ, ㄹ

해설

④ ㄱ, ㄴ, ㄷ이 옳은 내용이다.
ㄹ. 오피스텔의 중개에 대한 보수 및 실비 규정을 적용한다.

답 ④

4 출제 예상문제

01 공인중개사법령상 중개보수 등에 관한 사항 중 틀린 것은?

① 상가임대차의 경우 개업공인중개사가 거래당사자로부터 받을 수 있는 최대요율은 거래금액의 1.8%이다.

② 건축물 중 주택의 면적이 2분의 1이상인 경우에는 중개사무소 소재지의 관할 시·도조례에 따라 주택의 중개보수를 산정한다.

③ 아파트분양권의 전매계약을 중개한 경우 전매계약시 매도인이 매수인으로부터 수수하게 되는 총대금(이미 납입한 계약금, 중도금과 프리미엄)을 거래가격으로 하여 중개보수를 산정한다.

④ 중개대상물의 권리관계 등의 확인에 소요되는 비용은 개업공인중개사가 영수증을 첨부하여 권리를 이전하고자 하는 중개의뢰인에게 청구할 수 있다.

⑤ 중개보수의 지급시기에 대하여 약정이 없는 경우 거래계약서 작성이 완료된 날로 한다.

해설 ✦ ⑤ 개업공인중개사와 중개의뢰인간의 약정에 따르되, 약정이 없을 때에는 중개대상물의 거래대금 지급이 완료된 날로 한다.

정답 ✦ ⑤

테마 24 공인중개사협회

1 출제예상과 학습포인트

✦ 기출횟수

25회, 27회, 29회, 30회, 32회, 33회, 34회

✦ 35회 출제 예상

출제가 예상된다.

✦ 35회 중요도

★★★

✦ 학습범위

협회 설립절차, 조직, 공제사업

✦ 학습방법

협회의 설립절차 및 공제사업에 대한 함정체크는 필수적으로 학습한다.

✦ 핵심쟁점

❶ 협회설립절차
❷ 공제사업

2 핵심 내용

❶ 설립목적 및 성격

(1) 협회설립 목적

개업공인중개사인 공인중개사(부칙 개업공인중개사 포함)는 그 자질향상 및 품위유지와 중개업에 관한 제도의 개선 및 운용에 관한 업무를 효율적으로 수행하기 위하여 공인중개사협회를 설립할 수 있다.

(2) 협회의 성격

협회는 법인으로 한다. = 협회는 비영리 사단법인∴ 민법 중 사단법인 규정 준용

❷ 협회의 설립절차

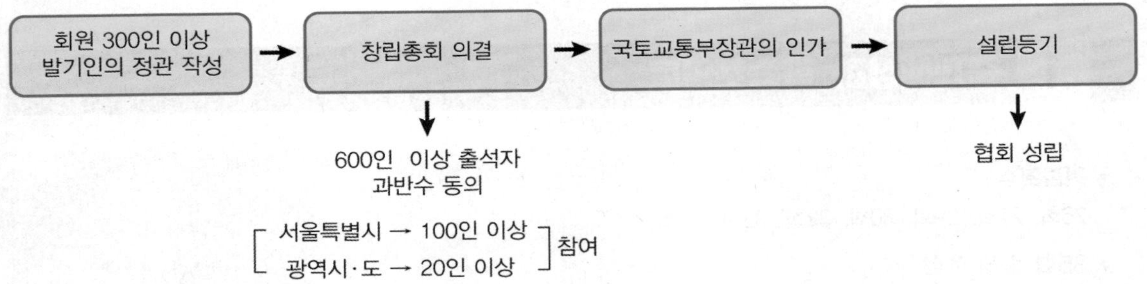

❸ 협회의 구성 및 신고

① 협회는 정관이 정하는 바에 따라 특별시·광역시·도에는 지부를, 시·군·구에는 지회를 둘 수 있다.

② 지부를 설치한 때에는 시·도지사에게, 지회는 등록관청에 신고하여야 한다.

❹ 협회의 업무 : 수행할 수 있다.

① 회원의 품위유지를 위한 업무를 수행할 수 있다.

② 부동산중개업제도의 연구·개선에 관한 업무를 수행할 수 있다.

③ 회원의 자질향상을 위한 지도와 교육 및 연수에 관한 업무를 수행할 수 있다.

④ 회원의 윤리헌장 제정 및 그 실천에 관한 업무를 수행할 수 있다.

⑤ 부동산정보제공에 관한 업무를 = 거래정보망사업을 수행할 수 있다.

⑥ 공제사업(비영리사업 + 상호부조목적)을 수행할 수 있다.
(×) 부동산중개업, 실무교육업무, 시험시행업무

❺ 공제사업

(1) **공제사업 목적** : 개업공인중개사의 손해배상책임을 보장하기 위하여 공제사업을 할 수 있다.

(2) **공제규정**

① **공제규정승인** : 공제사업을 하고자 하는 때에는 공제규정을 제정하여 국토교통부장관의 승인을 얻어야 한다. 공제규정을 변경하고자 하는 때에도 또한 국토교통부장관의 승인을 얻어야 한다..

② **회계기준** : 공제사업을 손해배상기금과 복지기금으로 구분하여 각 기금별 목적 및 회계원칙에 부합되는 세부기준을 정한다.

③ 책임준비금의 적립비율 : 공제사고 발생율 및 공제금 지급액 등을 종합적으로 고려하여 정하되 공제료 수입액의 100분의 10 이상으로 정한다.

(3) 회계관리

협회는 공제사업을 다른 회계와 구분하여 ㉠별도의 회계로 관리하여야 하며, 책임준비금을 다른 용도로 사용하고자 하는 경우에는 ㉡국토교통부장관의 승인을 얻어야 한다.

(4) 공제사업 운용실적의 공시 : 500만원 이하의 과태료

협회는 공제사업 운용실적을 매회계년도 종료 후 3개월 이내에 일간신문 또는 협회보에 공시하고 협회의 인터넷 홈페이지에 게시하여야 한다.

(5) 공제사업에 대한 조사 및 검사

금융감독원의 원장은 국토교통부장관으로부터 요청이 있는 경우에는 협회의 공제사업에 관하여 조사 또는 검사를 할 수 있다.

(6) 운영위원회의 설치 및 구성(법 제42조의2)

① 공제사업에 관한 사항을 심의하고 그 업무집행을 감독하기 위하여 협회에 운영위원회를 둔다.
② 운영위원회의 위원은 협회의 임원, 중개업·법률·회계·금융·보험·부동산 분야 전문가, 관계 공무원 및 그 밖에 중개업 관련 이해관계자로 구성하되, 그 수는 19명 이내로 한다.

(7) 운영위원회의 심의사항 : 공제사업에 관한 사항

(8) 운영위원회의 구성 및 운영

① 운영위원회는 성별을 고려하여 다음의 사람으로 구성한다. 이 경우 ㉡과 ㉢에 해당하는 위원의 수는 전체 위원 수의 3분의 1미만으로 한다.
   ㉠ 국토교통부장관이 소속 공무원 중에서 지명하는 사람 1명
   ㉡ 협회의 회장
   ㉢ 협회 이사회가 협회의 임원 중에서 선임하는 사람
   ㉣ 협회의 회장이 추천하여 국토교통부장관의 승인을 받아 위촉하는 사람
② 협회 이사회가 협회 임원중에서 선임하는 사람과 협회 회장이 추천하여 국토교통부장관의 승인을 받아 위촉하는 위원의 임기는 2년으로 하되 1회에 한하여 연임할 수 있으며, 보궐위원의 임기는 전임자 임기의 남은 기간으로 한다.
③ 운영위원회에는 위원장과 부위원장 각각 1명을 두되, 위원장 및 부위원장은 위원 중에서 각각 호선(互選)한다.

④ 운영위원회의 부위원장은 위원장이 부득이한 사유로 그 직무를 수행할 수 없을 때에는 그 직무를 대행한다.
⑤ 운영위원회의 회의는 재적위원 과반수의 출석으로 개의(開議)하고, 출석위원 과반수의 찬성으로 심의사항을 의결한다.

(9) **공제사업 운영의 개선명령**(×공제사업의 양도) : 500만원 이하의 과태료

국토교통부장관은 협회의 공제사업 운영이 적정하지 아니하거나 자산상황이 불량하여 중개사고 피해자 및 공제 가입자 등의 권익을 해칠 우려가 있다고 인정하면 다음의 조치를 명할 수 있다.
① 업무집행방법의 변경
② 자산예탁기관의 변경
③ 자산의 장부가격의 변경
④ 불건전한 자산에 대한 적립금의 보유
⑤ 가치가 없다고 인정되는 자산의 손실 처리

(10) **임원에 대한 제재 등** : 500만원 이하의 과태료

국토교통부장관은 협회 임원이 다음에 해당하여 공제사업을 건전하게 운영하지 못할 우려가 있는 경우 그 임원에 대한 징계·해임을 요구하거나 해당 위반행위를 시정하도록 명할 수 있다.
① 공제규정을 위반하여 업무를 처리한 경우
② 국토교통부장관의 개선명령을 이행하지 아니한 경우
③ 재무건전성 기준을 지키지 아니한 경우

(11) **재무건전성의 기준**

① 협회는 다음의 재무건전성기준을 모두 준수하여야 한다.
  ㉠ 지급여력비율은 100분의 100이상을 유지할 것
  ㉡ 구상채권등 보유자산의 건전성을 정기적으로 분류하고 대손충당금을 적립할 것
② 국토교통부장관은 재무건전성 기준에 관하여 필요한 세부기준을 정할 수 있다.

❻ 협회의 지도·감독

(1) **지도·감독권자 … 국토교통부장관**(협회·지부·지회)

(2) **감독상의 필요한 조치·명령** : 500만원 이하의 과태료

(3) **협회의 보고의무 등**

협회는 총회의 의결내용을 지체 없이 국토교통부장관에게 보고하여야 한다.

▶ 협회의 주요절차

구분	주요내용	비고
인가사항	• 협회설립	국토교통부장관
승인사항	• 공제규정 제정 및 변경시, 책임준비금 전용사용시	
보고사항	• 총회 의결내용(지체 없이)	
감독기관	• 협회 모든 기관(주사무소, 지부, 지회)	
개선명령	• 공제사업 운영이 적정하지 아니하거나 자산상황이 불량하여 중개사고 피해자 및 공제 가입자 등의 권익을 해칠 우려가 있다고 인정	
협회임원에 대한 제제요구	• 공제사업을 건전하게 운영하지 못할 우려가 있는 경우	
감독상 명령	• 협회의 주사무소, 지부, 지회	
신고사항	• 지부 설치시 ………… 시·도지사에게 • 지회 설치시 ………… 등록관청에게	시·도지사 또는 등록관청
공제사업 조사·검사	• 국토교통부장관의 요청이 있는 경우	금융감독원 원장

3 대표 기출문제

제34회 출제

01 공인중개사법령상 공인중개사협회(이하 '협회'라 함) **및 공제사업에 관한 설명으로 옳은 것은?**

① 협회는 총회의 의결내용을 10일 이내에 시·도지사에게 보고하여야 한다.
② 협회는 매 회계연도 종료 후 3개월 이내에 공제사업 운용실적을 일간신문에 공시하거나 협회의 인터넷 홈페이지에 게시해야 한다.
③ 협회의 창립총회를 개최할 경우 특별자치도에서는 10인 이상의 회원이 참여하여야 한다.
④ 공제규정에는 책임준비금의 적립비율을 공제료 수입액의 100분의 5이상으로 정한다.
⑤ 협회는 공제사업을 다른 회계와 구분하여 별도의 회계로 관리하여야 한다.

해설

① 총회의결내용을 지체 없이 국토교통부장관에게 보고해야 한다.
② 공제사업 운용실적을 일간신문에 공시하고 협회의 인터넷 홈페이지에 게시해야 한다.
③ 창립총회에는 서울특별시에서 100명이상, 광역시·도별 각각 20명이상
④ 책임준비금의 적립비율을 공제료 수입액의 100분의 10이상

답 ⑤

제33회 출제

02 공인중개사법령상 공인중개사협회(이하 '협회'라 함)의 공제사업에 관한 설명으로 틀린 것은?

① 협회는 공제사업을 다른 회계와 구분하여 별도의 회계로 관리해야 한다.
② 공제규정에서 정하는 책임준비금의 적립비율은 공제료 수입액의 100분의 20이상으로 한다.
③ 국토교통부장관은 협회의 자산상황이 불량하여 공제가입자의 권익을 해칠 우려가 있다고 인정하면 자산예탁기관의 변경을 명할 수 있다.
④ 국토교통부장관은 협회의 자산상황이 불량하여 중개사고 피해자의 권익을 해칠 우려가 있다고 인정하면 불건전한 자산에 대한 적립금의 보유를 명할 수 있다.
⑤ 협회는 대통령령으로 정하는 바에 따라 매년도의 공제사업 운용실적을 일간신문·협회보 등을 통하여 공제계약자에게 공시해야 한다.

해설

② 책임준비금의 적립비율은 공제료 수입액의 100분의 '10'이상으로 한다.

답 ②

4 출제 예상문제

01 공인중개사법령상 공인중개사협회(이하 '협회'라 함)에 관한 설명으로 틀린 것은?

① 협회가 그 지부 또는 지회를 설치한 때에는 그 지부는 시·도지사에게, 지회는 등록관청에 신고하여야 한다.
② 국토교통부장관은 협회의 공제사업 운영이 적정하지 않은 경우, 불건전한 자산에 대한 적립금의 보유를 명할 수 있다.
③ 협회는 부동산중개업제도의 연구·개선에 관한 업무를 수행할 수 있다.
④ 금융감독원의 원장은 국토교통부장관의 요청이 있는 경우에는 공제사업에 관하여 조사 또는 검사를 할 수 있다.
⑤ 공인중개사협회는 회계연도 종료 후 30일 이내에 매년도의 공제사업 운용실적을 일간신문·협회보 등을 통하여 공제계약자에게 공시하여야 한다.

해설 ✦ ⑤ 협회는 공제사업 운용실적을 매 회계년도 종료 후 3개월 이내에 일간신문 또는 협회보에 공시하고 협회의 인터넷 홈페이지에 게시하여야 한다.

정답 ✦ ⑤

02 공인중개사법령상 공인중개사협회에 관한 설명으로 틀린 것은?

① 협회가 정관이 정하는 바에 따라 지부를 설치한 때에는 그 지부는 등록관청에게 신고해야 한다.

② 공인중개사협회는 공제규정을 변경할 때에도 국토교통부 장관의 승인을 얻어야 한다.

③ 협회는 공제사업운용실적을 매 회계연도 종료 후 3개월 이내에 일간신문 또는 협회보에 공시하고 협회 홈페이지에 게시하여야 한다.

④ 국토교통부장관은 협회 공제사업운영에 대하여 불건전한 자산의 적립금 보유를 명할 수 있다.

⑤ 공제사업의 재무건전성 기준에는 구상채권등 보유자산의 건전성을 정기적으로 분류하고 대손충당금을 적립하는 것이 포함된다.

해설 ✦ ① 협회는 정관이 정하는 바에 따라 특별시·광역시·도에는 지부를, 시·군·구에는 지회를 둘 수 있다.
⑤ **[재무건전성의 기준]**
협회는 다음의 재무건전성기준을 모두 준수하여야 한다.
㉠ 지급여력비율은 100분의 (100)이상을 유지할 것
㉡ 구상채권등 보유자산의 건전성을 정기적으로 분류하고 대손충당금을 적립할 것

정답 ✦ ①

테마 **25** # 개업공인중개사 등의 교육

1 출제예상과 학습포인트

✦ 기출횟수
25회, 26회, 27회, 28회, 29회, 31회, 34회

✦ 35회 출제 예상
단독문제 또는 등록기준과 관련하여 출제가 예상된다.

✦ 35회 중요도
★★★

✦ 학습범위
교육유형별 교육실시권자와 대상자·내용 및 면제규정

✦ 학습방법
교육유형별 교육실시권자와 대상자·내용 및 면제규정을 연결하여 학습한다.

✦ 핵심쟁점
❶ 교육유형별 실시권자와 대상
❷ 교육시간 및 내용

2 핵심 내용

❶ 실무교육

(1) **실무교육대상자 및 실시권자** : ×중개보조원, ×국장, ×등록관청

① 중개사무소의 개설등록을 신청하려는 자(법인의 경우에는 대표자를 포함하여 사원·임원 전원을 말하며, 분사무소의 설치신고를 하려는 경우에는 분사무소의 책임자를 말한다)는 등록신청일(분사무소 설치신고의 경우에는 신고일)전 1년 이내에 시도지사가 실시하는 실무교육을 받아야 한다.

② 소속공인중개사는 고용신고일전 1년이내에 시도지사가 실시하는 실무교육을 받아야 한다.

(2) 실무교육의 내용

㉠ 교육내용 : 직무수행에 필요한 법률지식, 부동산중개 및 경영실무, 직업윤리 ㉡ 교육시간 : (28)시간 이상 (32)시간 이하

(3) 실무교육의 면제

① 개업공인중개사가 폐업신고후 1년 이내에 중개사무소의 개설등록을 다시 신청하려는 경우
② 개업공인중개사가 폐업신고 후 1년 이내에 소속공인중개사로 고용 신고를 하려는 경우
③ 소속공인중개사로서 고용관계 종료신고 후 1년 이내에 중개사무소의 개설등록을 신청하려는 경우
④ 소속공인중개사가 고용관계 종료신고 후 1년 이내에 고용신고를 다시 하려는 경우

❷ 연수교육 : 시·도지사(×중개보조원, ×국장, ×등록관청)

① **연수교육실시** : 실무교육을 받은 (개업공인중개사 및 소속공인중개사)는 실무교육을 받은 후 (2년)마다 (시도지사)가 실시하는 연수교육을 받아야 한다.
② **교육통지** : 시·도지사는 연수교육을 실시하려는 경우 실무교육 또는 연수교육을 받은 후 2년이 되기 2개월 전까지 연수교육의 일시·장소·내용 등을 대상자에게 통지하여야 한다.

㉠ 교육내용 : 법·제도의 변경사항, 부동산중개 및 경영실무, 직업윤리 등 ㉡ 교육시간 : (12)시간 이상 (16)시간 이하

③ **위반시 제재** : 정당한 사유없이 연수교육을 받지 아니한 개업공인중개사와 소속공인중개사는 시·도지사로부터 500만원 이하의 과태료처분을 받을 수 있다.

❸ 직무교육 : 시·도지사, 등록관청(×국장)

(중개보조원)은 고용신고일 전 (1년) 이내에 (시도지사 또는 등록관청)이 실시하는 직무교육을 받아야 한다. 다만, 고용관계 종료 신고 후 (1년) 이내에 고용 신고를 다시 하려는 자는 직무교육을 받지 않아도 된다.

㉠ 교육내용 : 직무수행에 필요한 직업윤리 등(×법률지식, 법제도변경사항) ㉡ 교육시간 : (3)시간 이상 (4)시간 이하

❹ 개업공인중개사 등의 교육의 지침수립 및 시행

국토부장관은 시도지사가 실시하는 실무교육, 직무교육 및 연수교육의 전국적인 균형유지를 위하여 필요하다고 인정하면 해당 교육의 지침을 마련하여 시행할 수 있다.

❺ 개업공인중개사등에 대한 예방교육실시 및 교육비 지원 등

① **예방교육실시** : 국토교통부장관, 시·도지사 및 등록관청은 필요하다고 인정하면 개업공인중개사등(개업공인중개사, 소속공인중개사, 중개보조원, 법인의 사원 또는 임원)의 부동산거래사고 예방을 위한 교육을 실시할 수 있다.

② **예방교육통지** : 국토교통부장관, 시·도지사 및 등록관청은 부동산 거래질서를 확립하고, 부동산거래사고로 인한 피해를 방지하기 위하여 부동산거래사고 예방을 위한 교육을 실시하려는 경우에는 교육일 10일 전까지 교육일시·교육장소 및 교육내용, 그 밖에 교육에 필요한 사항을 공고하거나 교육대상자에게 통지하여야 한다.

③ **교육비 지원** : 국토교통부장관, 시·도지사 및 등록관청은 개업공인중개사등이 부동산거래사고 예방 등을 위하여 교육을 받는 경우에는 대통령령으로 정하는 바에 따라 필요한 비용을 지원할 수 있다.

3 대표 기출문제

제34회 출제

01 공인중개사법령상 개업공인중개사등의 교육 등에 관한 설명으로 옳은 것은?

① 폐업신고 후 400일이 지난 날 중개사무소의 개설등록을 다시 신청하려는 자는 실무교육을 받지 않아도 된다.
② 중개보조원의 직무수행에 필요한 직업윤리에 대한 교육시간은 5시간이다.
③ 시·도지사는 연수교육을 실시하려는 경우 실무교육 또는 연수교육을 받은 후 2년이 되기 2개월 전까지 연수교육의 일시·장소·내용 등을 대상자에게 통지하여야 한다.
④ 부동산 중개 및 경영실무에 대한 교육시간은 36시간이다.
⑤ 시·도지사가 부동산거래사고 예방을 위한 교육을 실시하려는 경우에는 교육일 7일 전까지 교육일시·교육장소 및 교육내용을 교육대상자에게 통지하여야 한다.

해설

① 폐업신고 후 1년이내에 다시 등록을 하거나 다른 개업공인중개사의 소속공인중개사로 고용신고하는 경우에는 실무교육을 받지 않아도 된다.
② 직업윤리에 대한 교육시간은 3시간 이상 4시간 이내이다.
④ 부동산 중개 및 경영실무에 대한 교육은 실무교육28시간 이상 32시간 이내)과 연수교육(12시간 이상 16시간이내)내용이다.
⑤ 국토교통부장관, 시·도지사, 등록관청은 예방을 위한 교육을 실시하려는 경우에는 교육일 10일 전까지 통지해야 한다.

답 ③

제31회 출제

02 공인중개사법령상 개업공인중개사 등의 교육에 관한 설명으로 옳은 것은? (단, 다른 법률의 규정은 고려하지 않음)

① 중개사무소 개설등록을 신청하려는 법인의 공인중개사가 아닌 사원은 실무교육 대상이 아니다.
② 개업공인중개사가 되려는 자의 실무교육시간은 26시간 이상 32시간 이하이다.
③ 중개보조원이 받는 실무교육에는 부동산 중개 관련 법·제도의 변경사항이 포함된다.
④ 국토교통부장관, 시·도지사, 등록관청은 개업공인중개사 등에 대한 부동산거래사고 예방 등의 교육을 위하여 교육 관련 연구에 필요한 비용을 지원할 수 있다.
⑤ 소속공인중개사는 2년마다 국토교통부장관이 실시하는 연수교육을 받아야 한다.

해설

① 공인중개사가 아닌 사원도 실무교육을 받아야 한다.
② 실무교육시간은 28시간 이상 32시간 이하이다.
③ 중개보조원은 '직무교육'을 받아야 하고, 교육내용은 직업윤리이다.
⑤ 소속공인중개사는 2년마다 '시·도지사'가 실시하는 연수교육을 받아야 한다.

답 ④

4 출제 예상문제

01 공인중개사법령상 개업공인중개사등의 교육에 관한 설명으로 틀린 것은?

① 실무교육과 연수교육은 시·도지사가 실시한다.
② 실무교육의 교육시간은 28시간 이상 32시간 이하이다.
③ 국토교통부장관이 마련하여 시행하는 교육지침에는 강사의 자격과 수강료는 포함되지 않는다.
④ 실무교육을 받은 개업공인중개사 및 소속공인중개사는 실무교육을 받은 후 2년마다 12시간 이상 16시간 이하의 연수교육을 받아야 한다.
⑤ 중개보조원이 고용관계 종료 신고된 후 1년 이내에 다시 고용신고하는 경우에는 직무교육을 받지 않아도 된다.

해설 ✦ ③ 교육지침에는 교육대상, 교육과목 및 교육시간외에도 수강료, 강사의 자격, 수강신청, 출결(出缺) 확인, 교육평가, 교육수료증 발급 등 학사 운영 및 관리 등도 포함되어야 한다.

정답 ✦ ③

테마 26 포상금의 지급

1 출제예상과 학습포인트

✦ 기출횟수

25회, 26회, 27회, 30회, 32회, 33회

✦ 35회 출제 예상

출제가 예상된다.

✦ 35회 중요도

★★

✦ 학습범위

포상금을 지급받을 수 있는 신고·고발 대상과 그 지급절차

✦ 학습방법

포상금을 지급받을 수 있는 신고·고발 대상자와 그 지급절차에 관한 규정의 함정체크와 포상금액 계산문제를 학습한다.

✦ 핵심쟁점

❶ 포상금 지급 신고·고발 대상자

❷ 포상금 지급절차

2 핵심 내용

❶ **포상금 지급사유** : 등록관청은 다음에 해당하는 자를 등록관청이나 수사기관에 신고 또는 고발한 자에 대하여 포상금을 지급할 수 있다.(×과태료처분대상자)

① 중개사무소의 개설등록을 하지 아니하고 중개업을 한 자(무등록중개업자) : 3-3

㉠ 폐업신고 후 중개업을 한 자

㉡ 등록취소 후 중개업을 한 자

② 거짓 그 밖의 부정한 방법으로 중개사무소의 개설등록을 한 자(부정등록업자) : 3-3

③ 등록증을 다른 사람에게 양도·대여하거나 다른 사람으로부터 양수·대여받은 자 : 1-1

④ 자격증을 다른 사람에게 양도·대여하거나 다른 사람으로부터 양수·대여받은 자 : 1-1

⑤ 개업공인중개사가 아닌 자가 중개대상물에 대하여 표시·광고를 한 경우 : 1-1
⑥ 부당한 이익을 얻거나 제3자에게 부당한 이익을 얻게 할 목적으로 거짓으로 거래가 완료된 것처럼 꾸미는 등 중개대상물의 시세에 부당한 영향을 주거나 줄 우려가 있는 행위 : 3-3
⑦ ㉠단체를 구성하여 특정 중개대상물에 대하여 중개를 제한하거나 ㉡단체 구성원 이외의 자와 공동중개를 제한하는 행위 : 3-3
⑧ 안내문, 온라인 커뮤니티 등을 이용하여 특정 개업공인중개사등에 대한 중개의뢰를 제한하거나 제한을 유도하는 행위 : 3-3
⑨ 안내문, 온라인 커뮤니티 등을 이용하여 중개대상물에 대하여 시세보다 현저하게 높게 표시·광고 또는 중개하는 특정 개업공인중개사등에게만 중개의뢰를 하도록 유도함으로써 다른 개업공인중개사등을 부당하게 차별하는 행위 : 3-3
⑩ 안내문, 온라인 커뮤니티 등을 이용하여 특정 가격 이하로 중개를 의뢰하지 아니하도록 유도하는 행위 : 3-3
⑪ 정당한 사유 없이 개업공인중개사등의 중개대상물에 대한 정당한 표시·광고 행위를 방해하는 행위 : 3-3
⑫ 개업공인중개사등에게 ㉠중개대상물을 시세보다 현저하게 높게 표시·광고하도록 강요하거나 ㉡대가를 약속하고 시세보다 현저하게 높게 표시·광고하도록 유도하는 행위 : 3-3

❷ 포상금액 및 지급조건

① 포상금은 1건당 50만원으로 한다.
② 포상금지급에 소요되는 비용 중 100분의 50이내에서 국고에서 보조할 수 있다.
③ 포상금은 행정기관에 의하여 발각되기 전에 등록관청, 수사기관이나 부동산거래질서교란행위 신고센터에 신고 또는 고발한 자에게 그 신고 또는 고발사건에 대하여 검사가 공소제기(무죄판결포함) 또는 기소유예의 결정을 한 경우에 한하여 지급한다(× 무혐의처분, 불기소처분).

❸ 포상금의 지급

① 포상금지급신청서를 제출받은 등록관청은 그 사건에 관한 수사기관의 처분내용을 조회한 후 포상금의 지급을 결정하고, 그 결정일부터 1개월 이내에 포상금을 지급하여야 한다.
② 하나의 사건에 대하여 2인 이상이 공동으로 신고 또는 고발한 경우에는 포상금을 균등하게 배분하여 지급한다. 다만, 포상금을 지급받을 자가 배분방법에 관하여 미리 합의하여 포상금의 지급을 신청한 경우에는 그 합의된 방법에 따라 지급한다.
③ 하나의 사건에 대하여 2건 이상의 신고 또는 고발이 접수된 경우에는 최초로 신고 또는 고발한 자에게 포상금을 지급한다.

3 대표 기출문제

제33회 출제

01 공인중개사법령상 포상금을 지급받을 수 있는 신고 또는 고발의 대상을 모두 고른 것은?

ㄱ. 중개대상물의 매매를 업으로 하는 행위를 한 자
ㄴ. 공인중개사 자격증을 다른 사람으로부터 대여받은 자
ㄷ. 해당 중개대상물의 거래상의 중요사항에 관하여 거짓된 언행으로 중개의뢰인의 판단을 그르치게 하는 행위를 한 자

① ㄱ ② ㄴ ③ ㄱ, ㄷ ④ ㄴ, ㄷ ⑤ ㄱ, ㄴ, ㄷ

해설

ㄱ, ㄴ은 금지행위에 해당하지만 포상금지급사유인 신고·고발대상은 아니다.

답②

제30회 출제

02 공인중개사법령상 포상금 지급에 관한 설명으로 옳은 것은?

① 포상금은 1건당 150만원으로 한다.
② 검사가 신고사건에 대하여 기소유예의 결정을 한 경우에는 포상금을 지급하지 않는다.
③ 포상금의 지급에 소요되는 비용 중 시·도에서 보조할 수 있는 비율은 100분의 50 이내로 한다.
④ 포상금지급신청서를 제출받은 등록관청은 그 사건에 관한 수사기관의 처분내용을 조회한 후 포상금의 지급을 결정하고, 그 결정일부터 1월 이내에 포상금을 지급하여야 한다.
⑤ 등록관청은 하나의 사건에 대하여 2건 이상의 신고가 접수된 경우, 공동으로 신고한 것이 아니면 포상금을 균등하게 배분하여 지급한다.

해설

① 포상금은 건당 50만원으로 한다.
② 포상금은 공소제기나 기소유예처분을 한 경우 지급한다.
③ 포상금은 국고에서 100분의 50까지 보조할 수 있다.
⑤ 하나의 사건에 대하여 2건 이상의 신고·고발이 접수된 경우 최초로 신고·고발한 자에게 포상금을 지급한다.

답 ④

4 출제 예상문제

01 공인중개사법령상 포상금에 관한 설명으로 틀린 것은?

① 등록관청은 거짓으로 중개사무소의 개설등록을 한 자를 수사기관에 신고한 자에게 포상금을 지급할 수 있다.
② 포상금의 지급에 소요되는 비용은 그 전부 또는 일부를 국고에서 보조할 수 있다.
③ 공인중개사자격증을 다른 사람에게 대여한 자를 신고하였는데 무죄판결을 받은 경우에도 포상금을 지급해야 한다.
④ 포상금지급신청서를 제출받은 등록관청은 포상금의 지급을 결정한 날부터 1월 이내에 포상금을 지급해야 한다.
⑤ 하나의 사건에 대하여 포상금 지급요건을 갖춘 2건의 신고가 접수된 경우, 등록관청은 최초로 신고한 자에게 포상금을 지급한다.

해설 ✦ ② 전부가 아니고 일부를 국고에서 보조할 수 있다. 포상금의 지급에 소요되는 비용 중 국고에서 보조할 수 있는 비율은 100분의 50 이내로 한다.

정답 ✦ ②

테마 27 부동산거래질서교란행위 신고센터

1 출제예상과 학습포인트

✦ 35회 출제 예상
단독문제출제가능성이 있다.

✦ 35회 중요도
★

✦ 학습범위
신고센터 신고사항, 업무내용, 업무절차, 예외규정

✦ 학습방법
업무절차와 예외규정에 함정체크가 필수적이다.

✦ 핵심쟁점
❶ 신고센터 업무절차
❷ 예외규정

2 핵심 내용

(1) 신고센터의 설치 및 운영

국토교통부장관은 부동산 시장의 건전한 거래질서를 조성하기 위하여 부동산거래질서교란행위 신고센터를 설치·운영할 수 있다.

(2) 신고센터의 업무 : ×신고사항에 대한 조사 및 조치업무

① 부동산거래질서교란행위 신고의 접수 및 상담
② 신고사항에 대한 확인 또는 시·도지사 및 등록관청 등에 신고사항에 대한 조사 및 조치 요구
③ 신고인에 대한 신고사항 처리 결과 통보

(3) 신고센터의 운영 및 신고방법

① 신고센터는 신고받은 사항에 대해 보완이 필요한 경우 기간을 정하여 신고인에게 보완을 요청할 수 있다.

② 신고센터는 제출받은 신고사항에 대해 시·도지사 및 등록관청 등에 조사 및 조치를 요구해야 한다. 다만, 다음의 어느 하나에 해당하는 경우에는 국토교통부장관의 승인을 받아 접수된 신고사항의 처리를 종결할 수 있다.

㉠ 신고내용이 명백히 거짓인 경우

㉡ 신고인이 신고사항의 보완요청에 따른 보완을 하지 않은 경우

㉢ 신고사항의 처리결과를 통보받은 사항에 대하여 정당한 사유 없이 다시 신고한 경우로서 새로운 사실이나 증거자료가 없는 경우

㉣ 신고내용이 이미 수사기관에서 수사 중이거나 재판에 계속 중이거나 법원의 판결에 의해 확정된 경우

③ 신고센터로부터 신고사항에 대해 조사 및 조치를 요구를 받은 시·도지사 및 등록관청 등은 신속하게 조사 및 조치를 완료하고, 완료한 날부터 10일 이내에 그 결과를 신고센터에 통보해야 한다.

④ 신고센터는 시·도지사 및 등록관청 등으로부터 처리 결과를 통보받은 경우 신고인에게 신고사항 처리결과를 통보해야 한다.

⑤ 신고센터는 매월 10일까지 직전 달의 신고사항 접수 및 처리 결과 등을 국토교통부장관에게 제출해야 한다.

⑥ 신고센터업무의 위탁

국토교통부장관은 신고센터의 업무를 「한국부동산원법」에 따른 한국부동산원에 위탁한다.

3 출제 예상문제

01 공인중개사법령상 부동산거래질서교란행위 신고센터에 관한 설명으로 틀린 것은?

① 신고센터는 신고받은 사항에 대해 보완이 필요한 경우 기간을 정하여 신고인에게 보완을 요청할 수 있다.

② 신고센터는 제출받은 신고사항에 대해 시·도지사 및 등록관청 등에 조사 및 조치를 요구해야 한다.

③ 신고센터로부터 신고사항에 대해 조사 및 조치를 요구를 받은 시·도지사 및 등록관청 등은 신속하게 조사 및 조치를 완료하고, 완료한 날부터 15일 이내에 그 결과를 신고센터에 통보해야 한다.

④ 신고센터는 신고인이 신고사항의 보완요청에 따른 보완을 하지 않은 경우 국토교통부장관의 승인을 받아 접수된 신고사항의 처리를 종결할 수 있다.

⑤ 신고센터는 매월 10일까지 직전 달의 신고사항 접수 및 처리 결과 등을 국토교통부장관에게 제출해야 한다.

해설 ✦ 10일 이내에 통보

정답 ✦ ③

▷ 공인중개사법상 제재 비교

구분	처분권자	처분대상자	처분내용	기타
행정처분	등록관청 (시·군·구)	개업공인중개사	등록취소	절대적·상대적
			업무정지	상대적
	자격증을 교부한 시·도지사	공인중개사	자격취소	절대적
		소속공인중개사	자격정지	상대적
	국토부장관	거래정보사업자	지정취소	상대적
행정형벌	법원	• 개업공인중개사 • 거래정보사업자 • 공인중개사 • 고용인 • 무등록중개업자 • 개업공인중개사등의 업무를 방해한 자 • 개업공인중개사(공인중개사)가 아닌 자	징역· 벌금	·양벌규정적용 ·포상금적용
행정질서벌	등록관청	• 개업공인중개사	과태료	·양벌규정× ·포상금×
	자격증을 교부한 시·도지사	• 공인중개사자격증 미반납자 (자격증 분실사유서를 제출하지 아니한 자)		
	시·도지사	• 연수교육을 받지 아니한 자		
	국토부장관	• 거래정보사업자		
		• 정보통신서비스 제공자		
		• 공인중개사협회		

① **병과적용** : 개업공인중개사 및 공인중개사는 1건의 위반행위에 대하여 행정처분과 행정형벌이 병과적용(2중처벌)될 수 있다.

② 업무정지처분은 개업공인중개사에게, 자격정지처분은 소속공인중개사에게 적용된다.

③ 무등록중개업자의 중개행위만을 처벌대상으로 삼을 뿐 거래당사자(중개의뢰인)의 중개의뢰행위는 공인중개사법상 처벌대상이 아니다.

테마 28 행정제재처분효과의 승계

1 출제예상과 학습포인트

✦ 기출횟수

26회, 29회, 31회, 32회, 33회, 34회

✦ 35회 출제 예상

출제가 예상된다.

✦ 35회 중요도

★★★

✦ 학습범위

승계내용의 구분, 등록의 결격사유와 연계

✦ 학습방법

폐업신고전에 받은 행정처분의 효과 승계규정과 위반행위에 대한 행정처분가능여부를 학습한다.

✦ 핵심쟁점

행정처분의 효과승계규정

위반행위에 대한 행정처분내용

2 핵심 내용

[행정제재처분효과의 승계]

개업공인중개사가 폐업신고 후 다시 중개사무소의 개설등록을 한 때에는 폐업신고전의 개업공인중개사의 지위를 승계한다.

① 행정제재처분 효과의 승계

㉠ 폐업신고전의 개업공인중개사에 대하여 업무정지처분의 효과는 그 처분일(×폐업일)부터 1년간 재등록 개업공인중개사에게 승계된다.

㉡ 폐업신고전의 개업공인중개사에 대하여 과태료처분의 효과는 그 처분일(×폐업일)부터 1년간 재등록 개업공인중개사에게 승계된다.

② **재등록 개업공인중개사에 대한 행정처분**

재등록 개업공인중개사에 대하여 폐업신고전의 등록취소 및 업무정지의 위반행위에 대한 행정처분을 할 수 있다. 그러나 다음에 해당하는 경우에는 행정처분을 할 수 없다.

㉠ 폐업신고전의 위반행위에 대한 행정처분이 등록취소 처분에 해당하는 경우로서 폐업기간이 3년을 초과한 경우 : ⓐ등록취소처분을 할 수 없다. ⓑ행정처분을 할 수 없다.

㉡ 폐업신고전 업무정지에 해당하는 경우로서 폐업기간이 1년을 초과한 경우 : 업무정지처분을 할 수 없다.

③ 등록취소는 등록취소 후 3년간 결격사유를 구성한다. 그러나 폐업신고전 위반행위로 재등록개업공인중개사가 등록이 취소된 경우에는 3년에서 폐업기간을 공제한 기간이 결격사유기간이 된다.

④ 재등록개업공인중개사에 대하여 폐업신고전의 위반행위에 대하여 행정처분을 함에 있어서는 폐업기간과 폐업의 사유 등을 고려하여야 한다.

⑤ 법인의 경우 행정제재처분효과의 승계규정은 법인의 (대표자)에게 준용한다.

3 대표 기출문제

제34회 출제

01 공인중개사법령상 행정제재처분효과의 승계 등에 관한 설명으로 옳은 것은?

① 폐업신고한 개업공인중개사의 중개사무소에 다른 개업공인중개사가 중개사무소를 개설등록한 경우 그 지위를 승계한다.

② 중개대상물에 관한 정보를 거짓으로 공개한 사유로 행한 업무정지처분의 효과는 그 처분에 대한 불복기간이 지난날부터 1년간 다시 중개사무소의 개설등록을 한 자에게 승계된다.

③ 폐업신고 전의 위반행위에 대한 행정처분이 업무정지에 해당하는 경우로서 폐업기간이 6개월인 경우 재등록 개업공인중개사에게 그 위반행위에 대해서 행정처분을 할 수 없다.

④ 재등록 개업공인중개사에 대하여 폐업신고 전의 업무정지에 해당하는 위반행위를 이유로 행정처분을 할 때 폐업기간과 폐업의 사유는 고려하지 않는다.

⑤ 개업공인중개사가 2022. 4. 1. 과태료 부과처분을 받은 후 폐업신고를 하고 2023. 3. 2. 다시 중개사무소의 개설등록을 한 경우 그 처분의 효과는 승계된다.

해설

⑤ 2022. 4. 1. 과태료 부과처분을 받은 경우, 2022. 4. 1.부터 1년간 승계된다.
① 폐업신고한 개업공인중개사 본인에게 폐업신고전의 지위를 승계한다.
② 업무정지처분의 효과는 그 처분일부터 1년간 다시 중개사무소의 개설등록을 한 자에게 승계된다.
③ 폐업기간이 1년을 초과한 경우 재등록 개업공인중개사에게 그 위반행위에 대해서 업무정지처분을 할 수 없다.
④ 폐업기간과 폐업의 사유는 고려해야 한다.

답 ⑤

제33회 출제

02 공인중개사법령상 행정제재처분효과의 승계 등에 관한 설명으로 옳은 것을 모두 고른 것은?

ㄱ. 폐업신고 전에 개업공인중개사에게 한 업무정지처분의 효과는 그 처분일부터 2년간 재등록 개업공인중개사에게 승계된다.
ㄴ. 폐업기간이 2년을 초과한 재등록 개업공인중개사에 대해 폐업신고 전의 중개사무소 업무정지사유에 해당하는 위반행위를 이유로 행정처분을 할 수 없다.
ㄷ. 폐업신고 전에 개업공인중개사에게 한 과태료부과처분의 효과는 그 처분일부터 10개월된 때에 재등록을 한 개업공인중개사에게 승계된다.
ㄹ. 폐업기간이 3년 6개월이 지난 재등록 개업공인중개사에게 폐업신고 전의 중개사무소 개설등록 취소사유에 해당하는 위반행위를 이유로 개설등록취소처분을 할 수 없다.

① ㄱ　② ㄱ, ㄹ　③ ㄴ, ㄷ
④ ㄴ, ㄷ, ㄹ　⑤ ㄱ, ㄴ, ㄷ, ㄹ

해설

ㄱ. 폐업신고 전에 개업공인중개사에게 한 업무정지처분의 효과는 그 처분일부터 '1년간' 재등록 개업공인중개사에게 승계된다.
ㄴ.ㄹ 폐업기간이 1년을 초과한 경우 폐업신고 전의 위반행위를 사유로 하는 업무정지처분을 할 수 없고, 폐업기간이 3년을 초과한 때에는 등록취소처분을 할 수 없다.
ㄷ. 폐업신고 전에 개업공인중개사에게 한 과태료부과처분의 효과는 그 처분일부터 1년간 승계되므로, 10개월된 때에는 남은 2개월간 승계된다.

답 ④

4 출제 예상문제

01 공인중개사법령상 행정제재처분효과의 승계 등에 관한 설명으로 틀린 것은?

① 폐업기간이 13개월인 재등록 개업공인중개사에게 폐업신고 전의 업무정지사유에 해당하는 위반행위에 대하여 업무정지처분을 할 수 없다.
② 폐업신고 전에 개업공인중개사에게 한 업무정지처분의 효과는 그 처분일부터 1년간 재등록 개업공인중개사에게 승계된다.
③ 폐업기간이 2년인 재등록 개업공인중개사에게 폐업신고 전의 위반행위를 이유로 등록취소 처분을 할 수 없다.
④ 법인인 개업공인중개사의 경우 폐업신고전의 지위는 법인의 대표자에게 승계된다.
⑤ 재등록 개업공인중개사에 대하여 폐업신고전의 위반행위에 대하여 행정처분을 함에 있어서는 폐업기간과 폐업의 사유 등을 고려하여야 한다.

해설 ✦ ③ 폐업신고 전의 위반행위에 대한 행정처분이 등록취소 처분에 해당하는 경우로서 폐업기간이 3년을 초과한 경우 : ㉠등록취소처분을 할 수 없다. ㉡행정처분을 할 수 없다.

정답 ✦ ③

테마 29

개업공인중개사에 대한 행정처분 (등록취소·업무정지처분)

1 출제예상과 학습포인트

✦ 기출횟수

28회, 29회, 31회, 32회, 33회

✦ 35회 출제 예상

출제가 예상된다.

✦ 35회 중요도

★★★

✦ 학습범위

등록취소 및 업무정지사유, 행정처분절차, 업무정지 시효제도, 업무정지기준

✦ 학습방법

행정처분사유 및 업무정지기준은 암기가 필요하고 행정처분절차와 업무정지의 시효제도는 함정체크를 해야 한다.

✦ 핵심쟁점

❶ 등록취소 및 업무정지사유
❷ 업무정지기준
❸ 업무정지시효

2 핵심 내용

❶ 행정처분 사전·사후절차 비교

행정처분		개업공인중개사		공인중개사	
처분내용		등록취소	업무정지	자격취소	자격정지
처분청		등록관청		자격증을 교부한 시·도지사	
대상자		개업공인중개사		공인중개사	소속공인중개사
사전절차		청문	의견제출	청문	의견제출
사후절차	보고	없다.	없다.	5일 이내에 국장과 다른 시도지사에게 통보	없다.
	반납	7일 이내에 등록증반납	없다.	7일 이내에 자격증반납	없다.
	통보	등록관청은 다음달 10일까지 통보			등록관청이 시·도지사에게 통보

❷ 개업공인중개사에 대한 행정처분(등록취소와 업무정지처분)

(1) 등록취소처분

① 등록취소처분 절차 및 효과

㉠ 등록관청은 중개사무소의 개설등록을 취소하고자 하는 경우에는 청문을 실시하여야 한다. 그러나 개업공인중개사의 사망과 법인의 해산을 원인으로 하는 경우 청문을 실시하지 않는다.

㉡ 중개사무소의 개설등록이 취소된 자는 국토교통부령이 정하는 바에 따라 중개사무소등록증을 등록관청에 반납하여야 한다.

ⓐ 중개사무소의 개설등록이 취소된 자는 등록취소처분을 받은 날부터 7일 이내에 등록관청에 등록증을 반납하여야 한다.

ⓑ 법인인 개업공인중개사가 해산한 경우에는 당해 법인의 대표자이었던 자가 등록취소처분을 받은 날부터 7일 이내에 등록증을 반납하여야 한다.

② 등록관청의 협회통보

등록관청은 개업공인중개사에 대하여 등록취소처분을 한 때에는 다음달 10일까지 공인중개사협회에 통보하여야 한다.

③ 절대적 등록취소 처분사유(반드시 등록을 취소하여야 한다)

부	거짓 그 밖의 부정한 방법으로 중개사무소의 개설등록을 한 경우
사	개인인 개업공인중개사가 사망하거나 개업공인중개사인 법인이 해산한 경우
결	등록의 결격사유에 해당하게 된 경우
이등	이중으로 중개사무소의 개설등록을 한 경우
이소	개업공인중개사가 이중소속을 한 경우
양도	개업공인중개사가 ① 다른 사람에게 자기의 성명 또는 상호를 사용하여 중개업무를 하게 하거나(=등록증대여에 해당) ② 중개사무소등록증을 양도 또는 대여한 경우
정지기간중	① 업무정지기간중에 중개업무를 하거나 ② 자격정지처분을 받은 소속공인중개사로 하여금 자격정지기간중에 중개업무를 하게 한 경우
3진 아웃	최근 1년 이내에 이 법에 의하여 2회 이상 업무정지처분을 받고 / 다시 업무정지처분에 해당하는 위반행위를 한 경우
5배	개업공인중개사와 소속공인중개사를 합한 수의 5배를 초과하여 중개보조원을 고용한 경우

④ 상대적 등록취소사유(등록취소 또는 업무정지처분할 수 있다)

임시	임시 중개시설물을 설치한 경우
이사	2 이상의 중개사무소를 둔 경우
이계	①거래계약서에 거래내용을 거짓으로 기재하거나 ②서로 다른 2 이상의 거래계약서를 작성한 경우
미달	등록기준에 미달하게 된 경우
6개월	부득이한 사유없이 계속하여 6개월을 초과하여 휴업한 경우
전속	①(전속개업공인중개사가)중개대상물에 관한 정보를 공개하지 아니하거나 ②중개의뢰인의 비공개요청에도 불구하고 정보를 공개한 경우
겸업	법인인 개업공인중개사의 법 제14조의 겸업범위를 위반한 경우
보증	손해배상책임을 보장하기 위한 조치(보증을 설정하지) 아니하고 업무를 개시한 경우
금지	9금지행위를 한 경우(제33조제1항 각 호에 규정된 금지행위를 한 경우)
최근 2년 과시 2회	개업공인중개사가 조직한 사업자단체 또는 그 구성원인 개업공인중개사가 「독점규제 및 공정거래에 관한 법률」을 위반하여 시정조치 또는 과징금에 따른 처분을 최근 2년 이내에 2회 이상 받은 경우
최근13 업과 받고 다시 업과 위반	최근 1년 이내에 이 법에 의하여 3회 이상 업무정지 또는 과태료의 처분을 받고/ 다시 업무정지 또는 과태료의 처분에 해당하는 위반행위를 한 경우(최근 1년 이내에 이 법에 의하여 2회 이상 업무정지처분을 받고 다시 업무정지처분에 해당하여 절대적 등록취소 처분사유를 구성하는 경우는 제외한다)

※ 제33조 ①항 9호의 금지행위 : 단체를 구성하여 특정 중개대상물에 대하여 중개를 제한하거나 단체 구성원 이외의 자와 공동중개를 제한하는 행위 - 상대적 등록취소처분과 3년 이하의 징역 또는 3천만원 이하의 벌금형

(2) 업무정지 처분사유(상대적 등록취소사유 포함)

작성·교부·보존	① 확인·설명서를 작성·교부하지 아니한 경우 ② 거래계약서를 작성·교부하지 아니한 경우 ③ 전속중개계약서에 의하지 아니하고 전속중개계약을 체결한 경우 ④ 전속중개계약서(3년), 거래계약서(5년), 확인설명서(3년)를 보존하지 아니한 경우
인장	인장등록을 하지 아니하거나 등록하지 아니한 인장을 사용한 경우
서명	① 중개대상물확인·설명서에 서명 및 날인을 하지 아니한 경우 ② 거래계약서에 서명 및 날인을 하지 아니한 경우
고용	결격사유에 해당하는 고용인을 결격사유가 발생한 날부터 2월 이내에 그 사유를 해소하지 아니한 경우, 고용신고·종료신고하지 아니한 경우
업무지역	부칙 제6조 제2항의 개업공인중개사의 업무지역범위위반(특광도)
감독	감독상 명령에 위반하여 보고, 자료의 제출, 조사 또는 검사를 거부·방해 또는 기피하거나 그 밖의 명령을 이행하지 아니한 경우
정보망	개업공인중개사가 부동산거래정보망에 ① 중개대상물에 관한 정보를 거짓으로 공개하거나 ② 중개대상물의 거래가 완성된 사실을 당해 거래정보사업자에게 통보하지 아니한 경우
과시	개업공인중개사가 조직한 사업자단체 또는 그 구성원인 개업공인중개사가 「독점규제 및 공정거래에 관한 법률」을 위반하여 시정조치 또는 과징금 처분을 받은 경우
최근1·2업/과 받고 다시 과태료위반	최근 1년 이내에 이 법에 의하여 2회 이상 업무정지 또는 과태료의 처분을 받고/ 다시 과태료의 처분에 해당하는 위반행위를 한 경우

① 업무정지처분의 효과와 시효제도

㉠ 시효제도 ; 업무정지처분은 업무정지 처분대상에 해당하는 사유가 발생한 날부터 3년이 경과한 때에는 이를 할 수 없다.(×등록취소처분)

㉡ 분사무소 : 법인인 개업공인중개사에 대하여는 법인 또는 분사무소별로 업무의 정지(×등록취소처분)를 명할 수 있다.

㉢ 업무정지기간 : 등록관청은 업무정지기간의 2분의 1의 범위 안에서 가중 또는 경감할 수 있다. 이 경우 가중하여 처분하는 때에도 업무정지기간은 6개월을 초과할 수 없다.

② 등록관청의 협회통보

등록관청은 개업공인중개사에 대하여 업무정지처분을 한 때에는 다음달 10일까지 공인중개사협회에 통보하여야 한다.

3 대표 기출문제

제33회 출제

01 공인중개사법령상 등록관청이 중개사무소의 개설등록을 취소하여야 하는 사유로 명시되지 않은 것은?

① 개업공인중개사가 업무정지기간 중에 중개업무를 한 경우
② 개인인 개업공인중개사가 사망한 경우
③ 개업공인중개사가 이중으로 중개사무소의 개설등록을 한 경우
④ 개업공인중개사가 천막 그 밖에 이동이 용이한 임시 중개시설물을 설치한 경우
⑤ 개업공인중개사가 최근 1년 이내에 이 법에 의하여 2회 이상 업무정지처분을 받고 다시 업무정지처분에 해당하는 행위를 한 경우

해설

등록을 취소할 수 있는 사유이다.

답 ④

제26회 출제

02 공인중개사법령상 개업공인중개사의 사유로 중개사무소 개설등록을 취소할 수 있는 경우가 아닌 것은?

① 중개사무소 등록기준에 미달하게 된 경우
② 국토교통부령이 정하는 전속중개계약서에 의하지 아니하고 전속중개계약을 체결한 경우
③ 이동이 용이한 임시 중개시설물을 설치한 경우
④ 대통령령으로 정하는 부득이한 사유가 없음에도 계속하여 6월을 초과하여 휴업한 경우
⑤ 손해배상책임을 보장하기 위한 조치를 이행하지 아니하고 업무를 개시한 경우

해설

② 국토교통부령이 정하는 전속중개계약서에 의하지 아니하고 전속중개계약을 체결한 경우는 업무정지 처분사유이다.

답 ②

제32회 출제

03 공인중개사법령상 개업공인중개사에 대한 업무정지처분을 할 수 있는 사유에 해당하는 것을 모두 고른 것은?

ㄱ. 부동산거래정보망에 중개대상물에 관한 정보를 거짓으로 공개한 경우
ㄴ. 거래당사자에게 교부해야 하는 중개대상물 확인·설명서를 교부하지 않은 경우
ㄷ. 거래당사자에게 교부해야 하는 거래계약서를 적정하게 작성·교부하지 않은 경우
ㄹ. 해당 중개대상물의 거래상의 중요사항에 관하여 거짓된 언행으로 중개의뢰인의 판단을 그르치게 하는 행위를 한 경우.

① ㄱ, ㄷ ② ㄴ, ㄹ ③ ㄱ, ㄴ, ㄷ ④ ㄴ, ㄷ, ㄹ ⑤ ㄱ, ㄴ, ㄷ, ㄹ

해설

⑤ 보기는 모두 업무정지처분사유이다.

답 ⑤

4 출제 예상문제

01 공인중개사법령상 등록관청이 개업공인중개사 甲의 중개사무소 개설등록을 취소하여야 하는 경우에 해당하지 않는 것은?

① 법인 甲이 해산한 경우
② 공인중개사법령을 위반한 甲에게 300만원 벌금형이 선고되어 확정된 경우
③ 甲이 변호사법 위반으로 징역 1년, 집행유예 1년 6월이 선고 되어 확정된 경우
④ 甲이 독점규제법위반으로 공정거래위원회로부터 최근 2년 이내에 2회 시정조치 또는 과징금처분을 받은 경우
⑤ 甲이 무자격자 乙에게 자기의 상호를 사용하여 중개업무를 하게 한 경우

해설 ✦ ④ 임의적 등록취소사유에 해당하여 등록을 취소할 수 있는 사유이다.
②③ 등록의 결격사유에 해당하여 등록이 취소된다.
⑤등록증 대여에 해당한다.

정답 ✦ ④

02 공인중개사법령상 개업공인중개사의 업무정지에 관한 설명이다. 틀린 것은?

① 개업공인중개사가 업무정지기간 중에 중개업무를 수행한 경우 반드시 등록이 취소된다.
② 개업공인중개사가 업무정지처분을 받고 6개월이 경과한 경우에는 중개업에 종사할 수 있다.
③ 등록관청은 개업공인중개사가 업무정지사유가 발생한 날부터 1년이 경과한 때에는 업무정지처분을 할 수 없다.
④ 등록관청은 폐업기간이 1년을 초과한 경우 재등록개업 공인중개사에 대하여 폐업신고전의 위반행위로 업무정지처분을 할 수 없다.
⑤ 폐업신고전의 업무정지처분의 효과는 처분일부터 재등록개업 공인중개사에게 1년간 승계된다.

해설✦ ③ 업무정지사유가 발생한 날부터 3년이 경과한 때에는 업무정지처분을 할 수 없다.

정답✦ ③

테마 **30**

공인중개사에 대한 행정처분 (자격취소·자격정지처분)

1 출제예상과 학습포인트

✦ 기출횟수
26회, 27회, 28회, 29회, 30회, 32회, 33회, 34회

✦ 35회 출제 예상
출제가 예상된다.

✦ 35회 중요도
★★★

✦ 학습범위
자격취소 및 자격정사유, 자격정지기준

✦ 학습방법
자격취소처분사유 및 처분절차, 자격정지사유 및 자격정지기준의 암기가 필요하다.

✦ 핵심쟁점
❶ 자격취소 및 자격정지사유 ❷ 자격취소절차 ❸ 자격정지기준

2 핵심 내용

❶ 공인중개사의 자격취소권자

① **처분권자** : 공인중개사의 자격증을 교부한 시·도지사

② **시·도지사가 다른 경우** : 자격증을 교부한 시·도지사와 공인중개사 사무소의 소재지를 관할하는 시·도지사가 서로 다른 경우 사무소의 소재지를 관할하는 시·도지사가 자격취소처분 또는 자격정지처분에 필요한 절차를 모두 이행한 후 자격증을 교부한 시·도지사에게 통보하여야 한다.

❷ 자격취소사유 : 자격증을 교부한 시·도지사는 공인중개사가 다음에 해당하는 경우에는 그 자격을 취소하여야 한다.

▶ 부정·양도·금고·정지기간중

부정	부정한 방법으로 공인중개사의 자격을 취득한 경우
양도	공인중개사가 ① 다른 사람에게 자기의 성명을 사용하여 중개업무를 하게 하거나(=자격증대여에 해당) ② 공인중개사자격증을 양도 또는 대여한 경우
금고	이 법에 위반하여 징역형의 선고(집행유예포함)를 받은 경우 공인중개사 직무와 관련하여 형법 위반하여 금고형·징역형의 선고(집행유예포함)를 받은 경우
정지기간중	자격정지처분을 받고 그 자격정지 기간중에 ① 중개업무를 수행하거나 ② 다른 개업공인중개사의 소속공인중개사·중개보조원 또는 다른 법인인 개업공인중개사의 사원·임원이 되는 경우(이중소속)

❸ 자격취소처분 절차

① 청문실시

시·도지사는 공인중개사의 자격을 취소하고자 하는 경우에는 청문을 실시하여야 한다.

② 국토교통부장관과 다른 시·도지사에게 통보

자격취소처분을 한 때에는 5일 이내에 이를 국토교통부장관과 다른 시·도지사에게 통보해야 한다.

③ 자격증 반납

자격취소처분을 받은 날부터 7일 이내에 자격증을 교부한(×사무소 소재지) 시·도지사에게 자격증을 반납하여야 한다. 분실 등의 사유로 인하여 공인중개사자격증을 반납할 수 없는 자는 자격증 반납을 대신하여 분실 이유를 기재한 사유서를 시·도지사에게 제출하여야 한다. : 100만원 이하의 과태료처분대상이 된다.

❹ 소속공인중개사에 대한 자격정지

① 자격정지처분권자 : 자격증을 교부한 시·도지사

② 통보 : 등록관청은 공인중개사가 자격정지사유(×자격취소사유)에 해당하는 사실을 알게 된 때에는 지체없이 그 사실을 시·도지사에게 통보하여야 한다.

③ 자격정지기간 및 처분사유

시·도지사는 위반행위의 동기·결과 및 횟수 등을 참작하여 국토교통부령이 정하는 자격정지의 기준기간의 2분의 1의 범위 안에서 가중 또는 경감할 수 있다. 이 경우 가중하여 처분하는 때에도 자격정지기간은 6개월을 초과할 수 없다.

▷ 이소·이계·금지, 설명·인장·서명

이중소속	2 이상의 중개사무소에 소속된 경우 : 개업공인중개사는 절대적 등록취소
이중계약서	거래계약서에 거래금액 등 거래내용을 ㉠거짓으로 기재하거나 ㉡서로 다른 2 이상의 거래계약서를 작성한 경우 : 개업공인중개사는 임의적 등록취소
금지행위	9금지행위를 한 경우(제33조제1항 각 호에 규정된 금지행위를 한 경우) : 개업공인중개사는 임의적 등록취소
확인·설명	성실·정확하게 중개대상물의 확인·설명을 하지 아니하거나 설명의 근거자료를 제시하지 아니한 경우 : 개업공인중개사는 500만원이하의 과태료
인장	인장등록(변경등록)을 하지 아니하거나 등록하지 아니한 인장을 사용한 경우 : 개업공인중개사는 업무정지대상
서명	해당 중개행위를 수행하였으나 거래계약서, 중개대상물확인·설명서에 서명 및 날인을 하지 아니한 경우 : 개업공인중개사는 업무정지대상

3 대표 기출문제

제34회 출제

01 공인중개사법령상 공인중개사의 자격취소 등에 관한 설명으로 틀린 것은?

① 공인중개사의 자격취소처분은 청문을 거쳐 중개사무소 개설등록증을 교부한 시·도지사가 행한다.

② 공인중개사가 자격정지처분을 받은 기간 중에 법인인 개업공인중개사의 임원이 되는 경우 시·도지사는 그 자격을 취소하여야 한다.

③ 자격취소처분을 받아 공인중개사자격증을 반납하려는 자는 그 처분을 받은 날부터 7일 이내에 반납해야 한다.

④ 시·도지사는 공인중개사의 자격취소처분을 한 때에는 5일 이내에 이를 국토교통부장관에게 보고하여야 한다.

⑤ 분실로 인하여 공인중개사자격증을 반납할 수 없는 자는 자격증 반납을 대신하여 그 이유를 기재한 사유서를 시·도지사에게 제출하여야 한다.

해설

① 자격취소처분은 청문을 거쳐 공인중개사 자격증을 교부한 시·도지사가 행한다.
② 공인중개사가 자격정지처분을 받은 기간 중에 다른 법인인 개업공인중개사의 임원이 되는 경우 시·도지사는 그 자격을 취소하여야 한다.

답 ①

제34회 출제

02 공인중개사법령상 소속공인중개사의 규정 위반행위 중 자격정지 기준이 6개월에 해당하는 것을 모두 고른 것은?

ㄱ. 2 이상의 중개사무소에 소속된 경우
ㄴ. 거래계약서에 서명·날인을 하지 아니한 경우
ㄷ. 등록하지 아니한 인장을 사용한 경우
ㄹ. 확인·설명의 근거자료를 제시하지 아니한 경우

① ㄱ　② ㄱ, ㄷ　③ ㄴ, ㄷ
④ ㄱ, ㄴ, ㄹ　⑤ ㄴ, ㄷ, ㄹ

해설

ㄱ. 2 이상의 중개사무소에 소속된 경우, 제33조 금지행위, 거래계약서에 거래내용을 거짓기재하거나 서로 다른 2 이상의 거래계약서를 작성한 경우 자격정지기준이 6개월이다.
ㄴ, ㄷ, ㄹ은 자격정지기준이 3개월이다.

답 ⑤

제29회 출제

03 공인중개사법령상 개업공인중개사의 업무정지 사유이면서 중개행위를 한 소속공인중개사의 자격정지사유에 해당하는 것을 모두 고른 것은?

ㄱ. 인장등록을 하지 아니한 경우
ㄴ. 중개대상물 확인·설명서에 서명 및 날인을 하지 아니한 경우
ㄷ. 거래계약서에 서명 및 날인을 하지 아니한 경우
ㄹ. 중개대상물 확인·설명서를 교부하지 않은 경우

① ㄱ, ㄴ ② ㄷ, ㄹ ③ ㄱ, ㄴ, ㄷ ④ ㄴ, ㄷ, ㄹ ⑤ ㄱ, ㄴ, ㄷ, ㄹ

해설

중개대상물 확인·설명서를 교부 및 보존의무는 개업공인중개사의 의무사항으로 업무정지대상이고, 소속공인중개사의 자격정지대상이 아니다.

답 ③

4 출제 예상문제

01 공인중개사법령상 중개업무를 수행하는 소속공인 중개사의 자격정지에 관한 설명으로 <u>틀린</u> 것은?

① 시·도지사는 자격정지처분을 한 때 5일 이내에 국토교통부 장관에게 보고해야 한다.
② 시·도지사는 국토교통부령이 정하는 자격정지의 기준기간의 2분의 1의 범위 안에서 가중하여 처분하는 때에는 자격정지 기간은 6개월을 초과할 수 없다.
③ 거래계약서에 거래금액 등 거래내용을 거짓으로 기재한 경우 6개월의 자격정지처분을 받을 수 있다.
④ 시·도지사는 청문을 실시하지 않고 자격정지처분을 할 수 있다.
⑤ 등록관청은 공인중개사가 자격정지사유에 해당하는 사실을 알게 된 때에는 지체없이 그 사실을 시·도지사에게 통보하여야 한다.

해설 ✦ ① 자격취소처분을 한 때 5일 이내에 국토교통부장관에게 보고하고 다른 시·도지사에게 통지해야 한다.
③ 거래계약서에 거래금액 등 거래내용을 거짓으로 기재하거나 서로 다른 2 이상의 거래계약서를 작성한 경우 6개월의 자격정지처분을 받을 수 있다.

정답 ✦ ①

테마 31 거래정보사업자에 대한 행정처분 (지정취소처분)

1 출제예상과 학습포인트

✦ 기출횟수
31회, 33회

✦ 35회 출제 예상
출제비중이 낮은 편이다.

✦ 35회 중요도
★

✦ 학습범위
지정취소사유 및 절차

✦ 학습방법
지정취소사유 및 청문대상제외사항의 암기가 필요하다.

✦ 핵심쟁점
지정취소사유

2 핵심 내용

❶ 국토교통부장관은 거래정보사업자에 대한 지정을 취소할 수 있다.

❷ 지정을 취소하고자 하는 경우 청문을 실시해야 한다.(사망, 해산은 제외)

▷ 부정하게 운영한 것을 공개하면 1년내에 사망한다.

부정	거짓 그 밖의 부정한 방법으로 지정을 받은 경우
운영	운영규정의 승인 또는 변경승인을 받지 아니하거나 운영규정을 위반하여 부동산거래정보망을 운영한 경우
공개	정보공개의무 위반 ㉠ 개업공인중개사로부터 의뢰받지 아니한 정보를 공개하거나 ㉡ 의뢰받은 내용과 다르게 공개한 경우 ㉢ 개업공인중개사에 따라 차별적으로 공개한 경우
1년	지정받은 날부터 1년 이내에 부동산거래정보망을 설치·운영하지 아니한 경우
사망 (×청문)	개인인 거래정보사업자의 사망 또는 법인인 거래정보사업자의 해산 그 밖의 사유로 부동산거래정보망의 계속적인 운영이 불가능한 경우

3 대표 기출문제

제33회 출제

01 공인중개사법령상 거래정보사업자의 지정을 취소할 수 있는 사유에 해당하는 것을 모두 고른 것은?

ㄱ. 거짓 등 부정한 방법으로 지정을 받은 경우
ㄴ. 정당한 사유 없이 지정받은 날부터 1년 이내에 부동산거래정보망을 설치·운영하지 아니한 경우
ㄷ. 개업공인중개사로부터 공개를 의뢰받은 중개대상물의 내용과 다르게 부동산거래정보망에 정보를 공개한 경우
ㄹ. 부동산거래정보망의 이용 및 정보제공방법 등에 관한 운영규정을 위반하여 부동산거래정보망을 운영한 경우

① ㄱ, ㄴ　② ㄴ, ㄷ　③ ㄷ, ㄹ
④ ㄱ, ㄷ, ㄹ　⑤ ㄱ, ㄴ, ㄷ, ㄹ

해설

모두 옳은 지문이다.

답 ⑤

테마 32

행정형벌(징역형과 벌금형)

1 출제예상과 학습포인트

✦ 기출횟수

25회, 27회, 28회, 29회, 31회, 33회

✦ 35회 출제 예상

출제가 예상된다.

✦ 35회 중요도

★★★

✦ 학습범위

행정형벌사유를 숙지해야 한다.

✦ 학습방법

3년 이하의 징역 또는 3천만원 이하의 벌금사유와 1년 이하의 징역 또는 1천만원 이하의 벌금사유의 암기가 필요하다.

✦ 핵심쟁점

❶ 형벌사유
❷ 양벌규정

2 핵심 내용

❶ 3년 이하의 징역 또는 3천만원 이하의 벌금

<table>
<tr><td colspan="2">부정등록</td><td>거짓 그 밖의 부정한 방법으로 중개사무소의 개설등록을 한 자</td><td>절대적
등록취소
포상금지급대상</td></tr>
<tr><td colspan="2">무등록</td><td>무등록중개업자</td><td></td></tr>
<tr><td rowspan="13">금
지
행
위</td><td>증서</td><td>관계 법령에서 양도·알선 등이 금지된 부동산의 분양·임대 등과 관련 있는 증서 등의 매매·교환 등을 중개하거나 그 매매를 업으로 하는 행위</td><td rowspan="6">제33조 ①항
5호~9호
임의등록취소</td></tr>
<tr><td>직접</td><td>중개의뢰인과 직접 거래하는 행위</td></tr>
<tr><td>쌍방</td><td>거래당사자 쌍방을 대리하는 행위</td></tr>
<tr><td>투기</td><td>㉠탈세 목적인 미등기전매를 중개하거나 ㉡전매가 제한된 부동산의 매매를 중개하는 등 부동산투기를 조장하는 행위</td></tr>
<tr><td>시세</td><td>부당한 이익을 얻거나 제3자에게 부당한 이익을 얻게 할 목적으로 거짓으로 거래가 완료된 것처럼 꾸미는 등 중개대상물의 시세에 부당한 영향을 ㉠주거나 ㉡줄 우려가 있는 행위</td></tr>
<tr><td>단체</td><td>단체를 구성하여 ㉠특정 중개대상물에 대하여 중개를 제한하거나 ㉡단체 구성원 이외의 자와 공동중개를 제한하는 행위</td></tr>
<tr><td colspan="2">시세에 부당한 영향을 줄 목적으로 개업공인중개사 등의 업무를 방해한 자</td><td rowspan="6">제33조 2항</td></tr>
<tr><td rowspan="5"></td><td>안내문, 온라인 커뮤니티 등을 이용하여 특정 개업공인중개사등에 대한 중개의뢰를 제한하거나 제한을 유도하는 행위</td></tr>
<tr><td>안내문, 온라인 커뮤니티 등을 이용하여 중개대상물에 대하여 시세보다 현저하게 높게 표시·광고 또는 중개하는 특정 개업공인중개사등에게만 중개의뢰를 하도록 유도함으로써 다른 개업공인중개사등을 부당하게 차별하는 행위</td></tr>
<tr><td>안내문, 온라인 커뮤니티 등을 이용하여 특정 가격 이하로 중개를 의뢰하지 아니하도록 유도하는 행위</td></tr>
<tr><td>정당한 사유 없이 개업공인중개사등의 중개대상물에 대한 정당한 표시·광고 행위를 방해하는 행위</td></tr>
<tr><td>개업공인중개사등에게 ㉠중개대상물을 시세보다 현저하게 높게 표시·광고하도록 강요하거나 ㉡대가를 약속하고 시세보다 현저하게 높게 표시·광고하도록 유도하는 행위</td></tr>
</table>

❷ 1년 이하의 징역 또는 1천만원 이하의 벌금

<table>
<tr><td colspan="2">이등</td><td>이중으로 중개사무소의 개설등록을 한 자</td><td rowspan="3">절대적 등록취소</td></tr>
<tr><td colspan="2">이소</td><td>2 이상의 중개사무소에 소속된 자</td></tr>
<tr><td colspan="2">양도</td><td>다른 사람에게 자기의 성명(상호)을 사용하여 중개업무를 하게 하거나등록증 또는 자격증을 양도·대여한 자</td></tr>
<tr><td colspan="2">양수</td><td>다른 사람의 성명·상호를 사용하여 중개업무를 하거나 다른 사람의 등록증 또는 자격증을 양수·대여받은 자</td><td></td></tr>
<tr><td colspan="2">알선</td><td>자격증, 등록증 양도·대여행위 또는 양수·대여받는 행위를 알선한 자</td><td></td></tr>
<tr><td colspan="2">임시</td><td>임시 중개시설물을 설치한 자</td><td rowspan="2">상대적 등록취소</td></tr>
<tr><td colspan="2">이사</td><td>2 이상의 중개사무소를 둔 자</td></tr>
<tr><td rowspan="4">금지행위</td><td>매</td><td>중개대상물의 매매를 업으로 하는 행위</td><td rowspan="4">상대적 등록취소</td></tr>
<tr><td>무</td><td>무등록중개업자인 사실을 알면서 ㉠그를 통하여 중개를 의뢰받거나 ㉡그에게 자기의 명의를 이용하게 하는 행위</td></tr>
<tr><td>수</td><td>사례·증여 그 밖의 어떠한 명목으로도 제32조 제3항의 규정에 의한 중개보수 또는 실비를 초과하여 금품을 받는 행위</td></tr>
<tr><td>그</td><td>당해 중개대상물의 거래상의 중요사항에 관하여 거짓된 언행 그 밖의 방법으로 중개의뢰인의 판단을 그르치게 하는 행위</td></tr>
<tr><td colspan="2">아닌자</td><td>㉠ 공인중개사가 아닌 자로서 공인중개사 또는 이와 유사한 명칭을 사용한 자
㉡ 개업공인중개사가 아닌 자로서“공인중개사사무소”,“부동산중개” 또는 이와 유사한 명칭을 사용한 자
㉢ 개업공인중개사가 아닌 자로서 중개업을 하기 위하여 중개대상물에 대한 표시·광고를 한 자</td><td></td></tr>
<tr><td colspan="2">비밀</td><td>업무상 비밀을 누설한 자(반의사불벌죄)</td><td></td></tr>
<tr><td colspan="2">5배</td><td>개업공인중개사와 소속공인중개사를 합한 수의 5배를 초과하여 중개보조원을 고용한 경우</td><td>절대적 등록취소</td></tr>
<tr><td colspan="2">공개</td><td>정보공개의무 위반 – 거래정보사업자가 개업공인중개사로부터 의뢰받지 아니한 정보공개·다르게 공개하거나 차별적으로 공개한 경우</td><td>상대적 지정취소</td></tr>
</table>

3 대표 기출문제

제33회 출제

01 공인중개사법령상 3년 이하의 징역 또는 3천만원 이하의 벌금에 처해지는 개업공인중개사 등의 행위가 아닌 것은?

① 관계 법령에서 양도가 금지된 부동산의 분양과 관련 있는 증서의 매매를 중개하는 행위
② 법정 중개보수를 초과하여 수수하는 행위
③ 중개의뢰인과 직접 거래를 하는 행위
④ 거래당사자 쌍방을 대리하는 행위
⑤ 단체를 구성하여 특정 중개대상물에 대하여 중개를 제한하는 행위

해설

② 법정 중개보수를 초과하여 수수하는 행위는 1년 이하의 징역 또는 1천만원 이하의 벌금에 처해지는 사유이다.

답 ②

제29회 출제

02 공인중개사법령상 1년 이하의 징역 또는 1천만원 이하의 벌금에 해당하지 않는 자는?

① 공인중개사가 아닌 자로서 공인중개사 또는 이와 유사한 명칭을 사용한 자
② 개업공인중개사가 아닌 자로서 중개업을 하기 위하여 중개대상물에 대한 표시·광고를 한 자
③ 개업공인중개사가 아닌 자로서 "공인중개사사무소", "부동산중개" 또는 이와 유사한 명칭을 사용한 자
④ 관계 법령에서 양도·알선 등이 금지된 부동산의 분양·임대 등과 관련 있는 증서 등의 매매·교환 등을 중개한 개업공인중개사
⑤ 다른 사람에게 자기의 상호를 사용하여 중개업무를 하게 한 개업공인중개사

해설

3년 이하의 징역 또는 3천만원 이하의 벌금형 대상이다.

답 ④

제31회 출제

03 공인중개사법령상 벌금부과기준에 해당하는 자를 모두 고른 것은?

ㄱ. 중개사무소 개설등록을 하지 아니하고 중개업을 한 공인중개사
ㄴ. 거짓으로 중개사무소의 개설등록을 한 자
ㄷ. 등록관청의 관할 구역안에 두 개의 중개사무소를 개설등록한 개업공인중개사
ㄹ. 임시 중개시설물을 설치한 개업공인중개사
ㅁ. 중개대상물이 존재하지 않아서 거래할 수 없는 중개대상물을 광고한 개업공인중개사

① ㄱ ② ㄱ, ㄴ ③ ㄴ, ㄷ, ㅁ
④ ㄱ, ㄴ, ㄷ, ㄹ ⑤ ㄱ, ㄴ, ㄷ, ㄹ, ㅁ

해설

ㅁ. 500만원 이하의 과태료처분사유이다.

답 ④

4 출제 예상문제

01 공인중개사법령상 벌칙의 법정형이 같은 것끼리 모두 묶은 것은?

ㄱ. 중개보조원을 법정한도를 초과하여 둔 개업공인중개사
ㄴ. 중개의뢰인과 직접 거래를 한 개업공인중개사
ㄷ. 다른 사람에게 자기의 상호를 사용하여 중개업무를 하게 한 개업공인중개사
ㄹ. 2 이상의 중개사무소에 소속된 공인중개사
ㅁ. 중개사무소의 개설등록을 하지 아니하고 중개업을 한 자

① ㄱ, ㄴ ② ㄱ, ㄷ, ㄹ ③ ㄱ, ㄹ, ㅁ
④ ㄴ, ㄷ, ㅁ ⑤ ㄷ, ㄹ, ㅁ

해설 ✦ ㄱ,ㄷ,ㄹ은 1년 이하의 징역 또는 1천만원 이하의 벌금형대상으로 동일하고. ㄴ,ㅁ은 3년 이하의 징역 또는 3천만원 이하의 벌금형대상으로 같다.

정답 ✦ ②

테마 **33** # 행정질서벌(과태료)

1 출제예상과 학습포인트

✦ 기출횟수

26회, 27회, 29회, 30회, 31회, 32회, 34회

✦ 35회 출제 예상

출제가 예상된다.

✦ 35회 중요도

★★★

✦ 학습범위

과태료처분사유·부과금액·부과대상자·부과권자

✦ 학습방법

과태료처분사유는 암기가 필요하고, 부과권자와 부과대상자의 연결에 대한 학습이 필요하다.

✦ 핵심쟁점

❶ 과태료부과사유 ❷ 부과권자, 부과대상자, 부과금액

2 핵심 내용

❶ 과태료 부과·징수권자 및 부과 대상자

① 국토부장관은 거래정보사업자, 정보통신서비스 제공자, 협회에 대하여 500만원 이하의 과태료를 부과·징수한다.

② 자격증을 교부한 시·도지사는 자격이 취소되었으나 공인중개사 자격증을 반납하지 아니한 자에 대하여 100만원 이하의 과태료를 부과·징수한다.

③ 시·도지사는 정당한 사유없이 연수교육을 받지 아니한 개업공인중개사 및 소속공인중개사에 대하여 500만원 이하의 과태료를 부과·징수한다.

④ 등록관청은 개업공인중개사에 대하여 100만원 또는 500만원 이하 과태료(부당한 표시·광고를 하거나, 성실·정확하게 확인·설명하지 않거나 설명의 근거자료를 제시하지 아니한 경우, 중개보조원의 고지의무위반)를 부과·징수한다.

❷ 500만원 이하의 과태료

① 개업공인중개사 : 등록관청
성실·정확하게 중개대상물의 확인·설명을 하지 아니하거나 설명의 근거자료를 제시하지 아니한 경우

② 개업공인중개사가 중개대상물에 대하여 부당한 표시·광고를 한 경우 : 등록관청
㉠ 중개대상물이 존재하지 않아서 실제로 거래를 할 수 없는 중개대상물에 대한 표시·광고
㉡ 중개대상물의 가격 등 내용을 사실과 다르게 거짓으로 표시·광고하거나 사실을 과장되게 하는 표시·광고
㉢ 그 밖에 표시·광고의 내용이 부동산거래질서를 해치거나 중개의뢰인에게 피해를 줄 우려가 있는 것으로서 대통령령으로 정하는 내용의 표시·광고

③ 중개보조원, 개업공인중개사 : 등록관청
중개보조원은 현장안내 등 중개업무를 보조하는 경우 중개의뢰인에게 본인이 중개보조원이라는 사실을 미리 알리지 아니한 사람 및 그가 소속된 개업공인중개사. 다만, 개업공인중개사가 그 위반행위를 방지하기 위하여 해당 업무에 관하여 상당한 주의와 감독을 게을리하지 아니한 경우는 제외한다.

④ 개업공인중개사, 소속공인중개사 : 시·도지사
정당한 사유 없이 연수교육을 받지 아니한 경우

⑤ 거래정보사업자 : 국토교통부장관
㉠ 운영규정의 승인 또는 변경승인을 얻지 아니하거나 운영규정의 내용을 위반하여 부동산거래정보망을 운영한 거래정보사업자
㉡ 감독상 명령에 대하여 보고, 자료의 제출, 조사 또는 검사를 거부·방해 또는 기피하거나 거짓으로 보고 또는 자료제출을 한 거래정보사업자

⑥ 공인중개사협회 : 국토교통부장관
㉠ 공제사업 운용실적을 공시하지 아니한 경우
㉡ 공제업무의 개선명령을 이행하지 아니한 경우
㉢ 임원에 대한 징계·해임의 요구를 이행하지 아니하거나 시정명령을 이행하지 아니한 경우
㉣ 감독상 명령에 대하여 보고, 자료의 제출, 조사 또는 검사를 거부·방해 또는 기피하거나 그 밖의 명령을 이행하지 아니하거나 거짓으로 보고 또는 자료제출을 한 경우

⑦ 정보통신서비스 제공자 : 국토교통부장관
국토교통부장관의 인터넷 표시·광고 모니터링을 위한 자료요구에 따르지 아니하여 관련 자료를 제출하지 아니하거나, 확인 또는 추가정보게재요구에 따르지 아니하여 필요한 조치를 하지 아니한 경우

❸ 100만원 이하의 과태료 - 개업공인중개사 또는 자격증미반납자

▶ 휴·게·소/명칭·반납·보증·광고

휴	휴업, 폐업, 재개, 변경신고를 하지 아니한 자
게	중개사무소등록증 원본등을 게시하지 아니한 자
소	중개사무소의 이전신고를 하지 아니한 자
명칭	① 중개사무소의 명칭에 “공인중개사사무소”, “부동산중개”라는 문자를 사용하지 아니한 개업공인중개사 ② 부칙 개업공인중개사가 사무소 명칭에 공인중개사 사무소 라는 명칭을 사용한 경우
	③ 옥외광고물에 성명을 ㉠표기하지 아니하거나 ㉡거짓으로 표기한 개업공인중개사
반납	① 공인중개사자격증을 반납하지 아니하거나 반납할 수 없는 사유서를 제출하지 아니한 자 또는 거짓으로 공인중개사자격증을 반납할 수 없는 사유서를 제출한 자 ② 중개사무소등록증을 반납하지 아니한 자
보증	(중개완성시 거래당사자에게) 손해배상책임의 보장에 관한(보증관련)사항을 ㉠설명하지 아니하거나 ㉡관계증서 사본 또는 전자문서 교부하지 아니한 자
광고	중개사무소명칭, 소재지, 연락처, 개업공인중개사의 성명을 명시하지 아니하고 중개대상물의 표시·광고를 하거나, 중개보조원에 관한 사항을 명시한 개업공인중개사

3 대표 기출문제

제32회 출제

01 공인중개사법령상 개업공인중개사의 행위 중 과태료부과대상이 아닌 것은?

① 중개대상물의 거래상의 중요사항에 관해 거짓된 언행으로 중개의뢰인의 판단을 그르치게 한 경우
② 휴업신고에 따라 휴업한 중개업을 재개하면서 등록관청에 그 사실을 신고하지 않은 경우
③ 중개대상물에 관한 권리를 취득하려는 중개의뢰인에게 해당 중개대상물의 권리관계를 성실·정확하게 확인·설명하지 않은 경우
④ 인터넷을 이용하여 중개대상물에 대한 표시·광고를 하면서 중개대상물의 종류별로 가격 및 거래형태를 명시하지 않은 경우
⑤ 연수교육을 정당한 사유 없이 받지 않은 경우

해설

금지행위로서 1년 이하의 징역 또는 1천만원 이하의 벌금형대상이다.

답 ①

제31회 출제

02 공인중개사법령상 과태료의 부과대상자와 부과기관이 바르게 연결된 것을 모두 고른 것은?

ㄱ. 부동산거래정보망의 이용 및 정보제공방법 등에 관한 운영규정의 내용을 위반하여 부동산거래정보망을 운영한 거래정보사업자 - 국토교통부장관
ㄴ. 공인중개사법령에 따른 보고의무를 위반하여 보고를 하지 아니한 거래정보사업자 - 국토교통부장관
ㄷ. 중개사무소 등록증을 게시하지 아니한 개업공인중개사 - 등록관청
ㄹ. 공인중개사 자격이 취소된 자로 공인중개사 자격증을 반납하지 아니한 자 - 등록관청
ㅁ. 중개사무소 개설등록이 취소된 자로 중개사무소 등록증을 반납하지 아니한 자 - 시·도지사

① ㄱ, ㄷ
② ㄱ, ㄴ, ㄷ
③ ㄴ, ㄹ, ㅁ
④ ㄱ, ㄴ, ㄷ, ㄹ
⑤ ㄱ, ㄴ, ㄷ, ㄹ, ㅁ

해설

ㄹ. 시·도지사
ㅁ. 등록관청

답 ②

제30회 출제

03 다음 중 공인중개사법령상 과태료를 부과할 경우 과태료의 부과기준에서 정하는 과태료금액이 가장 큰 경우는?

① 공제업무의 개선명령을 이행하지 않은 경우
② 휴업한 중개업의 재개 신고를 하지 않은 경우
③ 중개사무소의 이전신고를 하지 않은 경우
④ 중개사무소등록증을 게시하지 않은 경우
⑤ 휴업기간의 변경 신고를 하지 않은 경우

해설

① 부과대상자가 협회이며, 500만원 이하의 과태료처분사유이다.

답 ①

4 출제 예상문제

01 공인중개사법령상 과태료 부과대상자가 아닌 것은?

① 정당한 사유없이 연수교육을 받지 아니한 소속공인중개사
② 중개대상물이 존재하지만 실제로 중개의 대상이 될 수 없는 중개대상물에 대한 표시·광고를 한 개업공인중개사
③ 중개대상물에 대한 표시·광고를 하는 때 중개사무소의 등록번호를 명시하지 아니한 개업공인중개사
④ 성실·정확하게 중개대상물에 대하여 설명하지 아니한 개업공인 중개사
⑤ 폐업신고를 한 후 중개사무소의 간판을 철거하지 아니한 자

해설 ✦ ⑤ 이전사실을 신고한 자가 간판을 철거하지 아니한 경우, 폐업사실을 신고한 자가 간판을 철거하지 아니한 경우 행정대집행법에 따라 대집행을 할 수 있지만 과태료부과대상은 아니다.
①②④ 500만원 이하의 과태료처분대상
③ 100만원 이하의 과태료처분대상

정답 ✦ ⑤

PART 2 부동산거래 신고등에 관한 법

테마 **34** # 부동산거래신고 및 검증

1 출제예상과 학습포인트

✦ 기출횟수

25회, 26회, 27회, 28회, 29회, 30회, 31회, 32회, 34회

✦ 35회 출제 예상

출제가 예상된다.

✦ 35회 중요도

★★★

✦ 학습범위

부동산거래신고 대상 계약, 거래대상별 신고사항 및 신고절차

✦ 학습방법

부동산거래신고대상인 거래계약, 거래대상별 신고사항, 정정신청사유, 변경신고사유는 암기가 필요하고, 신고절차는 신고의무자별 함정체크가 필요하다.

✦ 핵심쟁점

❶ 부동산거래신고 대상 계약
❷ 부동산거래신고 의무자별 신고절차
❸ 신고사항, 정정신청사유, 변경신고사유

2 핵심 내용

❶ 용어의 정의 : 이 법에서 사용하는 용어의 뜻은 다음과 같다.

① "부동산"이란 토지 또는 건축물을 말한다. (× 입목, 공장·광업재단)

② "부동산등"이란 부동산 또는 부동산을 취득할 수 있는 권리를 말한다.

③ "거래당사자"란 부동산등의 매수인과 매도인을 말하며, 외국인등을 포함한다.

④ 임대차계약당사자란 부동산등의 임대인과 임차인을 말하며, 외국인등을 포함한다.

⑤ "외국인등"이란 다음의 어느 하나에 해당하는 개인·법인 또는 단체를 말한다.

㉠ 대한민국의 국적을 보유하고 있지 아니한 개인

㉡ 외국의 법령에 따라 설립된 법인 또는 단체
㉢ 사원 또는 구성원의 2분의 1 이상이 외국인에 해당하는 자인 법인 또는 단체
㉣ 업무를 집행하는 사원이나 이사 등 임원의 2분의 1 이상이 외국인에 해당하는 자인 법인 또는 단체
㉤ 외국인이나 외국법인 또는 단체가 자본금의 2분의 1 이상이나 의결권의 2분의 1 이상을 가지고 있는 법인 또는 단체
㉥ 외국 정부
㉦ 국제연합 등

❷ 부동산거래신고대상

(1) 신고대상

① 부동산 = 토지, 건축물의 매매계약
② 부동산의 입주자로 선정된 지위(입주권)의 매매계약
㉠ 도시정비법에 따른 관리처분계획의 인가로 인하여 취득한 입주자로 선정된 지위(입주권)의 매매계약
㉡ 빈집 및 소규모주택의 정비에 관한 특례법에 따른 사업시행계획의 인가로 취득한 입주자로 선정된 지위의 매매계약
③ 부동산에 대한 공급계약 및 부동산을 공급받는 자로 선정된 지위(분양권)의 매매계약

법률	공급계약	분양권
㉠ 건축물의 분양에 관한 법률	토지, 건축물에 대한 공급계약	토지, 건축물에 대한 공급계약을 통하여 부동산을 공급받는 자로 선정된 지위(분양권)의 매매계약
㉡ 공공주택 특별법		
㉢ 도시개발법		
㉣ 도시 및 주거환경정비법		
㉤ 빈집 및 소규모주택정비법률		
㉥ 산업입지 및 개발에 관한 법률		
㉦ 주택법		
㉧ 택지개발촉진법		

(2) 신고대상 거래계약 : 매매계약

(3) 신고기간 : 계약체결일부터 (30일) 이내

(4) 신고의무자

① 거래당사자(외국인 등 포함)가 직접 매매계약을 체결한 경우 공동으로 신고하여야 한다.

② 거래당사자 일방이 신고를 거부하는 경우 단독으로 신고할 수 있다.
③ 거래당사자 중 일방이 국가등인 경우 국가등이 단독으로 신고를 하여야 한다.
④ 개업공인중개사가 거래계약서를 작성하여 교부하는 경우 개업공인중개사가 (단독으로) 신고하여야 한다. 다만, 공동으로 중개한 경우에는 공동으로 신고를 하여야 한다.(×거래당사자가, 거래당사자와 공동으로)

(5) **신고관청** : 부동산 등의 소재지를 관할하는 시장(구가 설치되지 아니한 시의 시장, 특별자치시장, 특별자치도의 시장), 군수, 구청장

(6) **신고대상 및 제외**

① 신고를 하여야 하는 경우
㉠ 토지, 건축물의 지분매매의 경우에도 신고대상이 된다.
㉡ 토지거래허가구역내의 허가대상인 토지에 대하여 허가를 받은 경우 또는 농지취득자격증명을 받은 경우에도 부동산거래신고는 하여야 한다.
② 신고대상이 아닌 경우
㉠ 토지 및 건축물을 대상으로 하더라도 매매가 아닌 판결, 교환, 증여, 경매·공매, 신탁 및 해지약정은 신고대상은 아니다.
㉡ 중개대상물인 입목, 광업재단, 공장재단은 신고대상이 아니다.

❸ 신고사항

(1) **공통신고사항** : 인·표는 금·일, 거래·계약·조건을 위탁〈중개〉하였다.

① 거래당사자의 인적사항
② 거래대상 부동산등(부동산을 취득할 수 있는 권리에 관한 계약의 경우에는 그 권리의 대상인 부동산)의 종류, 소재지·지번·지목 및 면적(표시)
③ 중도금 지급일 및 잔금 지급일
④ 실제 거래가격(×거래예정가격)
⑤ 계약 체결일
⑥ 계약의 조건이나 기한이 있는 경우에는 그 조건 또는 기한
⑦ 개업공인중개사가 (중개로) 거래계약서를 작성·교부한 경우에는 다음의 사항
㉠ 개업공인중개사의 인적사항
㉡ 개업공인중개사가 「공인중개사법」제9조에 따라 개설등록한 중개사무소의 상호·전화번호 및 소재지

⑧ 매수인이 국내에 주소 또는 거소(잔금 지급일부터 60일을 초과하여 거주하는 장소를 말한다)를 두지 않을 경우(매수인이 외국인인 경우로서 「출입국관리법」 제31조에 따른 외국인등록을 하거나 「재외동포의 출입국과 법적 지위에 관한 법률」 제6조에 따른 국내거소신고를 한 경우에는 그 체류기간 만료일이 잔금 지급일부터 60일 이내인 경우를 포함한다)에는 위탁관리인의 인적사항

(2) 법인 외의 자가 ㉠실제 거래가격이 6억원 이상인 주택을 매수하거나 ㉡투기과열지구 또는 조정대상 지역에 소재하는 주택을 매수하는 경우(매수인 중 국가등이 포함되어 있는 경우는 제외한다) : 주택취득자금조달 및 입주계획서(매수인 단독 서명 또는 날인)

① 거래대상 주택의 취득에 필요한 자금의 조달계획 및 지급방식.

② 거래대상 주택에 매수자 본인이 입주할지 여부, 입주 예정 시기 등 거래대상 주택의 이용계획

(3) 법인이 주택의 거래계약을 체결하는 경우(실제거래가격 및 지역의 제한없다.)

① 법인의 현황에 관한 다음의 사항 : 법인 주택거래계약신고서 제출

㉮ 거래당사자 중 국가등이 포함되어 있거나

㉯ 거래계약이 「택지개발촉진법」, 「주택법」 등 대통령령으로 정하는 법률에 따른 부동산에 대한 공급계약 또는

㉰ 공급계약을 통하여 부동산을 공급받는 자로 선정된 지위에 대한 매매계약)에 해당하는 경우는 제외한다.

㉠ 법인의 등기 현황(자본금, 등기임원)

㉡ 법인과 거래상대방 간의 특수관계 여부

② 법인이 주택의 매수인인 경우 : 주택취득자금조달 및 입주계획서(법인 단독 서명 또는 날인)

(4) 법인 및 법인외의 자가 공통으로 제출해야 하는 서류

① 투기과열지구에 소재하는 주택의 거래계약을 체결한 경우 매수인은 자금조달계획을 증명하는 서류로서 국토교통부령으로 정하는 서류를 첨부해야 한다.

② 주택취득자금 조달 및 입주계획서(주택의 매수인인 경우만 해당한다.)

㉠ 자금조달계획란에는 자기자금과 차입금등으로 구분하여 기재

㉡ "입주 계획"에는 해당 주택의 거래계약을 체결한 이후 첫 번째 입주자 기준으로 적으며, "본인입주"란 매수자 및 주민등록상 동일 세대원이 함께 입주하는 경우를, "본인 외 가족입주"란 매수자와 주민등록상 세대가 분리된 가족이 입주하는 경우를 말하며, 이 경우에는 입주 예정 시기 연월을 적습니다.

또한 재건축 추진 또는 멸실 후 신축 등 해당 주택에 입주 또는 임대하지 않는 경우 등에는 "그 밖의 경우"에 √표시를 합니다.

(5) 법인신고서 또는 자금조달·입주계획서를 제출하는 경우(주택을 매수하는 경우)

① 법인이 법인의 현황(등기현황, 거래상대방과의 관계)에 관한 사항을 신고해야 하는 경우에는 부동산거래계약신고서를 제출할 때 법인 주택 거래계약 신고서(법인 신고서)를 신고관청에 함께 제출해야 한다.

② 주택의 취득목적, 취득자금, 이용계획에 관한 사항을 신고해야 하는 경우에는 부동산거래계약신고서를 제출할 때 매수인이 단독으로 서명 또는 날인한 주택취득자금 조달 및 입주계획서를 신고관청에 함께 제출해야 한다.

③ 법인 또는 매수인이 법인 신고서 또는 자금조달·입주계획서를 부동산거래계약 신고서와 분리하여 제출하기를 희망하는 경우 법인 또는 매수인은 자금조달·입주계획서를 거래계약의 체결일부터 30일 이내에 별도로 제출할 수 있다.

④ 부동산거래계약을 신고하려는 자 중 법인 또는 매수인 외의 자가 법인 신고서 또는 자금조달·입주계획서를 제출하는 경우 법인 또는 매수인은 부동산거래계약을 신고하려는 자에게 거래계약의 체결일부터 25일 이내에 법인 신고서 또는 자금조달·입주계획서를 제공해야 하며, 이 기간 내에 제공하지 않은 경우에는 법인 또는 매수인이 별도로 법인 신고서 또는 자금조달·입주계획서를 제출해야 한다.

(6) 거래대상 토지의 취득에 필요한 자금의 조달계획 및 거래대상 토지의 이용계획

㉮ 매수인이 국가등이거나 매수인에 국가등이 포함되어 있는 토지거래와 ㉯ 토지거래허가구역에서 토지거래허가를 받아야 하는 토지거래는 제외된다.

① 실제 거래가격이 다음의 구분에 따른 금액 이상인 토지를 매수(지분으로 매수하는 경우는 제외한다)하는 경우
   ㉠ 수도권등에 소재하는 토지의 경우: 1억원
   ㉡ 수도권등 외의 지역에 소재하는 토지의 경우: 6억원

② 다음의 토지를 지분으로 매수하는 경우
   ㉠ 수도권등에 소재하는 토지 : 실제 거래가격에 제한없다.
   ㉡ 수도권등 외의 지역에 소재하는 토지로서 실제 거래가격이 6억원 이상인 토지

③ "수도권등"이란 「수도권정비계획법」에 따른 수도권, 광역시(인천광역시는 제외한다) 및 세종특별자치시를 말한다.

④ 거래가격의 산정방법은 다음과 같다.
   ㉠ 1회의 토지거래계약으로 매수하는 토지가 둘 이상인 경우에는 매수한 각각의 토지 가격을 모두 합산할 것
   ㉡ 신고 대상 토지거래계약 체결일부터 역산하여 1년 이내에 매수한 다른 토지(신고 대상 토지거래계

약에 따라 매수한 토지와 서로 맞닿은 토지로 한정하며, 신고 대상 토지거래계약에 따라 토지를 지분으로 매수한 경우에는 해당 토지의 나머지 지분과 그 토지와 서로 맞닿은 토지나 토지의 지분으로 한다.)가 있는 경우에는 그 토지 가격을 거래가격에 합산할 것. 다만, 토지거래계약 체결일부터 역산하여 1년 이내에 매수한 다른 토지에 대한 거래신고를 한 때 토지의 취득에 필요한 자금의 조달계획 및 거래대상 토지의 이용계획서를 제출한 경우에는 합산하지 않는다.

ⓒ 「건축법」 제22조제2항에 따른 사용승인을 받은 건축물이 소재하는 필지가격은 거래가격에서 제외할 것

❹ 부동산거래신고절차

① 부동산거래신고를 하여야 한다는 것은 거래신고서를 작성, 서명 또는 날인하여 신고관청에 제출하여야 한다는 의미로 원칙적으로 거래계약신고서외에 계약서사본 또는 원본은 첨부하지 않는다.

② 개업공인중개사가 부동산 거래계약 관련 정보시스템("부동산거래계약시스템"=전자계약시스템)을 통하여 부동산 거래계약을 체결한 경우에는 부동산 거래계약이 체결된 때에 부동산거래계약 신고서를 제출한 것으로 본다.

③ 거래당사자 또는 개업공인중개사가 신고관청의 부동산거래관리시스템에 접속하여 발급받은 공인인증서로 인터넷상으로 신고를 한다.

(1) 신고방법

① 방문신고 : 부동산거래계약신고서 작성제출 + 신분증명서를 신고관청에 제시

② 전자문서에 의한 신고 : 전자인증의 방법

(2) 신고절차

① 공동신고의무 : 거래당사자가 거래신고를 하는 경우

㉠ 부동산거래계약신고서만 제출하면 된다.

㉡ 전자문서로 된 신고서의 제출을 할 수 있다.

㉢ 공동으로 서명 또는 날인하여

㉣ 거래당사자중 1인이 제출하여야 한다.

㉤ 방문제출하는 경우 신분증명서를 시장·군수 또는 구청장에게 보여주어야 한다.

② 단독신고 : 거래당사자 중 일방이 거부하는 경우

㉠ 부동산거래계약신고서 + 단독신고 사유서 + 계약서사본을 제출하여야 한다.

㉡ 전자문서로 된 신고서의 제출은 할 수 없다.

㉢ 신고관청은 단독신고 사유에 해당하는지 여부를 확인해야 한다

㉣ 방문제출하는 경우 신분증명서를 시장·군수 또는 구청장에게 보여주어야 한다.

⑤ 거래당사자의 부동산거래계약신고서 등의 제출대행

㉠ 거래계약신고서를 제출하기로 한 자의 위임을 받은 자가 대행할 수 있다.

㉡ 전자문서에 의한 신고를 할 수 없다.

㉢ 신분증명서를 신고관청에 내보이고, 부동산거래계약 신고서의 제출을 위임한 거래당사자의 자필서명(법인의 경우 법인의 인감)이 있는 위임장과 신분증명서 사본을 첨부하여 제출하여야 한다.

⑥ 국가 등의 신고

㉠ 거래당사자 중 일방이 국가, 지방자치단체, 「공공기관의 운영에 관한 법률」에 따른 공공기관, 「지방공기업법」에 따른 지방직영기업·지방공사 또는 지방공단의 경우("국가등")에는 국가등이 단독으로 신고를 하여야 한다.(×거래당사자와 공동으로)

㉡ 단독으로 부동산 거래계약을 신고하려는 국가 등은 부동산거래계약 신고서에 단독으로 서명 또는 날인하여 신고관청에 제출(전자문서를 접수하는 방법으로 제출할 수 있다.)하여야 한다.

⑦ 개업공인중개사가 거래신고를 하는 경우(×거래당사자 신고, 거래당사자와 공동신고)

㉠ 부동산거래계약신고서만 제출하면 된다.

㉡ 신고서에는 개업공인중개사가 단독으로 서명 또는 날인하여 제출하여야 한다.

㉢ 공동으로 중개를 한 경우에는 해당 개업공인중개사가 공동으로 신고하여야 한다.= 개업공인중개사가 공동으로 신고하는 경우에는 해당 개업공인중개사가 공동으로 서명 또는 날인하여야 한다. 개업공인중개사 중 일방이 신고를 거부하는 경우에는 국토교통부령으로 정하는 바에 따라 단독으로 신고할 수 있다.

㉣ 방문제출하는 경우 신분증명서를 시장·군수 또는 구청장에게 보여주어야 한다.

⑧ 개업공인중개사의 부동산거래계약신고서의 제출대행

㉠ 개업공인중개사의 위임을 받은 소속공인중개사만 할 수 있다.(× 중개보조원)

㉡ 전자문서에 의한 신고를 할 수 없다.

㉢ 소속공인중개사는 신분증명서를 신고관청에 보여주어야 한다.

㉣ 개업공인중개사의 자필서명이 있는 위임장과 신분증명서 사본은 제출하지 않는다.

(3) 거래신고내역의 조사 및 보고

① 신고내용의 조사 등(주택임대차계약 신고의 경우에도 준용)

신고관청은 제3조(부동산거래신고), 제3조의2(부동산 거래의 해제등 신고) 또는 제8조(외국인등의 부동산 취득·보유 신고)에 따라 신고 받은 내용이 누락되어 있거나 정확하지 아니하다고 판단하는 경우에는 신고인에게 신고 내용을 보완하게 하거나 // 신고한 내용의 사실 여부를 확인하기 위하여 소속 공무원으로 하여금 거래당사자 또는 개업공인중개사에게 거래계약서, 거래대금 지급을 증명할 수 있는 자료 등 관련 자료의 제출을 요구하는 등 필요한 조치를 취할 수 있다.

② 신고내용의 조사결과 보고

신고 내용을 조사한 경우 ㉠신고관청은 조사 결과를 특별시장, 광역시장, 특별자치시장, 도지사, 특별자치도지사("시·도지사")에게 보고하여야 하며, ㉡시·도지사는 신고관청이 보고한 내용을 취합하여 매월 1회 국토교통부장관에게 보고[「전자서명법」에 따른 전자문서에 의한 보고 또는 부동산정보체계에 입력하는 것을 포함한다]하여야 한다.

③ 신고내용의 제출 : 외국인 등으로부터 신고를 받은 경우에만 해당한다.

㉠ 신고관청은 외국인등이 부동산등의 취득을 신고한 내용을 매 분기 종료일부터 1개월 이내에 특별시장·광역시장·도지사 또는 특별자치도지사에게 제출(전자문서에 의한 제출을 포함한다)하여야 한다. 다만, 특별자치시장은 직접 국토교통부장관에게 제출하여야 한다.

㉡ 신고내용을 제출받은 특별시장·광역시장·도지사 또는 특별자치도지사는 제출받은 날부터 1개월 이내에 그 내용을 국토교통부장관에게 제출하여야 한다.

(4) 신고필증의 발급 및 검인간주

① 신고필증 발급

신고를 받은 신고관청은 그 신고 내용을 확인한 후 신고인에게 신고필증을 지체 없이 발급하여야 한다.

② 검인간주

부동산등의 매수인은 신고인이 신고필증을 발급받은 때에 「부동산등기 특별조치법」에 따른 검인을 받은 것으로 본다.

(5) 부동산거래신고의 금지행위(주택임대차계약 신고의 경우에도 준용)

① 거래당사자가 개업공인중개사로 하여금 부동산거래신고를 하지 아니하게 하거나 거짓된 내용을 신고하도록 요구하는 행위 : 500만원 이하의 과태료

② 부동산거래계약신고 의무자(거래당사자)가 아닌 자가 거짓된 내용의 부동산거래신고를 하는 행위 : 취득가액의 100분의 5이하의 과태료

③ 거짓으로 부동산거래계약신고를 하는 행위를 조장하거나 방조하는 행위 : 500만언이하의 과태료

④ 부동산거래신고대상에 해당하는 계약을 체결하지 아니하였음에도 불구하고 거짓으로 거래계약신고를 하는 행위 : 3천만원 이하의 과태료

⑤ 부동산거래계약신고 후 해당 계약이 해제등이 되지 아니하였음에도 불구하고 거짓으로 해제등의 신고를 하는 행위 : 3천만원 이하의 과태료

❺ 거래신고 후의 정정신청, 변경신고 : 할 수 있다.

(1) 신고내용이 잘못 기재된 경우 정정신청절차

① 부동산거래에 관하여 신고한 다음의 내용이 잘못 기재된 경우

② 거래당사자 또는 개업공인중개사는 신고관청에 정정신청을 할 수 있다.

③ 정정신청방법

정정신청을 하려는 거래당사자 또는 개업공인중개사는 발급받은 신고필증에 정정 사항을 표시하고 해당 정정 부분에 서명 또는 날인을 하여 신고관청에 제출하여야 한다. 이 경우 전자문서를 접수하는 방법으로 신고필증을 제출할 수 있다. 다만, 거래당사자의 주소·전화번호 또는 휴대전화번호에 관한 사항을 정정하는 경우에는 해당 거래당사자 일방이 단독으로 서명 또는 날인하여 정정을 신청할 수 있다.

④ 신고필증의 재발급

정정신청을 받은 신고관청은 정정사항을 확인한 후 지체 없이 해당 내용을 정정하고, 정정사항을 반영한 신고필증을 재발급하여야 한다.

참고 정정신청사유(종·주·전·지·목은 사·적·비)

㉠ 거래대상 건축물의 종류 (×토지)
㉡ 거래당사자의 주소·전화번호 또는 휴대전화번호 (×성명, 주민등록번호)
㉢ 거래 지분 비율, 거래지분
㉣ 개업공인중개사의 사무소 소재지, 전화번호·상호(×성명, 주민등록번호)
㉤ 거래대상 부동산등의 지목·면적, 대지권비율 (×소재지·지번)

(2) 신고내용이 변경된 경우의 변경신고절차

① 부동산거래계약의 신고를 한 후 다음의 내용이 변경된 경우

② 「부동산등기법」에 따른 부동산에 관한 등기 신청 전에

③ 부동산거래계약 변경신고서에 거래당사자 또는 개업공인중개사가 서명 또는 날인(전자인증의 방법을 포함한다)하여 신고관청에 제출할 수 있다.

④ 전자문서로 된 신고서를 제출할 수 있다.

> **참고** 변경신고사항(지·금일·조하여 거래하면 적·수·부동산이 위탁된다.)
>
> ㉠ 거래 지분 및 거래 지분 비율
> ㉡ 중도금, 잔금 및 지급일
> ㉢ 계약의 조건 또는 기한
> ㉣ 거래가격
> ㉤ 거래대상 부동산등의 면적
> ㉥ 공동매수의 경우 일부 매수인의 변경(매수인 중 일부가 제외되는 경우) (×추가, 교체)
> ㉦ 거래대상 부동산등이 다수인 경우 일부 부동산등의 변경(거래대상 부동산등 중 일부가 제외되는 경우) (×추가, 교체)
> ㉧ 위탁관리인의 성명, 주민등록번호, 주소 및 전화번호(휴대전화번호를 포함한다)

⑤ 변경신고방법

㉠ 변경신고를 하는 거래당사자 또는 개업공인중개사는 부동산거래계약 변경 신고서에 서명 또는 날인하여 신고관청에 제출해야 한다.

㉡ 다만, 부동산등의 면적 변경이 없는 상태에서 거래가격이 변경된 경우에는 거래계약서 사본 등 그 사실을 증명할 수 있는 서류를 첨부해야 한다. 이 경우 전자문서를 접수하는 방법으로 제출할 수 없다.

㉢ 거래가격 중 분양가격 및 선택품목은 거래당사자 일방이 단독으로 변경신고를 할 수 있다.

⑥ 신고필증의 재발급

변경신고를 받은 신고관청은 변경사항을 확인한 후 지체 없이 해당 내용을 변경하고, 변경사항을 반영한 신고필증을 재발급하여야 한다.

(3) 부동산거래계약 해제 등 신고

① 거래당사자는 부동산거래계약 신고한 후 해당 거래계약이 해제, 무효 또는 취소된 경우 해제등이 확정된 날부터 30일 이내에 해당 신고관청에 공동으로 해제등의 신고하여야 한다. 다만, 거래당사자 중 일방이 신고를 거부하는 경우에는 단독으로 신고할 수 있다.

② 거래당사자 중 일방이 해제 등 신고를 거부하여 단독으로 부동산 거래계약의 해제등을 신고하려는 자는 부동산거래계약 해제등 신고서에 단독으로 서명 또는 날인한 후 다음의 서류를 첨부하여 신고관청에 제출해야 한다. 이 경우 신고관청은 단독신고 사유에 해당하는지 여부를 확인해야 한다.

㉠ 확정된 법원의 판결문 등 해제등이 확정된 사실을 입증할 수 있는 서류
㉡ 단독신고사유서

③ 거래당사자 중 일방이 국가 등인 경우 국가등이 단독으로 서명 또는 날인하여 신고관청에 제출할 수 있다.

④ 개업공인중개사가 부동산거래계약 신고를 한 경우에는 개업공인중개사가 해제 등 신고를 할 수 있다.
⑤ 신고를 받은 신고관청은 그 내용을 확인한 후 별지 제4호서식의 부동산거래계약 해제등 확인서를 신고인에게 지체 없이 발급하여야 한다.
⑥ 부동산거래계약시스템을 통하여 부동산 거래계약 해제등을 한 경우에는 부동산 거래계약 해제등이 이루어진 때에 부동산거래계약 해제등 신고서를 제출한 것으로 본다.

(4) 부동산거래신고가격의 검증체계의 구축·운영(주택임대차계약신고의 경우에도 준용)

① 검증체계의 구축·운영 : 국토교통부장관
② 자료제출요구 : 국토교통부장관 ⇨ 신고관청
국토교통부장관은 부동산거래가격 검증체계의 구축·운영을 위하여 다음의 사항에 관한 자료를 제출할 것을 신고관청에 요구할 수 있다.

(5) 신고가격의 적정성 검증 및 통보

① 적정성 검증의무 : 신고관청
신고관청은 부동산거래계약신고를 받은 경우 부동산거래가격 검증체계를 활용하여 그 적정성을 검증하여야 한다.
② 검증결과통보 : 신고관청 ⇨ 세무관서의 장
신고관청은 검증 결과를 해당 부동산의 소재지를 관할하는 세무관서의 장에게 통보하여야 하며, 통보받은 세무관서의 장은 해당 신고 내용을 국세 또는 지방세 부과를 위한 과세자료로 활용할 수 있다.

❻ 행정형벌 - 3년 이하의 징역 또는 3천만원 이하의 벌금

① 부당하게 재물이나 재산상 이득을 취득하거나 제3자로 하여금 이를 취득하게 할 목적으로 부동산 거래신고대상 계약을 체결하지 아니하였음에도 불구하고 거짓으로 신고를 하는 행위
② 부당하게 재물이나 재산상 이득을 취득하거나 제3자로 하여금 이를 취득하게 할 목적으로 부동산 거래신고 후 해당 계약이 해제등이 되지 아니하였음에도 불구하고 거짓으로 해제 등의 신고를 하는 행위

❼ 과태료부과처분

① 과태료는 신고관청이 부과·징수한다.

② 개업공인중개사에게(×거래당사자) 과태료를 부과한 신고관청은 부과일부터 10일 이내에 해당 개업공인중개사의 중개사무소(법인의 경우에는 주된 중개사무소를 말한다)를 관할하는 시장·군수 또는 구청장(등록관청)에 과태료 부과 사실을 통보하여야 한다.

③ 3천만원 이하의 과태료

㉠ 거래대금 지급을 증명할 수 있는 자료를 제출하지 아니하거나 거짓으로 제출한 자 또는 그 밖의 필요한 조치를 이행하지 아니한 자

㉡ 부동산거래신고대상에 해당하는 계약을 체결하지 아니하였음에도 불구하고 거짓으로 거래계약 신고를 하는 행위(3년 이하의 징역 또는 3천만원 이하의 벌금을 부과받은 경우는 제외한다.)

㉢ 부동산거래계약신고 후 해당 계약이 해제등이 되지 아니하였음에도 불구하고 거짓으로 해제등의 신고를 하는 행위(3년 이하의 징역 또는 3천만원 이하의 벌금을 부과받은 경우는 제외한다.)

④ 500만원 이하의 과태료

㉠ 거래당사자 또는 개업공인중개사(공동중개의 경우 공동신고)가 부동산거래신고를 하지 아니한 경우(공동신고를 거부한 자를 포함한다)

㉡ 거래당사자가 부동산거래의 해제 등 신고를 하지 아니한 경우(공동신고를 거부한 자를 포함한다)

㉢ 개업공인중개사에게 신고를 하지 아니하게 하거나 거짓으로 신고하도록 요구한 거래당사자

㉣ 거짓으로 신고를 하는 행위를 조장하거나 방조한 자

㉤ 거래대금지급을 증명할 수 있는 자료 외의 자료를 제출하지 아니하거나 거짓으로 제출한 자

⑤ 취득가액의 100분의 10 이하에 상당하는 금액의 과태료

거래당사자, 단독신고하는 자, 개업공인중개사 또는 신고의무자(거래당사자)가 아닌 자가 그 신고를 거짓으로 한 자

3 대표 기출문제

제34회 출제

01 부동산 거래신고 등에 관한 법령상 부동산 매매계약의 거래신고에 관한 설명으로 틀린 것은? (단, 거래당사자는 모두 자연인이고, 공동중개는 고려하지 않음)

① 신고할 때는 실제 거래가격을 신고해야 한다.
② 거래당사자 간 직접거래의 경우 매도인이 거래신고를 거부하면 매수인이 단독으로 신고를 할 수 있다.
③ 거래신고 후에 매도인이 매매계약을 취소하면 매도인이 단독으로 취소를 신고해야 한다.
④ 개업공인중개사가 매매계약의 거래계약서를 작성·교부한 경우에는 그 개업공인중개사가 신고를 해야 한다.
⑤ 개업공인중개사가 매매계약을 신고한 경우에 그 매매계약이 해제되면 그 개업공인중개사가 해제를 신고할 수 있다.

해설

③⑤ 거래당사자가 거래신고 후 거래계약이 해제, 무효 또는 취소된 경우 거래당사자는 공동으로 해제 등 확정된 날부터 30일 이내에 신고해야 한다.
반면 개업공인중개사가 거래신고 후 거래계약이 해제, 무효 또는 취소된 경우에는 거래당사자가 아니므로 해제 등의 신고를 할 수 있다.

답 ③

제30회 출제

02 부동산 거래신고 등에 관한 법령상 부동산 거래신고의 대상이 되는 계약이 아닌 것은?

① 주택법에 따라 공급된 주택의 매매계약
② 택지개발촉진법에 따라 공급된 토지의 임대차계약
③ 도시개발법에 따른 부동산에 대한 공급계약
④ 체육시설의 설치·이용에 관한 법률에 따라 등록된 시설이 있는 건물의 매매계약
⑤ 도시 및 주거환경정비법에 따른 관리처분계약의 인가로 취득한 입주자로 선정된 지위의 매매계약

해설

② 부동산거래신고 대상계약은 매매 또는 공급계약에 한하므로, 토지 임대차계약은 부동산거래신고대상이 아니다.

답 ②

제30회 출제

03 부동산 거래신고 등에 관한 법령상 부동산 거래신고에 관한 설명으로 옳은 것은? (다툼이 있으면 판례에 따름)

① 개업공인중개사가 거래계약서를 작성·교부한 경우 거래당사자는 60일 이내에 부동산거래신고를 하여야 한다.

② 소속공인중개사 및 중개보조원은 부동산거래신고를 할 수 있다.

③ 지방공기업법에 따른 지방공사와 개인이 매매계약을 체결한 경우 양 당사자는 공동으로 신고하여야 한다.

④ 거래대상 부동산의 공법상 거래규제 및 이용제한에 관한 사항은 부동산거래계약신고서의 기재사항이다.

⑤ 매매대상 토지 중 공장부지로 편입되지 아니할 부분의 토지를 매도인에게 원가로 반환한다는 조건을 당사자가 약정한 경우 그 사항은 신고사항이다.

해설

① 개업공인중개사가 계약체결일부터 30일 이내에 부동산거래신고를 하여야 한다.
② 소속공인중개사는 개업공인중개사의 부동산거래신고를 대행할 수 있지만, 중개보조원은 부동산거래신고를 대행할 수 없다.
③ 지방공사 등 일방이 국가 등인 경우 지방공사가 단독으로 부동산거래신고를 하여야 한다.
④ 공법상 거래규제 및 이용제한 사항은 중개대상물 확인·설명사항 및 확인·설명서 기재사항이고, 붇동산거래신고사항이 아니다.

답 ⑤

제32회 출제

04 甲이 「건축법 시행령」에 따른 단독주택을 매수하는 계약을 체결하였을 때 부동산 거래신고 등에 관한 법령에 따라 본인이 그 주택에 입주(또는 이용계획)**할지 여부를 신고해야 하는 경우를 모두 고른 것은?** (甲, 乙, 丙은 자연인이고, 丁은 「지방공기업법」상 지방공단임)

> ㄱ. 甲이 「주택법」상 투기과열지구에 소재하는 乙소유의 주택을 실제 거래가격 3억원으로 매수하는 경우
> ㄴ. 甲이 「주택법」상 '투기과열지구 또는 조정대상지역' 외의 장소에 소재하는 丙소유의 주택을 실제 거래가격 5억원으로 매수하는 경우
> ㄷ. 甲이 「주택법」상 투기과열지구에 소재하는 丁소유의 주택을 실제 거래가격 10억원으로 매수하는 경우

① ㄱ ② ㄴ ③ ㄱ, ㄴ ④ ㄱ, ㄷ ⑤ ㄴ, ㄷ

해설

④ 주택취득자금조달계획 및 입주계획의 신고(매수자 중 국가 등인 경우는 제외)는 투기과열지구 또는 조정대상지역에 있는 주택은 실제거래가격에 관계없이, 투기과열지구 또는 조정대상지역외의 지역인 경우에는 실제거래가격이 6억원 이상인 경우이다. 따라서 ㄱ과 ㄷ이 주택에 입주(또는 이용계획)할지 여부를 신고해야 하는 경우에 해당한다.

답 ④

제30회 출제

05 부동산 거래신고 등에 관한 법령상 부동산거래계약신고내용의 정정신청사항이 아닌 것은?

① 거래대상 건축물의 종류
② 개업공인중개사의 성명·주소
③ 거래대상 부동산의 면적
④ 거래지분비율
⑤ 거래당사자의 전화번호

해설

거래당사자 또는 개업공인중개사의 성명, 주민등록번호, 주소는 정정신청사항이 아니다.

답 ②

4 출제 예상문제

01 부동산 거래신고 등에 관한 법령상 부동산 거래신고에 관한 설명으로 옳은 것은?

① 거래대상 부동산의 공법상 거래규제 및 이용제한에 관한 사항은 부동산거래계약 신고서의 기재사항이다.

② 「지방공기업법」에 따른 지방공사와 개인이 매매계약을 체결한 경우 양 당사자는 공동으로 신고하여야 한다.

③ 「빈집 및 소규모주택 정비에 관한 특례법」 제29조에 따른 사업시행계획인가로 취득한 입주자로 선정된 지위의 매매계약은 신고대상에 해당한다.

④ 개업공인중개사가 거래계약서를 작성·교부한 경우에는 거래당사자와 해당 개업공인중개사가 공동으로 신고해야 한다.

⑤ 「주택법」에 따라 지정된 투기과열지구에 소재하는 주택의 거래계약을 체결한 경우 매수인과 매도인이 공동으로 서명 또는 날인한 자금조달·입주계획서를 신고서와 함께 제출하여야 한다.

해설 ✦ ① 공법상 거래규제 및 이용제한에 관한 사항은 신고서 기재사항이 아니고 중개대상물 확인·설명사항 및 확인·설명서 기재사항이다.

② 거래당사자 중 일방이 국가, 지방자치단체, 「공공기관의 운영에 관한 법률」에 따른 공공기관, 「지방공기업법」에 따른 지방직영기업·지방공사 또는 지방공단의 경우("국가등")에는 국가등이 단독으로 신고를 하여야 한다.

④ 해당 개업공인중개사가 단독으로 신고하여야 한다.

⑤ 자금조달·입주계획서에는 매수인이 단독으로 서명 또는 날인하여 제출하여야 한다.

정답 ✦ ③

02 부동산거래신고 등에 관한 법령상 부동산거래계약 신고내용 중 정정신청사유와 변경신고사유 중 공통사유에 해당하는 것은?

> ㄱ. 거래 지분 비율
> ㄴ. 거래 지분
> ㄷ. 거래대상 부동산등의 면적
> ㄹ. 거래당사자의 주소·전화번호 또는 휴대전화번호
> ㅁ. 거래대상 건축물의 종류
> ㅂ. 계약의 조건 또는 기한
> ㅅ. 중도금·잔금 및 지급일

① ㄷ, ㄹ, ㅁ ② ㄱ, ㄴ, ㄷ ③ ㅂ, ㅅ
④ ㄴ, ㄷ, ㄹ, ㅁ ⑤ ㄱ, ㄴ, ㄹ, ㅁ

해설 ✦ ㄹ. 거래당사자의 주소·전화번호 또는 휴대전화번호 : 정정신청사유
ㅁ. 거래대상 건축물의 종류 : 정정신청사유
ㅂ. 계약의 조건 또는 기한 : 변경신고사유
ㅅ. 중도금·잔금 및 지급일 : 변경신고사유

정답 ✦ ②

테마 **35**

부동산거래계약신고서 기재사항별 작성방법

1 출제예상과 학습포인트

✦ 기출횟수

25회, 26회, 27회, 28회, 29회, 31회, 33회, 34회

✦ 35회 출제 예상

출제가 예상된다.

✦ 35회 중요도

★★★

✦ 학습범위

부동산거래계약신고서의 기재사항별 작성방법

✦ 학습방법

부동산거래계약신고서의 기재사항별 작성방법의 함정체크가 필요하다.

✦ 핵심쟁점

❶ 부동산거래계약신고서의 기재내용

❷ 부동산거래계약신고서의 작성방법

2 핵심 내용

①·② ㉠거래당사자가 다수인 경우 매도인 또는 매수인의 주소란에 거래대상별 거래 지분을 기준으로 각자의 거래 지분 비율(매도인과 매수인의 거래 지분 비율은 일치해야 합니다)을 표시하고, 거래당사자가 ㉡외국인인 경우 거래당사자의 국적을 반드시 기재하여야 하며, ㉢외국인이 부동산등을 매수하는 경우 매수용도란의 주거용(아파트), 주거용(단독주택), 주거용(그 밖의 주택), 레저용, 상업용, 공장용, 그 밖의 용도 중 하나에 √표시를 합니다.

③ 법인신고서등"란은 법인 주택 거래계약 신고서, 주택취득자금 조달 및 입주계획서, 자금조달계획을 증명하는 서류, 항목별 금액 증명이 어려운 경우에는 그 사유서 및 토지취득자금 조달 및 토지이용 계획서를 이 신고서와 함께 제출하는지 또는 별도로 제출하는지를 √표시하고, 그 밖의 경우에는 해당 없음에 √표시를 합니다.

④ 부동산 매매의 경우 "종류"에는 토지, 건축물 또는 토지 및 건축물(복합부동산의 경우)에 √표시를 하고, 해당 부동산이 "건축물" 또는 "토지 및 건축물"인 경우에는 ( )에 건축물의 종류를 "아파트, 연립, 다세대, 단독, 다가구, 오피스텔, 근린생활시설, 사무소, 공장 등" 「건축법 시행령」 별표 1에 따른 용도별 건축물의 종류를 적습니다.

⑤ 공급계약은 시행사 또는 건축주등이 최초로 부동산을 공급(분양)하는 계약을 말하며, 준공전과 준공 후 계약 여부에 따라 √표시하고, "임대주택 분양전환"은 임대주택사업자 (법인으로 한정)가 임대기한이 완료되어 분양전환하는 주택인 경우에 √표시합니다. 전매는 부동산을 취득할 수 있는 권리의 매매로서, "분양권" 또는 "입주권"에 √표시를 합니다.

⑥ 소재지는 지번(아파트 등 집합건축물의 경우에는 동·호수)까지, 지목/면적은 토지대장상의 지목·면적, 건축물대장상의 건축물 면적(집합건축물의 경우 호수별 전용면적, 그 밖의 건축물의 경우 연면적), 등기사항증명서상의 대지권 비율, 각 거래대상의 토지와 건축물에 대한 거래 지분을 정확하게 적습니다.

⑦ 계약대상 면적에는 실제 거래면적을 계산하여 적되, 건축물 면적은 집합건축물의 경우 전용면적을 적고, 그 밖의 건축물의 경우 연면적을 적습니다.

⑧ 물건별 거래가격란에는 각각의 부동산별 거래가격을 적습니다. 최초 공급계약(분양) 또는 전매계약(분양권, 입주권)의 경우 분양가격, 발코니 확장 등 선택비용 및 추가지불액(프리미엄 등 분양가격을 초과 또는 미달하는 금액)을 각각 적습니다. 이 경우 각각의 비용에 부가가치세가 있는 경우 부가가치세를 포함한 금액으로 적습니다.

⑨ 총 실제 거래가격란에는 전체 거래가격(둘 이상의 부동산을 함께 거래하는 경우 각각의 부동산별 거래가격의 합계 금액)을 적고, 계약금/중도금/잔금 및 그 지급일을 적습니다.

※ 거래대상의 종류가 공급계약(분양) 또는 전매계약(분양권, 입주권)인 경우 ⑦ 물건별 거래가격 및 ⑧ 총 실제거래가격에 부가가치세를 포함한 금액을 적고, 그 외의 거래대상의 경우 부가가치세를 제외한 금액을 적습니다.

⑩ 종전 부동산란은 입주권 매매의 경우에만 작성하고, 거래금액란에는 추가지불액(프리미엄 등 공급가액을 초과 또는 미달하는 금액) 및 권리가격, 합계 금액, 계약금, 중도금, 잔금을 적습니다. 계약대상면적에는 건축물의 유형을 기재한다.

⑪ 계약의 조건 및 참고사항란은 부동산 거래계약 내용에 계약조건이나 기한을 붙인 경우, 거래와 관련한 참고내용이 있을 경우에 적습니다.

3 대표 기출문제

제34회 출제

01 부동산 거래신고 등에 관한 법령상 부동산거래계약신고서의 작성방법으로 틀린 것은?

① 관련 필지 등 기재사항이 복잡한 경우에는 다른 용지에 작성하여 간인 처리한 후 첨부한다.
② '거래대상의 종류'중 '공급계약'은 시행사 또는 건축주 등이 최초로 부동산을 공급(분양)하는 계약을 말한다.
③ '계약대상 면적'란에는 실제 거래면적을 계산하여 적되, 집합건축물이 아닌 건축물의 경우 건축물 면적은 연면적을 적는다.
④ '거래대상의 종류'중 '임대주택 분양전환'은 법인이 아닌 임대주택사업자가 임대기간이 완료되어 분양전환하는 주택인 경우에 ∨표시를 한다.
⑤ 전매계약(분양권, 입주권)의 경우 '물건별 거래가격'란에는 분양가격, 발코니 확장 등 선택비용 및 추가 지급액 등을 각각 적되, 각각의 비용에 대한 부가가치세가 있는 경우 이를 포함한 금액으로 적는다.

해설

'임대주택 분양전환'은 법인인 임대주택사업자에 한정하여 임대기간이 완료되어 분양전환하는 주택인 경우에 ∨표시를 한다.

답 ④

제33회 출제

02 부동산 거래신고 등에 관한 법령상 부동산거래계약신고서 작성에 관한 설명으로 틀린 것은?

① 거래당사자가 외국인인 경우 거래당사자의 국적을 반드시 적어야 한다.
② '계약대상 면적'란에는 실제 거래면적을 계산하여 적되, 건축물 면적은 집합건축물의 경우 전용면적을 적는다.
③ '종전 부동산'란은 입주권 매매의 경우에만 작성한다.
④ '계약의 조건 및 참고사항'란은 부동산 거래계약 내용에 계약조건이나 기한을 붙인 경우, 거래와 관련한 참고내용이 있을 경우에 적는다.
⑤ 거래대상의 종류가 공급계약(분양)인 경우 물건별 거래가격 및 총 실제거래가격에 부가가치세를 제외한 금액을 적는다.

해설

⑤ 거래대상의 종류가 공급계약(분양)인 경우 물건별 거래가격 및 총 실제거래가격에 부가가치세를 '포함한' 금액을 적는다.

답 ⑤

제27회 출제

03 부동산거래신고에 관한 법령상 부동산거래계약신고서의 작성방법으로 옳은 것을 모두 고른 것은?

ㄱ. 입주권이 매매의 대상인 경우, 분양가격란에는 권리가격에 부가가치세액을 공제한 금액을 적는다.
ㄴ. 물건별 거래가격란에는 둘 이상의 부동산을 함께 거래하는 경우 각각의 부동산별 거래금액을 적는다.
ㄷ. 종전 부동산란은 입주권 매매의 경우에만 종전 부동산에 대해 작성한다.
ㄹ. 계약의 조건 또는 기한은 부동산 거래계약 내용에 계약조건이나 기한을 붙인 경우에만 적는다.

① ㄱ, ㄷ　② ㄴ, ㄹ　③ ㄱ, ㄴ, ㄹ
④ ㄴ, ㄷ, ㄹ　⑤ ㄱ, ㄴ, ㄷ, ㄹ

해설

최초 공급계약(분양) 또는 전매계약(분양권, 입주권)의 경우 분양가격, 발코니 확장 등 선택비용 및 추가지불액(프리미엄 등 분양가격을 초과 또는 미달하는 금액)을 각각 적는다. 이 경우 각각의 비용에 부가가치세가 있는 경우 부가가치세를 포함한 금액으로 적는다.

답 ④

4 출제 예상문제

01 부동산 거래신고 등에 관한 법령상 부동산거래계약신고서 작성방법으로 틀린 것은?

① 아파트 등 집합건물의 경우, 소재지는 지번에 동·호수까지 적는다.
② "물건별 거래가격"란에는 각각의 부동산별 거래가격을 적는다.
③ "종전 부동산"란은 분양권 매매의 경우에만 작성한다.
④ "임대주택 분양전환"은 법인인 임대주택사업자가 임대기한이 완료되어 분양전환하는 주택인 경우에 ✔표시를 한다.
⑤ 계약대상 면적에는 실제 거래면적을 계산하여 적되, 건축물 면적은 집합건축물의 경우 전용면적을 적는다.

해설 ✦ ③ 종전 부동산란은 입주권 매매의 경우에만 작성한다.

정답 ✦ ③

테마 **36**

주택 임대차 계약의 신고

1 출제예상과 학습포인트

✦ 기출횟수

32회, 34회

✦ 35회 출제 예상

출제가 예상된다.

✦ 35회 중요도

★★

✦ 학습범위

주택임대차계약의 신고대상 및 신고절차, 신고의제규정

✦ 학습방법

주택임대차계약의 신고대상의 함정체크가 필요하고, 신고의제규정을 정확히 숙지해야 한다.

✦ 핵심쟁점

❶ 주택임대차계약의 신고대상
❷ 주택임대차계약의 신고절차
❸ 신고의제규정

2 핵심 내용

❶ 신고대상

① 광역시, 경기도를 제외한 도의 군지역은 신고대상지역에서 제외된다.

② 보증금액이 6천만원을 초과하거나 월차임이 30만원을 초과하는 임대차계약의 경우에 신고대상에 해당한다.

③ 「주택임대차보호법」에 따른 주택의 임대차계약의 경우에 신고대상에 해당한다.

④ 주택을 취득할 수 있는 권리(분양권, 입주권)에 기초한 임대차계약의 경우에도 신고대상에 해당한다.

⑤ 계약을 갱신하는 경우로서 보증금 및 차임의 증감 없이 임대차 기간만 연장하는 계약은 제외한다.

❷ 신고기한 및 신고관청

① 계약체결일부터 30일 이내
② 주택소재지의 관할 신고관청(시장, 군수, 구청장)

❸ 주택임대차신고사항

① 임대차계약당사자의 인적사항
㉠ 자연인인 경우: 성명, 주소, 주민등록번호(외국인인 경우에는 외국인등록번호) 및 연락처
㉡ 법인인 경우: 법인명, 사무소 소재지, 법인등록번호 및 연락처
㉢ 법인 아닌 단체인 경우: 단체명, 소재지, 고유번호 및 연락처
② 임대차 목적물(주택을 취득할 수 있는 권리의 대상인 주택포함)의 소재지, 종류, 임대 면적 등 임대차 목적물 현황
③ 보증금 또는 월 차임
④ 계약 체결일 및 계약 기간
⑤ 「주택임대차보호법」 제6조의3에 따른 계약갱신요구권의 행사 여부(계약을 갱신한 경우만 해당한다)

❹ 신고절차 : 개업공인중개사는 신고의무가 없다.

① 임대차계약당사자는 주택에 대하여 대통령령으로 정하는 금액을 초과하는 임대차 계약을 체결한 경우 그 보증금 또는 차임 등 국토교통부령으로 정하는 사항을 임대차 계약의 체결일부터 30일 이내에 주택 소재지를 관할하는 신고관청에 공동으로 신고하여야 한다.
② 임대차계약당사자 중 일방이 신고를 거부하는 경우에는 국토교통부령으로 정하는 바에 따라 단독으로 신고할 수 있다.
③ 임대차계약당사자 중 일방이 국가등인 경우에는 국가등이 신고하여야 한다.
④ 신고관청은 그 신고 내용을 확인한 후 신고인에게 신고필증을 지체 없이 발급하여야 한다.
⑤ 신고관청은 신고사무에 대한 해당 권한의 일부를 그 지방자치단체의 조례로 정하는 바에 따라 읍·면·동장 또는 출장소장에게 위임할 수 있다.

❺ 주택 임대차 계약의 변경 및 해제 신고

① 임대차계약당사자는 임대차계약을 신고한 후 해당 주택 임대차 계약의 보증금, 차임 등 임대차 가격이 변경된 때에는 변경이 확정된 날부터 30일 이내에 해당 신고관청에 공동으로 신고하여야 한다.

② 임대차계약당사자는 임대차계약을 신고한 후 임대차 계약이 해제된 때에는 해제가 확정된 날부터 30일 이내에 해당 신고관청에 공동으로 신고하여야 한다.
③ 임대차계약당사자 중 일방이 신고를 거부하는 경우에는 국토교통부령으로 정하는 바에 따라 단독으로 신고할 수 있다.
④ 임대차계약당사자 중 일방이 국가등인 경우에는 국가등이 신고하여야 한다.
③ 변경 또는 해제신고를 받은 신고관청은 그 신고 내용을 확인한 후 신고인에게 신고필증을 지체 없이 발급하여야 한다.

❻ 다른 법률에 따른 신고 등의 의제

① 임차인이 임대차계약서 또는 임대차신고서를 제출하여 「주민등록법」에 따라 전입신고를 하는 경우 이 법에 따른 주택 임대차 계약의 신고를 한 것으로 본다.
② 「공공주택 특별법」, 「민간임대주택에 관한 특별법」에 따른 공공주택사업자, 임대사업자는 관련 법령에 따른 주택 임대차 계약의 신고 또는 변경신고를 하는 경우 이 법에 따른 주택 임대차 계약의 신고 또는 변경신고를 한 것으로 본다.
③ 임대차계약의 신고 또는 변경신고의 접수를 완료한 때에는「주택임대차보호법」 에 따른 확정일자를 부여한 것으로 본다(임대차계약서가 제출된 경우로 한정한다).

❼ 위반시 제재 : 100만원 이하의 과태료처분대상

① 주택임대차계약의 신고를 하지 아니하거나 그 신고를 거짓으로 한 경우
② 공동신고를 거부한 경우
③ 변경신고를 하지 아니하거나 그 신고를 거짓으로 한 경우
④ 해제등신고를 하지 아니하거나 그 신고를 거짓으로 한 경우

3 대표 기출문제

제34회 출제

01 甲이 서울특별시에 있는 자기 소유의 주택에 대해 임차인 乙과 보증금 3억원의 임대차계약을 체결하는 경우, 「부동산 거래신고 등에 관한 법률」에 따른 신고에 관한 설명으로 옳은 것을 모두 고른 것은? (단, 甲과 乙은 자연인임)

> ㄱ. 보증금이 증액되면 乙이 단독으로 신고해야 한다.
> ㄴ. 乙이「주민등록법」에 따라 전입신고를 하는 경우 주택 임대차 계약의 신고를 한 것으로 본다.
> ㄷ. 임대차계약서를 체출하면서 신고를 하고 접수가 완료되면「주택임대차보호법」에 따른 확정일자가 부여된 것으로 본다.

① ㄱ　② ㄴ　③ ㄱ, ㄴ　④ ㄴ, ㄷ　⑤ ㄱ, ㄴ, ㄷ

해설

ㄱ. 보증금이 증액되어 변경된 경우, 변경이 확정된 날부터 30일 이내에 甲과 乙이 공동으로 변경신고해야 한다.

답 ④

제32회 출제

02 개업공인중개사 甲이 A도 B시 소재의 X주택에 관한 乙과 丙간의 임대차계약 체결을 중개하면서 「부동산 거래신고 등에 관한 법률」에 따른 주택임대차계약의 신고에 관하여 설명한 내용의 일부이다. (　　)에 들어갈 숫자를 바르게 나열한 것은? (X주택은 「주택임대차보호법」의 적용대상이며, 乙과 丙은 자연인임)

> 보증금이 (ㄱ)천만원을 초과하거나 월 차임이 (ㄴ)만원을 초과하는 주택임대차계약을 신규로 체결한 계약당사자는 그 보증금 또는 차임 등을 임대차계약의 체결일부터 (ㄷ)일 이내에 주택 소재지를 관할하는 신고관청에 공동으로 신고해야 한다.

① ㄱ: 3, ㄴ: 30 ㄷ: 60
② ㄱ: 3, ㄴ: 50 ㄷ: 30
③ ㄱ: 6, ㄴ: 30 ㄷ: 30
④ ㄱ: 6, ㄴ: 30 ㄷ: 60
⑤ ㄱ: 6, ㄴ: 50 ㄷ: 60

해설

③ 보증금이 '6천만원'을 초과하거나 월 차임이 '30만원'을 초과하는 주택임대차계약을 신규로 체결한 계약당사자는 그 보증금 또는 차임 등을 임대차계약의 체결일부터 '30일' 이내에 주택 소재지를 관할하는 신고관청에 공동으로 신고해야 한다.

답 ③

4 출제 예상문제

01 **「부동산 거래신고 등에 관한 법률」에 따른 주택임대차계약의 신고대상에 해당하는 것을 모두 고른 것은?** (주택은 「주택임대차보호법」의 적용대상이며, 임차인은 자연인임)

ㄱ. 서울특별시에 소재하는 주거용 오피스텔에 대하여 보증금액 5천만원에 월 차임이 50만원인 임대차계약
ㄴ. 경기도 양평군에 소재하는 단독주택에 대하여 보증금 1천만원에 월 차임이 40만원인 임대차계약
ㄷ. 세종특별자치시에 소재하는 주택에 대하여 보증금 1억원에 임대차계약 후 보증금의 증감 없이 기간만 연장한 경우의 임대차갱신계약
ㄹ. 제주특별자치도 제주시에 소재하는 아파트의 분양권에 의한 보증금액 7천만원인 임대차계약

① ㄴ, ㄹ ② ㄱ, ㄹ ③ ㄱ, ㄴ ④ ㄱ, ㄴ, ㄹ ⑤ ㄱ, ㄴ, ㄷ, ㄹ

해설 ✦ ④ 계약갱신요구권을 행사하여 보증금 또는 차임의 증감 없이 계약기간만 연장한 경우에는 신고대상에서 제외된다.

정답 ✦ ④

02 부동산거래신고 등에 관한 법령상 주택임대차계약의 신고에 관한 설명 중 틀린 것은?

① 신고대상인 주택은 「주택임대차보호법」 제2조에 따른 주택을 말하며, 주택을 취득할 수 있는 권리를 포함한다.

② 신고대상 지역 중 군지역은 경기도의 관할구역에 있는 군으로 한정한다.

③ 계약을 갱신하는 경우로서 보증금 및 차임의 증감 없이 임대차 기간만 연장하는 계약은 신고대상에서 제외한다.

④ 임대차계약당사자의 위임을 받은 사람은 임대차신고서등의 작성·제출 및 정정신청을 대행할 수 있다.

⑤ 주택 임대차 계약의 임차인은 주택 임대차 계약서를 제출하여 「주민등록법」에 따른 전입신고를 하는 경우에는 주택임대차 계약의 신고를 한 것으로 본다.

해설 ✦ **[신고대상 지역]**

특별자치시, 특별자치도, 시·군(광역시 및 경기도의 관할구역에 있는 군에 한정한다.)·구(자치구)이므로 경상남·북도, 전라남·북도, 충청남·북도, 강원도의 관할구역에 있는 군지역에서 보증금액이 6천만원을 초과하거나 월차임이 30만원을 초과하는 임대차계약의 경우라 하더라도 신고대상에 해당하지 않는다.

정답 ✦ ②

테마 37

외국인 등의 부동산 취득 등에 관한 특례

1 출제예상과 학습포인트

✦ 기출횟수

26회, 27회, 28회, 29회, 30회, 31회, 32회, 33회, 34회

✦ 35회 출제 예상

출제가 예상된다.

✦ 35회 중요도

★★★

✦ 학습범위

외국인 등의 정의, 신고대상별 신고기한, 허가대상 구역 및 허가절차

✦ 학습방법

신고절차와 허가절차상 함정체크가 필수적이다.

✦ 핵심쟁점

❶ 신고절차

❷ 허가절차

2 핵심 내용

▷ 외국인 등의 부동산 등의 취득방법

구분		신고기간	신고관청	위반에 대한 제재
신고제	계약	• 계약체결일부터 60일 이내	신고관청 (부동산 소재지 관할 시장·군수·구청장)	300만원 이하 과태료
	계약 외원인	• 취득한 날부터 6개월 이내		100만원 이하 과태료
	계속보유	• 변경된 날부터 6개월 이내		100만원 이하 과태료
허가제 군사·문화·유산 생물·생태		• 사전허가 – 효력규정 • 무허가계약 – 무효 • 15일 이내 허가여부 통보		2년 이하의 징역 또는 2천만원 이하의 벌금

❶ 외국인등의 부동산 취득·보유 신고(법제8조)

① 계약의 방법으로 인한 신고

㉠ 외국인등이 대한민국 안의 부동산등을 취득하는 계약(부동산등의 거래신고대상인 매매계약은 제외한다)을 체결하였을 때에는 계약(체결일부터) (60일) 이내에 신고관청에 신고하여야 한다.

㉡ 부동산등의 취득신고서에 서명 또는 날인한 후 증여의 경우 증여계약서를 첨부하여야 한다. (전자문서를 접수하는 방법으로 제출할 수 있다.)

㉢ 이 경우 신고를 하지 아니하거나 거짓으로 신고한 자에게는 300만원 이하의 과태료를 부과한다.

② 계약 외의 원인으로 인한 신고

㉠ 외국인등이 ㉮상속 ㉯경매,「공익사업을 위한 토지 등의 취득 및 보상에 관한 법률」 및 그 밖의 법률에 따른 ㉰환매권의 행사, ㉱법원의 확정판결, ㉲법인의 합병, ㉳건축물의 신축·증축·개축·재축으로 대한민국 안의 부동산등을 취득한 때에는 부동산등을 (취득한 날)부터 (6개월) 이내에 신고관청에 신고하여야 한다. (전자문서를 접수하는 방법으로 제출할 수 있다.)

㉡ 이 경우 토지의 취득신고를 하지 아니하거나 거짓으로 신고한 자에게는 100만원 이하의 과태료를 부과한다.

③ 계속보유신고

㉠ 대한민국 안의 부동산등을 가지고 있는 대한민국국민이나 대한민국의 법령에 따라 설립된 법인 또는 단체가 외국인등으로 변경된 경우 그 외국인등이 해당 부동산등을 계속보유하려는 경우에는 외국인등으로 변경된 날부터 (6개월) 이내에 신고관청에 신고하여야 한다.

㉡ 이 경우 토지의 계속보유 신고를 하지 아니하거나 거짓으로 신고한 자에게는 100만원 이하의 과태료를 부과한다.

④ 신고서의 제출대행 : 전자문서제출×

외국인 등의 위임을 받은 사람은 외국인 부동산등 취득·계속보유 신고서의 작성 및 제출을 대행할 수 있다.

⑤ 신고확인증 발급

외국인 부동산등 취득·계속보유신고를 받은 신고관청은 제출된 첨부서류를 확인한 후 외국인 부동산등 취득·계속보유 신고확인증을 발급하여야 한다.

❷ 외국인등의 토지거래 허가(법제9조)

① 외국인등이 취득하려는 토지가 다음에 해당하는 구역·지역 등에 있으면 토지취득계약을 체결하기 전에 신고관청으로부터 토지취득의 허가를 받아야 한다.

② 다만, 외국인 등이 토지거래계약허가구역에서의 토지거래계약에 관한 허가를 받은 경우에는 별도로 허가를 받지 않아도 된다.

㉠ 「군사기지 및 군사시설 보호법」에 따른 군사기지 및 군사시설 보호구역, 국방목적상 필요한 섬 지역으로서 국토교통부장관이 국방부장관 등 관계 중앙행정기관의 장과 협의하여 고시하는 지역

㉡ 「문화재보호법」에 따른 지정문화재와 이를 위한 보호물 또는 보호구역

㉢ 「자연유산의 보존 및 활용에 관한 법률」에 따라 지정된 천연기념물·명승 및 시·도자연유산과 이를 위한 보호물 또는 보호구역

㉣ 「야생생물 보호 및 관리에 관한 법률」에 따른 야생생물 특별보호구역

㉤ 「자연환경보전법」에 따른 생태·경관보전지역

③ **허가 등 처분** : 외국인 토지 취득 허가신청서를 받은 신고관청은 신청서를 받은 날부터 15일 이내에 허가 또는 불허가 처분을 하여야 한다.

④ **허가증 발급** : 외국인등의 토지취득허가신청을 받은 신고관청은 제출된 첨부서류(전자문서로 제출할 수 있다.)를 확인한 후 외국인 토지취득 허가증을 발급하여야 한다.

⑤ **신고내용 및 허가내용의 제출**

㉠ 신고관청은 외국인등의 부동산등의 취득신고에 따른 신고내용 및 토지취득허가내용을 매 분기 종료일부터 1개월이내에 특별시장·광역시장·도지사 또는 특별자치도지사에게 제출(「전자서명법」에 따른 전자문서에 의한 제출을 포함한다)하여야 한다. 다만, 특별자치시장은 직접 국토교통부장관에게 제출하여야 한다.

㉡ 외국인등의 부동산등의 취득신고에 따른 신고내용 및 토지취득 허가내용을 제출받은 특별시장·광역시장·도지사 또는 특별자치도지사는 제출받은 날부터 1개월이내에 그 내용을 국토교통부장관에게 제출하여야 한다.

⑥ **허가규정 위반시 계약의 효력 및 제재**

㉠ 외국인 등이 토지거래허가를 받지 아니하고 체결한 토지취득계약은 그 효력이 발생하지 아니한다.

㉡ 2년 이하의 징역 또는 2천만원 이하의 벌금
취득허가를 받지 아니하고 토지취득계약을 체결하거나 부정한 방법으로 허가를 받아 토지취득계약을 체결한 외국인등

3 대표 기출문제

제34회 출제

01 부동산 거래신고 등에 관한 법령상 국내 토지를 외국인이 취득하는 것에 관한 설명이다. ( )에 들어갈 숫자로 옳은 것은? (단, 상호주의에 따른 제한은 고려하지 않음)

> • 외국인이 토지를 매수하는 계약을 체결하면 계약체결일부터 (ㄱ)일 이내에 신고해야 한다.
> • 외국인이 토지를 증여받는 계약을 체결하면 계약체결일부터 (ㄴ)일 이내에 신고해야 한다.
> • 외국인이 토지를 상속받으면 취득일부터 (ㄷ)개월 이내에 신고해야 한다.

① ㄱ: 30, ㄴ: 30, ㄷ: 3
② ㄱ: 30, ㄴ: 30, ㄷ: 6
③ ㄱ: 30, ㄴ: 60, ㄷ: 6
④ ㄱ: 60, ㄴ: 30, ㄷ: 3
⑤ ㄱ: 60, ㄴ: 60, ㄷ: 6

해설

이외에도 대한민국 국민이 외국인으로 변경된 경우에도 그 국적이 변경된 날부터 (6)개월 이내에 신고해야 한다.

답 ③

제31회 출제

02 부동산 거래신고 등에 관한 법령상 외국인 등의 부동산 취득 등에 관한 설명으로 옳은 것을 모두 고른 것은?

ㄱ. 국제연합도 외국인 등에 포함된다.
ㄴ. 외국인 등이 대한민국 안의 부동산에 대한 매매계약을 체결하였을 때에는 계약체결일부터 60일 이내에 신고관청에 신고하여야 한다.
ㄷ. 외국인이 상속으로 대한민국 안의 부동산을 취득한 때에는 부동산을 취득한 날부터 1년 이내에 신고관청에 신고하여야 한다.
ㄹ. 외국인이 「수도법」에 따른 상수원보호구역에 있는 토지를 취득하려는 경우 토지취득계약을 체결하기 전에 신고관청으로부터 토지취득의 허가를 받아야 한다.

① ㄱ　② ㄱ, ㄹ　③ ㄴ, ㄷ　④ ㄱ, ㄴ, ㄹ　⑤ ㄱ, ㄴ, ㄷ, ㄹ

해설

ㄴ. 외국인 등이 매매계약을 체결하였을 때에는 계약체결일부터 '30일' 내에 신고관청에 신고하여야 한다.
ㄷ. 상속으로 부동산을 취득한 때에는 부동산을 취득한 날부터 6개월 내에 신고관청에 신고하여야 한다.
ㄹ. 「수도법」에 따른 상수원보호구역은 외국인 등의 허가대상토지가 아니다.

답 ①

4 출제 예상문제

01 개업공인중개사가 대한민국 내의 부동산 등을 취득하고자 하는 외국인에게 부동산거래신고 등에 관한 법령을 설명한 내용 중 옳은 것은?

① 토지매매계약을 체결하고 부동산거래신고를 한 때에도 계약 체결일부터 60일 이내에 시장·군수 또는 구청장에게 신고해야 한다.

② 경매로 취득한 때에는 그 취득일부터 60일 이내에 시장·군수 또는 구청장에게 신고해야 한다.

③ 외국인이 대한민국에 소재하는 건물에 대한 저당권을 취득하는 경우에는 부동산 거래신고 등에 관한 법률이 적용될 여지가 없다.

④ 외국의 법령에 따라 설립된 법인이 자본금의 2분의 1 미만을 가지고 있는 법인은 외국인 등에 해당하지 않는다.

⑤ 외국인이 부동산 등의 취득신고를 하지 아니한 경우에는 벌금형의 대상이 된다.

해설 ✦ ③ 부동산거래신고 등에 관한 법령상 외국인 등은 주택임대차계약의 경우를 제외하고는 부동산등의 소유권을 취득하는 경우에만 신고 또는 허가대상이 된다.
따라서 지역권·지상권·전세권·저당권 등을 취득하는 경우에는 신고 또는 허가절차를 거치지 않고 취득할 수 있다.

① 외국인 등이 부동산거래신고를 한 경우에는 별도로 신고의무가 없다.

② 경매로 취득하는 경우 취득일부터(매각대금납부일부터) 6개월이내에 신고해야 한다.

④ 외국의 법령에 따라 설립된 법인인 경우에는 구성원 또는 사원, 임원, 의결권, 자본금액에 관계없이 외국법인에 해당한다.

⑤ ㉠ 증여계약의 경우 300만원 이하의 과태료
㉡ 상속·경매·판결·환매권행사·법인의 합병·건축물의 건축행위의 경우 100만원 이하의 과태료
㉢ 계속보유의 경우 100만원 이하의 과태료

정답 ✦ ③

02 부동산 거래신고 등에 관한 법령상 외국인등의 부동산 취득에 관한 설명으로 옳은 것을 모두 고른 것은? (단, 법 제7조에 따른 상호주의는 고려하지 않음)

ㄱ. 국제연합의 전문기구가 경매로 대한민국 안의 부동산 등을 취득한 때에는 매각대금을 납부한 날부터 6개월 이내에 신고관청에 신고하여야 한다.
ㄴ. 외국정부가 건축물의 개축을 원인으로 대한민국 안의 부동산을 취득한 때에는 취득한 날부터 6개월 이내에 신고관청에 취득신고를 해야 한다.
ㄷ. 「군사기지 및 군사시설 보호법」에 따른 군사기지 및 군사시설 보호구역 안의 토지를 외국인 등은 신고관청으로부터 사전에 허가를 받아 취득할 수 있다.
ㄹ. 외국인 등이 허가 없이 「자연환경보전법」에 따른 생태·경관보전지역 안의 토지를 취득하는 계약을 체결한 경우 그 계약은 효력이 발생하지 않는다.

① ㄱ, ㄷ ② ㄱ, ㄹ ③ ㄱ, ㄴ, ㄹ
④ ㄴ, ㄷ, ㄹ ⑤ ㄱ, ㄴ, ㄷ, ㄹ

해설 ✦ ㄱ, ㄴ 경매 등 계약외의 원인 : 취득한 날부터 6개월이내 신고
ㄷ, ㄹ : 허가대상 구역, 지역의 경우 계약을 체결하기 전에 신고관청 으로부터 허가받아야 한다.

정답 ✦ ⑤

테마 38 토지거래계약 허가구역의 지정 등 (법 제10조)

1 출제예상과 학습포인트

✦ 기출횟수

29회, 31회, 32회, 33회, 34회

✦ 35회 출제 예상

출제가 예상된다.

✦ 35회 중요도

★★★

✦ 학습범위

토지거래허가구역의 지정절차, 기준면적, 허가대상계약 및 특례여부

✦ 학습방법

토지거래허가구역의 지정절차상 함정체크가 필요하고, 허가대상 기준면적과 허가대상계약의 암기가 필요하다.

✦ 핵심쟁점

❶ 토지거래허가구역의 지정절차
❷ 허가대상계약, 기준면적
❸ 허가특례

2 핵심 내용

❶ 토지거래허가구역의 지정

① **지정권자 및 기간** : 국토교통부장관 또는 시·도지사는 국토의 이용 및 관리에 관한 계획의 원활한 수립과 집행, 합리적인 토지 이용 등을 위하여 토지의 투기적인 거래가 성행하거나 지가(地價)가 급격히 상승하는 지역과 그러한 우려가 있는 지역으로서 대통령령으로 정하는 지역에 대해서는 다음의 구분에 따라 5년 이내의 기간을 정하여 토지거래계약에 관한 허가구역("허가구역")으로 지정할 수 있다.

② **특정지정** : 국토교통부장관 또는 시·도지사는 대통령령으로 정하는 바에 따라 허가대상자(외국인등을 포함한다.), 허가대상 용도와 지목 등을 특정하여 허가구역을 지정할 수 있다.

③ 공고 및 통지 : 국토교통부장관 또는 시·도지사는 허가구역으로 지정한 때에는 지체 없이 허가대상자, 허가대상 용도와 지목 등 대통령령으로 정하는 사항을 공고하고, 그 공고 내용을 국토교통부장관은 시·도지사를 거쳐 시장·군수 또는 구청장에게 통지하고, 시·도지사는 국토교통부장관, 시장·군수 또는 구청장에게 통지하여야 한다.

㉠ 허가구역이 둘 이상의 시·도의 관할 구역에 걸쳐 있는 경우: 국토교통부장관이 지정

㉡ 허가구역이 동일한 시·도 안의 일부지역인 경우: 시·도지사가 지정.

④ 허가구역 지정대상지역

㉠ 「국토의 계획 및 이용에 관한 법률」에 따른 광역도시계획, 도시·군기본계획, 도시·군관리계획 등 토지이용계획이 새로 수립되거나 변경되는 지역

㉡ 법령의 제정·개정 또는 폐지나 그에 따른 고시·공고로 인하여 토지이용에 대한 행위제한이 완화되거나 해제되는 지역

㉢ 법령에 따른 개발사업이 진행 중이거나 예정되어 있는 지역과 그 인근지역

❷ 지정절차 : 심의 ⇨ 지정·공고 ⇨ (시·군·구청장에게)통지 ⇨ (시·군·구청장이) 관할 등기소장에게 통지 ⇨ (시·군·구청장) 공고(7일 이상) 및 열람(15일간)

① 국토교통부장관이 지정하는 경우

㉠ 지정 : 토지거래허가구역을 지정하려면 「국토의 계획 및 이용에 관한 법률」에 따른 중앙도시계획위원회의 심의를 거쳐야 한다.

㉡ 재지정 : 지정기간이 끝나는 허가구역을 계속하여 다시 허가구역으로 지정(재지정)하려면 국토부장관은 중앙도시계획위원회의 심의 전에 미리 시·도지사 및 시장·군수 또는 구청장의 의견을 들어야 한다.

㉢ 통지 : 허가구역으로 지정한 때에는 지체 없이 허가대상자, 허가대상 용도와 지목 등 대통령령으로 정하는 사항을 공고하고, 그 공고 내용을 시·도지사를 거쳐 시장·군수 또는 구청장에게 통지하여야 한다.

② 시·도지사가 지정하는 경우

㉠ 지정 : 시·도도시계획위원회의 심의를 거쳐야 한다.

㉡ 재지정 : 다만, 지정기간이 끝나는 허가구역을 계속하여 다시 허가구역으로 지정(재지정)하려면 시·도도시계획위원회의 심의 전에 미리 시장·군수 또는 구청장의 의견을 들어야 한다.

㉢ 통지 : 허가구역으로 지정한 때에는 지체 없이 허가대상자, 허가대상 용도와 지목 등 대통령령으로 정하는 사항을 공고하고, 그 공고 내용을 국토교통부장관, 시장·군수 또는 구청장에게 통지하여야 한다.

③ **지정공고내용의 통지 및 열람** : 공고내용을 통지를 받은 시장·군수 또는 구청장은 지체 없이 그 공고내용을 그 허가구역을 관할하는 등기소의 장에게 통지하여야 하며, 지체 없이 그 사실을 7일 이상 공고하고, 그 공고 내용을 15일간 일반이 열람할 수 있도록 하여야 한다.

④ **지정해제 및 지정구역의 축소** : 심의 ⇨ 공고 ⇨ (시·군·구청장에게)통지 ⇨ 등기소장에게 통지
국토교통부장관 또는 시·도지사는 허가구역의 지정 사유가 없어졌다고 인정되거나 관계 시·도지사, 시장·군수 또는 구청장으로부터 받은 허가구역의 지정 해제 또는 축소 요청이 이유 있다고 인정되면 지체 없이 허가구역의 지정을 해제하거나 지정된 허가구역의 일부를 축소하여야 한다.

❸ 지정공고사항 및 효력발생

① **지정공고사항**

㉠ 토지거래계약에 관한 허가구역의 지정기간

㉡ 허가구역 내 토지의 소재지·지번·지목·면적 및 용도지역(「국토의 계획 및 이용에 관한 법률」에 따른 용도지역)

㉢ 허가구역에 대한 축척 5만분의 1 또는 2만5천분의 1의 지형도

㉣ 허가 면제 대상 토지면적

② **지정효력발생** : 허가구역의 지정은 허가구역의 지정을 공고한 날부터 5일 후에 그 효력이 발생한다.

❹ 토지거래허가구역내 토지거래허가대상

① 허가구역에 있는 토지에 관한 소유권·지상권(소유권·지상권의 취득을 목적으로 하는 권리를 포함)을 이전하거나 설정(대가를 받고 이전하거나 설정하는 경우만 해당)하는 토지거래계약(예약 포함.)을 체결하려는 당사자는 공동으로 시장·군수 또는 구청장의 허가를 받아야 한다. 허가받은 사항을 변경하려는 경우에도 또한 허가를 받아야 한다.

㉠ 법정의 기준면적을 초과하는 토지 : × 기준면적 이하의 토지, 건물만 취득

㉡ 소유권·지상권 : ×전세권, 저당권, 임차권 등

㉢ 유상설정·이전계약 : × 상속, 경매, 공용징수, 증여

㉣ 예약인 경우도 포함 : 본등기뿐만 아니라 가등기인 경우도 포함

② 경제 및 지가의 동향과 거래단위면적 등을 종합적으로 고려하여 용도지역별 기준면적 이하의 토지에 대한 토지거래계약에 관하여는 허가가 필요하지 아니하다.

③ 토지거래계약을 체결하려는 당사자 또는 그 계약의 대상이 되는 토지가 지정공고된 사항에 해당하지 아니하는 경우 허가가 필요하지 아니하다.

③ 토지거래계약허가대상 토지면적 등

다만, 국토교통부장관 또는 시·도지사가 허가구역을 지정할 당시 해당 지역에서의 거래실태 등을 고려하여 다음의 면적으로 하는 것이 타당하지 아니하다고 인정하여 해당 기준면적의 10퍼센트 이상 300퍼센트 이하의 범위에서 따로 정하여 공고한 경우에는 그에 따른다.

㉠ 「국토의 계획 및 이용에 관한 법률」에 따른 도시지역

ⓐ 주거지역: 60제곱미터 초과

ⓑ 상업지역: 150제곱미터 초과

ⓒ 공업지역: 150제곱미터 초과

ⓓ 녹지지역: 200제곱미터 초과

ⓔ 용도지역의 지정이 없는 구역: 60제곱미터 초과

㉡ 도시지역 외의 지역: 250제곱미터 초과.

다만, 농지(「농지법」에 따른 농지)의 경우에는 500제곱미터 초과로 하고, 임야의 경우에는 1천제곱미터 초과로 한다.

3 대표 기출문제

제34회 출제

01 부동산 거래신고 등에 관한 법령상 토지거래허가구역 등에 관한 설명으로 틀린 것은? (단, 거래당사자는 모두 대한민국 국적의 자연인임)

① 허가구역의 지정은 그 지정을 공고한 날부터 7일 후에 그 효력이 발생한다.

② 허가구역에 있는 토지거래에 대한 처분에 이의가 있는 자는 그 처분을 받은 날부터 1개월 이내에 시장·군수 또는 구청장에게 이의를 신청할 수 있다.

③ 허가구역에 있는 토지에 관하여 사용대차계약을 체결하는 경우에는 토지거래허가를 받을 필요가 없다.

④ 허가관청은 허가신청서를 받은 날부터 15일 이내에 허가 또는 불허가 처분을 하여야 한다.

⑤ 허가신청에 대하여 불허가처분을 받은 자는 그 통지를 받은 날부터 1개월 이내에 시장·군수 또는 구청장에게 해당 토지에 관한 권리의 매수를 청구할 수 있다.

해설

허가구역에 있는 토지에 관하여 소유권, 지상권 설정 및 이전에 관한 유상계약의 경우에 허가를 받아야 하고, 저당권, 지역권, 전세권, 임대차, 사용대차계약을 체결하는 경우에는 토지거래허가를 받을 필요가 없다.

답 ③

제32회 출제

02 부동산 거래신고 등에 관한 법령상 토지거래허가구역(이하 '허가구역'이라 함)**에 관한 설명으로 옳은 것은?**

① 시·도지사는 법령의 개정으로 인해 토지이용에 대한 행위제한이 강화되는 지역을 허가구역으로 지정할 수 있다.

② 토지의 투기적인 거래 성행으로 지가가 급격히 상승하는 등의 특별한 사유가 있으면 5년을 넘는 기간으로 허가구역을 지정할 수 있다.

③ 허가구역 지정의 공고에는 허가구역에 대한 축척 5만분의 1또는 2만 5천분의 1의 지형도가 포함되어야 한다.

④ 허가구역을 지정한 시·도지사는 지체 없이 허가구역 지정에 관한 공고내용을 관할 등기소장에게 통지해야 한다.

⑤ 허가구역 지정에 이의가 있는 자는 그 지정이 공고된 날부터 1개월 내에 시장·군수·구청장에게 이의를 신청할 수 있다.

해설

① 법령의 개정으로 인해 토지이용에 대한 행위제한이 '완화'되는 지역을 허가구역으로 지정할 수 있다.
② 토지거래허가구역은 5년 이내에 기간을 정하여 지정할 수 있다.
④ 시장·군수·구청장이 등기소장에게 통지한다.
⑤ 토지거래허가구역 지정에 대한 이의제기 규정은 없고, 허가관청의 허가·불허가처분에 대한 이의신청을 1개월 내에 할 수 있다.

답 ③

4 출제 예상문제

01 부동산거래신고 등에 관한 법령상 토지거래계약의 허가 등에 관한 설명으로 틀린 것은?

① 시장·군수 또는 구청장은 이행명령을 받은 자가 그 명령을 이행하는 경우에도 그 명령을 이행하기 전에 이미 부과된 이행강제금은 징수하여야 한다.

② 시장·군수 또는 구청장은 토지거래계약허가를 받은 자가 그 토지를 허가받은 목적대로 이용하지 아니한 경우 토지거래계약 허가를 취소할 수 있다.

③ 시·도지사는 지정기간이 끝나는 허가구역을 계속하여 다시 허가구역으로 지정하려면 시·도 도시계획위원회의 심의 전에 미리 시장·군수 또는 구청장의 의견을 들어야 한다.

④ 도시·군관리계획 등 토지이용계획이 새로이 수립되는 지역은 토지의 투기적 거래나 지가의 급격한 상승이 우려되지 않아도 토지거래허가구역으로 지정할 수 있다.

⑤ 토지거래계약허가 또는 변경허가를 받지 아니하고 토지거래 계약을 체결한 자는 포상금지급사유에 해당한다.

해설 ✦ ④ 국토교통부장관 또는 시·도지사는 국토의 이용 및 관리에 관한 계획의 원활한 수립과 집행, 합리적인 토지 이용 등을 위하여 토지의 투기적인 거래가 성행하거나 지가(地價)가 급격히 상승하는 지역과 그러한 우려가 있는 지역으로서 (5년) 이내의 기간을 정하여 토지거래계약에 관한 허가구역으로 지정할 수 있다.

정답 ✦ ④

02 부동산거래신고 등에 관한 법령상 토지거래계약허가 제도와 관련된 설명으로 옳은 것은?

① 시장·군수 또는 구청장은 이행명령이 정하여진 기간에 이행되지 아니한 경우에는 토지 취득가액의 100분의 20의 범위에서 이행강제금을 부과한다.

② 국토교통부장관이 일정지역에 토지거래허가구역을 지정하면서 허가를 받지 않아도 되는 면적을 부동산거래신고 등에 관한 법률에서 제시하고 있는 기준면적의 200%로 정했다면, 주거지역에서 허가받지 않고도 토지거래를 할 수 있는 면적은 150㎡이하이다.

③ 토지거래계약허가신청서를 받은 허가관청은 신청서를 받은 날부터 30일 이내에 허가·변경허가 또는 불허가 처분을 하여야 한다.

④ 지정공고내용을 통지를 받은 시장·군수 또는 구청장은 지체 없이 그 사실을 7일 이상 공고하고, 그 공고 내용을 15일간 일반이 열람할 수 있도록 하여야 한다.

⑤ 농지에 대하여 토지거래계약 허가를 받은 경우에도 「농지법」에 따른 농지취득자격증명을 발급받아야 소유권이전등기를 할 수 있다.

해설 ✦ ① 토지 취득가액의 100분의 10의 범위에서 이행강제금을 부과한다.

② 「국토의 계획 및 이용에 관한 법률」에 따른 도시지역 중 주거지역의 경우 기준면적이 60제곱미터이고 200%이므로 120제곱미터이하는 허가를 받을 필요가 없다.

③ 토지거래계약허가신청서 또는 변경허가신청서를 받은 허가관청은 지체 없이 필요한 조사를 하고 신청서를 받은 날부터 15일 이내에 허가·변경허가 또는 불허가 처분을 하여야 한다.

⑤ 토지거래허가를 받은 경우 농지법상 농지취득자격증명을 받은 것으로 본다.

정답 ✦ ④

테마 39

토지거래계약 허가절차 등

1 출제예상과 학습포인트

✦ 기출횟수

28회, 30회, 31회, 32회, 33회

✦ 35회 출제 예상

출제가 예상된다.

✦ 35회 중요도

★★★

✦ 학습범위

토지거래허가 절차, 토지이용의무기간, 이의신청, 이행강제금, 제재

✦ 학습방법

토지거래허가 절차상 함정체크가 필수적이고, 허가·불허가에 대한 이의신청절차, 이용의무 및 이용기간, 이행강제금 부과사유 및 금액과 이의제기절차를 학습해야 한다.

✦ 핵심쟁점

❶ 토지거래허가 절차
❷ 허가처분시 이용의무기간 및 위반시 제재
❸ 불허가처분시의 매수청구절차
❹ 위반시 제재

2 핵심 내용

❶ 토지거래허가신청

① **허가신청** : 허가를 받으려는 자는 그 허가신청서에 계약내용과 그 토지의 이용계획, 취득자금 조달계획 등을 적어 시장·군수 또는 구청장에게 제출하여야 한다. 다만, 시장·군수 또는 구청장에게 제출한 취득자금 조달계획이 변경된 경우에는 취득토지에 대한 등기일까지 시장·군수 또는 구청장에게 그 변경 사항을 제출할 수 있다.

㉠ 당사자의 성명 및 주소(법인인 경우에는 법인의 명칭 및 소재지와 대표자의 성명 및 주소)(×개업공인중개사)

㉡ 토지의 지번·지목·면적·이용현황 및 권리설정현황

㉢ 토지의 정착물인 건축물·공작물 및 입목 등에 관한 사항

㉣ 이전 또는 설정하려는 권리의 종류

㉤ 계약예정금액

㉥ 토지의 이용에 관한 계획

㉦ 토지를 취득(토지에 관한 소유권·지상권 또는 소유권·지상권의 취득을 목적으로 하는 권리를 이전하거나 설정하는 것을 말한다. 이하 같다)하는 데 필요한 자금조달계획

② **첨부서류** : 토지거래계약의 허가를 받으려는 자는 공동으로 허가신청서에 국토교통부령으로 정하는 서류를 첨부하여 허가관청에 제출하여야 한다. 이 경우 허가신청서는 전자문서를 접수하는 방법으로 제출할 수 있다.

[허가신청서에 첨부할 서류(전자문서로 제출할 수 있다.)]

㉠ 법령이 정하는 사항이 기재된 토지이용계획서(「농지법」에 따라 농지취득자격증명을 발급받아야 하는 농지의 경우에는 농업경영계획서)

㉡ 토지취득자금조달계획서

③ 토지거래계약허가신청서 또는 변경허가신청서를 받은 허가관청은 지체 없이 필요한 조사를 하고 신청서를 받은 날부터 15일 이내에 허가·변경허가 또는 불허가 처분을 하여야 한다.

④ 처리기간에 허가증의 발급 또는 불허가처분 사유의 통지가 없거나 선매협의 사실의 통지가 없는 경우에는 그 기간이 끝난 날의 다음날에 토지거래허가가 있는 것으로 본다. 이 경우 시장·군수 또는 구청장은 지체 없이 신청인에게 허가증을 발급하여야 한다.

❷ 토지거래계약에 관한 특례 등 : 토지거래허가규정을 적용하지 아니한다.

① 「공익사업을 위한 토지 등의 취득 및 보상에 관한 법률」에 따른 토지의 수용

② 「민사집행법」에 따른 경매

③ 법 제9조(외국인등의 토지거래 허가)에 따라 외국인등이 토지취득의 허가를 받은 경우

④ 국세 및 지방세의 체납처분 또는 강제집행을 하는 경우

❸ 토지거래허가받은 경우 다른 법률에 따른 인가·허가 등의 의제 등

① 농지에 대하여 토지거래계약 허가를 받은 경우에는 「농지법」에 따른 농지취득자격증명을 받은 것으로 본다. (×농지전용허가)
② 토지거래계약허가증을 발급받은 경우에는 「부동산등기 특별조치법」에 따른 검인을 받은 것으로 본다.
③ 토지거래계약 허가를 받은 경우에도 이법에 따른 부동산거래신고는 하여야 한다.

❹ 무허가계약의 효력 및 제재

① 토지거래허가를 받지 아니하고 체결한 토지거래계약은 그 효력이 발생하지 아니한다.
② 토지거래허가 또는 변경허가를 받지 아니하고 토지거래계약을 체결하거나, 속임수나 그 밖의 부정한 방법으로 토지거래계약 허가를 받은 자는 2년 이하의 징역 또는 계약 체결 당시의 개별공시지가에 따른 해당 토지가격의 100분의 30에 해당하는 금액 이하의 벌금에 처한다.

❺ 토지 이용에 관한 의무 등

① 토지거래계약을 허가받은 자는 대통령령으로 정하는 사유가 있는 경우 외에는 5년의 범위에서 그 토지를 허가받은 목적대로 이용하여야 한다.
㉠ 2년
ⓐ 자기의 거주용 주택용지로 이용하려는 경우
ⓑ 허가구역을 포함한 지역의 주민을 위한 복지시설 또는 편익시설로서 관할 시장·군수 또는 구청장이 확인한 시설의 설치에 이용하려는 경우
ⓒ 허가구역에 거주하는 농업인·임업인·어업인 또는 대통령령으로 정하는 자가 그 허가구역에서 농업·축산업·임업 또는 어업을 경영하기 위하여 필요한 경우
ⓓ 농지법에 따른 농지외의 토지를 공익사업용으로 협의양도하거나 수용된 자가 그 협의양도 또는 수용된 날부터 3년 이내에 당해 토지거래허가구역안에서 종전 토지가액이하의 가격으로 대체토지를 취득하려는 경우
㉡ 4년
ⓐ 「공익사업을 위한 토지 등의 취득 및 보상에 관한 법률」이나 그 밖의 법률에 따라 토지를 수용하거나 사용할 수 있는 사업을 시행하는 자가 그 사업을 시행하기 위하여 필요한 경우
ⓑ 허가구역을 포함한 지역의 건전한 발전을 위하여 필요하고 관계 법률에 따라 지정된 지역·지구·구역 등의 지정목적에 적합하다고 인정되는 사업을 시행하는 자나 시행하려는 자가 그 사업에 이용하려는 경우

ⓒ 분양을 목적으로 허가를 받은 토지의 개발에 착수한 후 토지취득일부터 4년이내에 분양을 완료한 경우에는 분양을 완료한 때 4년이 지난 것으로 본다.

㉢ 5년

관계법령의 규정에 의하여 건축물이나 공작물의 설치행위가 금지된 토지에 대하여 현상보존의 목적으로 토지를 취득하기 위하여 허가를 받은 경우 : 5년

② 시장·군수 또는 구청장은 토지거래계약을 허가받은 자가 허가받은 목적대로 이용하고 있는지를 조사하여야 한다.

❻ 이행강제금 : 이용의무위반 ➠이행명령 ➠이행강제금부과

① 시장·군수 또는 구청장은 토지의 이용 의무를 이행하지 아니한 자에 대하여는 상당한 기간을 정하여 토지의 이용 의무를 이행하도록 명할 수 있다. 다만, 「농지법」 위반하여 이행강제금을 부과한 경우에는 이용 의무의 이행을 명하지 아니할 수 있다. 이 경우 이행명령은 문서로 하여야 하며, 이행기간은 3개월 이내로 정하여야 한다.

② 허가관청은 이행강제금을 부과하기 전에 이행기간 내에 이행명령을 이행하지 아니하면 이행강제금을 부과·징수한다는 뜻을 미리 문서로 계고(戒告)하여야 한다.

③ 시장·군수 또는 구청장은 이행명령이 정하여진 기간에 이행되지 아니한 경우에는 토지 취득가액(실제 거래가격)의 100분의 10의 범위에서 이행강제금을 부과한다.

㉠ 당초의 목적대로 이용하지 아니하고 방치한 경우: 100분의 10에 상당하는 금액

㉡ 직접 이용하지 아니하고 임대한 경우: 100분의 7에 상당하는 금액

㉢ 허가관청의 승인 없이 당초의 이용목적을 변경하여 이용하는 경우: 100분의 5에 상당하는 금액

㉣ ㉠부터 ㉢까지에 해당하지 아니하는 경우: 100분의 7에 상당하는 금액

④ 시장·군수 또는 구청장은 최초의 이행명령이 있었던 날을 기준으로 1년에 한 번씩 그 이행명령이 이행될 때까지 반복하여 이행강제금을 부과·징수할 수 있다.

⑤ 시장·군수 또는 구청장은 이용 의무기간이 지난 후에는 이행강제금을 부과할 수 없다.

⑥ 시장·군수 또는 구청장은 이행명령을 받은 자가 그 명령을 이행하는 경우에는 ㉠새로운 이행강제금의 부과를 즉시 중지하되, 명령을 이행하기 전에 이미 부과된 이행강제금은 징수하여야 한다.

⑦ 이행강제금의 부과처분에 불복하는 자는 시장·군수 또는 구청장에게 이의를 제기할 수 있다. 이의를 제기하려는 경우에는 부과처분을 고지받은 날부터 30일 이내에 하여야 한다.

PART 2 부동산거래 신고등에 관한 법

❼ 선매

① 시장·군수 또는 구청장은 토지거래계약에 관한 허가신청이 있는 경우 다음의 어느 하나에 해당하는 토지에 대하여 국가, 지방자치단체, 한국토지주택공사, 공공기관 또는 공공단체가 그 매수를 원하는 경우에는 이들 중에서 해당 토지를 매수할 자["선매자"]를 지정하여 그 토지를 협의 매수하게 할 수 있다.

㉠ 공익사업용 토지

㉡ 토지거래계약허가를 받아 취득한 토지를 그 이용목적대로 이용하고 있지 아니한 토지

② 시장·군수 또는 구청장은 선매협의대상 토지에 대하여 토지거래계약 허가신청이 있는 경우에는 그 신청이 있는 날부터 1개월 이내에 선매자를 지정하여 토지 소유자에게 알려야 하며, 선매자는 지정 통지를 받은 날부터 1개월 이내에 그 토지 소유자와 선매협의를 끝내야 한다.

③ 선매자로 지정된 자는 지정 통지를 받은 날부터 15일 이내에 매수가격 등 선매조건을 기재한 서면을 토지소유자에게 통지하여 선매협의를 하여야 하며, 지정 통지를 받은 날부터 1개월 이내에 선매협의조서를 허가관청에 제출하여야 한다. 선매협의조서를 제출하는 자는 거래계약서 사본을 첨부(선매협의가 이루어진 경우로 한정한다)하여야 한다.

④ 선매자가 토지를 매수할 때의 가격은「감정평가 및 감정평가사에 관한 법률」에 따라 에 따라 감정평가법인 등이 감정평가한 감정가격을 기준으로 하되, 토지거래계약 허가신청서에 적힌 가격이 감정가격보다 낮은 경우에는 허가신청서에 적힌 가격으로 할 수 있다.

⑤ 시장·군수 또는 구청장은 선매협의가 이루어지지 아니한 경우에는 지체 없이 허가 또는 불허가의 여부를 결정하여 통보하여야 한다.

❽ 불허가처분 토지에 관한 매수 청구

① 허가신청에 대하여 불허가처분을 받은 자는 그 통지를 받은 날부터 1개월 이내에 시장·군수 또는 구청장에게 해당 토지에 관한 권리(소유권, 지상권)의 매수를 청구할 수 있다.

② 매수 청구를 받은 시장·군수 또는 구청장은 국가, 지방자치단체, 한국토지주택공사, 그 밖에 대통령령으로 정하는 공공기관 또는 공공단체 중에서 매수할 자를 지정하여, 매수할 자로 하여금 예산의 범위에서 공시지가를 기준으로 하여 해당 토지를 매수하게 하여야 한다. 다만, 토지거래계약 허가신청서에 적힌 가격이 공시지가보다 낮은 경우에는 허가신청서에 적힌 가격으로 매수할 수 있다.

❾ 이의신청

① 허가관청의 처분에 이의가 있는 자는 그 처분을 받은 날부터 1개월 이내에 시장·군수 또는 구청장에게 이의를 신청할 수 있다.

② 이의신청을 받은 시장·군수 또는 구청장은「국토의 계획 및 이용에 관한 법률」에 따른 시·군·구도시계획위원회의 심의를 거쳐 그 결과를 이의신청인에게 알려야 한다.

⑩ 허가취소처분 등

국토교통부장관, 시·도지사, 시장·군수 또는 구청장은 토지거래계약 허가의 취소 처분을 할 수 있다. 이 경우 허가취소처분을 하려면 청문을 하여야 한다.

① 토지거래계약허가 또는 변경허가를 받지 아니하고 토지거래계약 또는 그 변경계약을 체결한 자
② 토지거래계약허가를 받은 자가 그 토지를 허가받은 목적대로 이용하지 아니한 자
③ 속임수 그 밖의 부정한 방법으로 토지거래계약에 관한 허가를 받은 자

⑪ 행정형벌

① 2년 이하의 징역 또는 계약 체결 당시의 개별공시지가에 따른 해당 토지가격의 100분의 30에 해당하는 금액 이하의 벌금
토지거래허가 또는 변경허가를 받지 아니하고 토지거래계약을 체결하거나, 속임수나 그 밖의 부정한 방법으로 토지거래계약 허가를 받은 자
② 1년 이하의 징역 또는 1천만원 이하의 벌금에 처한다.
토지거래허가 취소, 처분 또는 조치명령을 위반한 자

3 대표 기출문제

제33회 출제

01 부동산 거래신고 등에 관한 법령상 토지거래허가구역 등에 관한 설명으로 틀린 것은?

① 시장·군수 또는 구청장은 공익사업용 토지에 대해 토지거래계약에 관한 허가신청이 있는 경우, 한국토지주택공사가 그 매수를 원하는 경우에는 한국토지주택공사를 선매자(先買者)로 지정하여 그 토지를 협의 매수하게 할 수 있다.
② 국토교통부장관 또는 시·도지사는 허가구역의 지정 사유가 없어졌다고 인정되면 지체 없이 허가구역의 지정을 해제해야 한다.
③ 토지거래허가신청에 대해 불허가처분을 받은 자는 그 통지를 받은 날부터 1개월 이내에 시장·군수 또는 구청장에게 해당 토지에 관한 권리의 매수를 청구할 수 있다.
④ 허가구역의 지정은 허가구역의 지정을 공고한 날의 다음 날부터 그 효력이 발생한다.
⑤ 토지거래허가를 받으려는 자는 그 허가신청서에 계약내용과 그 토지의 이용계획, 취득자금 조달계획 등을 적어 시장·군수 또는 구청장에게 제출해야 한다.

해설

④ 허가구역의 지정은 허가구역의 지정을 공고한 날로부터 5일 후에 효력이 발생한다.

답 ④

제33회 출제

02 부동산거래신고 등에 관한 법령상 토지거래허가 등에 관한 설명으로 옳은 것은 모두 몇 개인가?

- 농지에 대하여 토지거래계약 허가를 받은 경우에는 『농지법』에 따른 농지전용허가를 받은 것으로 본다.
- 국세의 체납처분을 하는 경우에는 '허가구역 내 토지거래에 대한 허가'의 규정을 적용한다.
- 시장·군수는 토지 이용 의무기간이 지난 후에도 이행강제금을 부과할 수 있다.
- 토지의 소유권자에게 부과된 토지 이용에 관한 의무는 그 토지에 관한 소유권의 변동과 동시에 그 승계인에게 이전한다.

① 0개 ② 1개 ③ 2개 ④ 3개 ⑤ 4개

해설

- 「농지법」에 따른 농지취득자격증명을 받은 것으로 본다.
- 국세의 체납처분 또는 강제집행을 하는 경우에는 '허가구역 내 토지거래에 대한 허가'의 규정을 적용하지 않는다.
- 토지 이용 의무기간이 지난 후에도 이행강제금을 부과할 수 없다.

답 ②

제28회 출제

03 부동산거래신고 등에 관한 법령상 토지거래허가구역 등에 관한 설명으로 옳은 것을 모두 고른 것은?

ㄱ. 허가구역의 지정은 그 지정을 공고한 날부터 5일 후에 그 효력이 발생한다.
ㄴ. 민사집행법에 따른 경매의 경우에는 허가구역내 토지거래에 대한 허가의 규정은 적용되지 아니한다.
ㄷ. 자기의 거주용 주택용지로 이용할 목적으로 토지거래계약을 허가받은 자는 대통령령으로 정하는 사유가 있는 경우외에는 토지취득일부터 2년간 그 토지를 허가받은 목적대로 이용해야 한다.
ㄹ. 토지의 이용의무를 이행하지 않아 이행명령을 받은 자가 그 명령을 이행하는 경우에는 새로운 이행강제금의 부과를 즉시 중지하고, 명령을 이행하기전에 이미 부과된 이행강제금을 징수해서는 안된다.

① ㄱ, ㄴ ② ㄴ, ㄷ ③ ㄱ, ㄴ, ㄷ ④ ㄱ, ㄷ, ㄹ ⑤ ㄱ, ㄴ, ㄷ, ㄹ

해설

명령을 이행하기전에 이미 부과된 이행강제금은 징수해야 한다.

답 ③

제32회 출제

04 부동산 거래신고 등에 관한 법령상 토지거래계약허가를 받아 취득한 토지를 허가받은 목적대로 이용하고 있지 않은 경우 시장·군수·구청장이 취할 수 있는 조치가 아닌 것은?

① 과태료를 부과할 수 있다.
② 토지거래계약허가를 취소할 수 있다.
③ 3개월 이내의 기간을 정하여 토지의 이용 의무를 이행하도록 문서로 명할 수 있다.
④ 해당 토지에 관한 토지거래계약 허가신청이 있을 때 국가, 지방자치단체, 한국토지주택공사가 그 토지의 매수를 원하면 이들 중에서 매수할 자를 지정하여 협의 매수하게 할 수 있다.
⑤ 해당 토지를 직접 이용하지 않고 임대하고 있다는 이유로 이행명령을 했음에도 정해진 기간에 이행되지 않은 경우, 토지 취득가액의 100분의 7에 상당하는 금액의 이행강제금을 부과한다.

해설

허가받은 목적대로 이용하고 있지 않은 경우는 ②③④⑤와 포상금지급사유인 신고·고발대상이고 과태료부과대상이 아니다.

답 ①

4 출제 예상문제

01 부동산거래신고 등에 관한 법령의 내용으로 (　)에 들어갈 숫자를 바르게 나열한 것은?

ㄱ. 선매자로 지정된 자는 지정 통지를 받은 날부터 (　) 이내에 매수가격 등 선매조건을 기재한 서면을 토지소유자에게 통지하여 선매협의를 하여야 한다.
ㄴ. 선매자는 지정 통지를 받은 날부터 (　) 이내에 그 토지 소유자와 선매협의를 끝내야 한다.
ㄷ. 허가신청에 대하여 불허가처분을 받은 자는 그 통지를 받은 날부터 (　) 이내에 시장·군수 또는 구청장에게 해당 토지에 관한 권리의 매수를 청구할 수 있다.
ㄹ. 이행강제금 부과처분을 받은 자는 이의를 제기하려는 경우에는 부과처분을 고지받은 날부터 (　) 이내에 하여야 한다.

① ㄱ: 15일, ㄴ: 1개월, ㄷ: 1개월, ㄹ: 30일
② ㄱ: 1개월, ㄴ: 15일, ㄷ: 1개월, ㄹ: 30일
③ ㄱ: 10일, ㄴ: 15월, ㄷ: 1개월, ㄹ: 30일
④ ㄱ: 10일, ㄴ: 1개월, ㄷ: 30일, ㄹ: 30일
⑤ ㄱ: 15일, ㄴ: 1개월, ㄷ: 30일, ㄹ: 30일

정답 ✦ ①

02 부동산 거래신고 등에 관한 법령상 토지거래허가구역 등에 관한 설명으로 옳은 것을 모두 고른 것은?

ㄱ. 토지거래계약을 허가받은 자는 대통령령으로 정하는 사유가 있는 경우 외에는 토지 취득일부터 5년의 범위에서 그 토지를 허가받은 목적대로 이용해야 한다.
ㄴ. 시장은 토지의 이용 의무기간이 지난 후에도 이행명령위반에 대해서는 그 명령이 이행될 때가지 이행강제금을 반복하여 부과할 수 있다.
ㄷ. 농업용으로 이용할 목적으로 토지거래계약을 허가받은 자는 대통령령으로 정하는 사유가 있는 경우 외에는 토지취득일부터 2년간 그 토지를 허가받은 목적대로 이용해야 한다.

① ㄱ ② ㄴ ③ ㄴ, ㄷ ④ ㄱ, ㄷ ⑤ ㄱ, ㄴ, ㄷ

해설 ✦ ④ 시장·군수 또는 구청장은 토지이용 의무기간이 지난 후에는 이행강제금을 부과할 수 없다.

정답 ✦ ④

테마 **40**

신고포상금제도 및 자진신고시 과태료감면제도 등

1 출제예상과 학습포인트

✦ 기출횟수

30회, 32회

✦ 35회 출제 예상

출제비중이 낮은 부분이다.

✦ 35회 중요도

★

✦ 학습범위

포상금지급사유인 신고·고발대상과 포상금의 지급절차

✦ 학습방법

공인중개사법상 포상금지급절차와 비교하여 함정체크를 하고, 포상금지급 신고·고발대상은 암기가 필요하다.

✦ 핵심쟁점

❶ 포상금지급 신고·고발대상
❷ 포상금의 지급절차

2 핵심 내용

❶ 신고포상금의 지급

① **포상금의 지급** : 시장·군수 또는 구청장은 예산의 범위에서 포상금을 지급할 수 있다.

㉠ 부동산등의 실제 거래가격을 거짓으로 신고한 거래당사자, 신고의무자가 아닌 자 또는 개업공인중개사

㉡ 부동산거래신고대상에 해당하는 계약을 체결하지 아니하였음에도 불구하고 거짓으로 거래계약 신고를 하는 행위

㉢ 부동산거래계약신고 후 해당 계약이 해제등이 되지 아니하였음에도 불구하고 거짓으로 해제등의 신고를 하는 행위

㉣ 주택임대차계약의 신고·변경신고에 따른 주택 임대차 계약의 보증금·차임 등 계약금액을 거짓으로 신고한 거래당사자

㉤ 토지거래계약허가 또는 변경허가를 받지 아니하고 토지거래계약을 체결한 자 또는 속임수 그 밖의 부정한 방법으로 토지거래계약허가를 받은 자

㉥ 허가를 받아 취득한 토지에 대하여 허가받은 목적대로 이용하지 아니한 자

② **포상금의 재원** : 포상금의 지급에 드는 비용은 시·군이나 구의 재원으로 충당한다.

③ **포상금 지급대상 및 기준**

신고관청 또는 허가관청은 다음에 해당하는 경우에는 포상금을 지급하여야 한다.

㉠ 신고관청이 적발하기 전에 그 신고사건에 대하여 부동산등의 취득가액의 100분의 10 이하에 상당하는 금액의 과태료 또는 3천만원 이하의 과태료가 부과된 경우

㉡ 허가관청 또는 수사기관이 적발하기 전에 그 신고 또는 고발사건에 대한 공소제기 또는 기소유예 결정이 있는 경우

㉢ 허가관청이 적발하기 전에 그 신고사건에 대한 허가관청의 이행명령이 있는 경우

④ **포상금지급대상의 예외**

다음의 어느 하나에 해당하는 경우에는 포상금을 지급하지 아니할 수 있다.

㉠ 공무원이 직무와 관련하여 발견한 사실을 신고하거나 고발한 경우

㉡ 해당 위반행위를 하거나 위반행위에 관여한 자가 신고하거나 고발한 경우

㉢ 익명이나 가명으로 신고 또는 고발하여 신고인 또는 고발인를 확인할 수 없는 경우

⑤ **포상금의 지급내용**

포상금은 신고 또는 고발 건별로 다음의 구분에 따라 지급한다.

㉠ 해당 부동산등의 취득가액의 100분의 10 이하에 상당하는 금액 또는 3천만원 이하의 과태료의 100분의 20에 해당하는 금액. 이 경우 지급한도액은 1천만원으로 한다.

㉡ 토지거래계약허가 또는 변경허가를 받지 아니하고 토지거래계약을 체결한 자 또는 속임수 그 밖의 부정한 방법으로 토지거래계약허가를 받은 자와 토지거래계약허가를 받아 취득한 토지에 대하여 허가받은 목적대로 이용하지 아니한 자에 대한 신고 또는 고발에 따른 포상금의 경우: 50만원.

⑥ **포상금의 지급** : 신고관청 또는 허가관청은 포상금지급신청서가 접수된 날부터 2개월 이내에 포상금을 지급하여야 한다.

❷ 자진 신고자에 대한 과태료 감면 등

(1) 과태료 면제

국토교통부장관 또는 신고관청(조사기관)의 조사가 시작되기 전에 자진 신고한 자로서 다음의 요건을 모두 충족한 경우

① 자진 신고한 위반행위가 다음의 어느 하나에 해당할 것
  ㉠ 개업공인중개사에게 부동산거래 신고를 하지 아니하게 하거나 거짓으로 신고하도록 요구한 자
  ㉡ 부동산거래계약에 대하여 거짓으로 신고를 하는 행위를 조장하거나 방조한 자
  ㉢ 신고의무자 또는 신고의무자가 아닌 자가 그 신고를 거짓으로 한 자
  ㉣ 외국인 등이 부동산 등을 취득하는 계약(부동산거래신고대상인 계약은 제외), 계약외의 원인, 계속 보유 신고를 하지 아니하거나 거짓으로 신고한 자
  ㉤ 주택임대차계약의 신고, 계약의 변경 및 해제신고를 하지 아니하거나(공동신고를 거부한 자를 포함한다) 그 신고를 거짓으로 한 자

② 신고관청에 단독(거래당사자 일방이 여러 명인 경우 그 일부 또는 전부가 공동으로 신고한 경우를 포함한다.)으로 신고한 최초의 자일 것

③ 조사가 끝날 때까지 성실하게 협조하였을 것

(2) 과태료의 100분의 50 감경 : 과태료면제사유와 동일

신고관청의 조사가 시작된 후 자진 신고한 자

(3) 다만, 자진신고의 경우에도 다음에 해당하는 경우에는 감경·면제하지 아니한다.

① 자진신고하려는 부동산 등의 거래계약과 관련하여 「국세기본법」 또는 「지방세법」 등 관련 법령을 위반한 사실 등이 관계기관으로부터 신고관청에 통보된 경우

② 자진 신고한 날부터 과거 1년 이내에 자진 신고를 하여 3회 이상 과태료의 감경 또는 면제를 받은 경우

❸ 부동산정책 관련 자료 등 종합관리

국토교통부장관 또는 시장·군수·구청장은 적절한 부동산정책의 수립 및 시행을 위하여 부동산 거래상황, 외국인 부동산 취득현황, 부동산 가격 동향 등 이 법에 규정된 사항에 관한 정보를 종합적으로 관리하고, 이를 관련 기관·단체 등에 제공할 수 있다.

❹ 부동산정보체계의 구축·운영

① 국토교통부장관은 효율적인 정보의 관리 및 국민편의 증진을 위하여 대통령령으로 정하는 바에 따라 부동산거래의 계약·신고·허가·관리 등의 업무와 관련된 정보체계를 구축·운영할 수 있다.

② 국토교통부장관은 정보체계에 구축되어 있는 정보를 수요자에게 제공할 수 있다. 이 경우 정보체계 운영을 위하여 불가피한 사유가 있거나 개인정보의 보호를 위하여 필요하다고 인정할 때에는 제공하는 정보의 종류와 내용을 제한할 수 있다.

③ 권한의 위임 및 위탁 : 국토교통부장관은 부동산정보체계의 구축·운영업무를 한국부동산원에 위탁한다.

[부동산정보체계의 관리대상정보]

㉠ 부동산거래 신고 정보
㉡ 검증체계 관련 정보
㉢ 주택 임대차 계약 신고 정보
㉣ 주택 임대차 계약의 변경 및 해제 신고 정보
㉤ 외국인등의 부동산 취득·보유 신고 자료 및 관련 정보
㉥ 토지거래계약의 허가 관련 정보
㉦ 「부동산등기 특별조치법」 제3조에 따른 검인 관련 정보
㉧ 부동산 거래계약 등 부동산거래 관련 정보

3 대표 기출문제

제34회 출제

01 부동산 거래신고 등에 관한 법령상 포상금의 지급에 관한 설명으로 틀린 것을 모두 고른 것은?

ㄱ. 가명으로 신고하여 신고인을 확인할 수 없는 경우에는 포상금을 지급하지 아니할 수 있다.
ㄴ. 신고관청에 포상금지급신청서가 접수된 날부터 1개월 이내에 포상금을 지급하여야 한다.
ㄷ. 신고관청은 하나의 위반행위에 대하여 2명 이상이 각각 신고한 경우에는 포상금을 균등하게 배분하여 지급한다.

① ㄱ ② ㄱ, ㄴ ③ ㄱ, ㄷ ④ ㄴ, ㄷ ⑤ ㄱ, ㄴ, ㄷ

해설

ㄴ. 2개월
ㄷ. 2명 이상이 각각 신고 또는 고발한 경우에는 최초로 신고 또는 고발한 사람에게 포상금을 지급한다.

답 ④

제32회 출제

02 부동산 거래신고 등에 관한 법령상 신고포상금 지급대상에 해당하는 위반행위를 모두 고른 것은?

ㄱ. 부동산 매매계약의 거래당사자가 부동산의 실제 거래가격을 거짓으로 신고하는 행위
ㄴ. 부동산 매매계약에 관하여 개업공인중개사에게 신고를 하지 않도록 요구하는 행위
ㄷ. 토지거래계약허가를 받아 취득한 토지를 허가받은 목적대로 이용하지 않는 행위
ㄹ. 부동산 매매계약에 관하여 부동산의 실제 거래가격을 거짓으로 신고하도록 조장하는 행위

① ㄱ, ㄷ ② ㄱ, ㄹ ③ ㄴ, ㄹ ④ ㄱ, ㄴ, ㄷ ⑤ ㄴ, ㄷ, ㄹ

해설

ㄴ,ㄹ 거짓신고를 요구 또는 조장한 자는 포상금이 지급되는 신고·고발대상이 아니다.

답 ①

4 출제 예상문제

01 부동산거래신고 등에 관한 법령상 자진 신고자에 대한 과태료 감면대상에 해당하는 위반행위를 모두 고른 것은?

ㄱ. 부동산거래계약에 대하여 거짓으로 신고를 하는 행위를 조장한 자
ㄴ. 외국인 등이 부동산 등을 취득하는 계약(부동산거래신고대상인 계약은 제외)을 체결하고 신고를 하지 아니하거나 거짓으로 신고한 자
ㄷ. 개업공인중개사에게 부동산거래 신고를 하지 아니하게 하거나 거짓으로 신고하도록 요구한 자
ㄹ. 주택임대차계약의 신고를 거짓으로 한 자

① ㄱ, ㄷ ② ㄱ, ㄹ ③ ㄴ, ㄹ
④ ㄱ, ㄴ, ㄷ ⑤ ㄱ, ㄴ, ㄷ, ㄹ

해설

자진신고의 경우에도 다음에 해당하는 경우에는 감경·면제하지 아니한다.
① 자진신고하려는 부동산 등의 거래계약과 관련하여「국세기본법」또는「지방세법」등 관련 법령을 위반한 사실 등이 관계기관으로부터 신고관청에 통보된 경우
② 자진 신고한 날부터 과거 1년 이내에 자진 신고를 하여 3회 이상 과태료의 감경 또는 면제를 받은 경우

답 ⑤

EBS

2024 랜드하나 공인중개사
전원합격 올인원

PART 3
개별법상의 중개실무

테마 **41**

농지법에 의한 거래규제 : 농지취득자격증명제, 농지임대차

1 출제예상과 학습포인트

✦ 기출횟수

26회, 27회, 29회

✦ 35회 출제 예상

출제비중이 낮은 편이다.

✦ 35회 중요도

★

✦ 학습범위

농지소유상한 제한 사유, 농지취득자격증명 발급대상, 발급절차, 농지임대차

✦ 학습방법

농지의 소유상한제한 사유 중 주말·체험영농의 학습이 필요하고, 농지취득자격증명 발급대상 및 절차,농지의 임대차 규정의 함정체크가 필요하다.

✦ 핵심쟁점

❶ 농지의 소유상한제한사유
❷ 농지취득자격증명
❸ 농지의 임대차

2 핵심 내용

❶ 예외적 농지소유상한

① 8년 이상 농업경영을 한 후 이농하는 자는 당시의 소유농지 중에서 1만m^2 이내의 것에 한하여 이를 소유할 수 있다.

② 주말·체험영농을 하고자 하는 자(법인은 제외)는 1,000m^2 미만의 농지에 한하여 이를 소유할 수 있다. 이 경우 면적의 계산은 그 세대원 전부가 소유하는 총면적으로 한다.

㉠ 도시민 등 비농업인이 주말·체험영농을 하고자 농지를 취득하려면 주말·체험영농계획서를 작성하여 농지소재지 시·구·읍·면에서 농지취득자격증명을 발급받아 소유권에 관한 등기를 신청

할 때 이를 첨부하여야 한다.

㉡ 농업진흥지역 내의 농지는 주말체험영농을 목적으로 농지를 취득할 수 없다.

❷ 농지취득자격증명

① 농지취득자격증명은 농지를 취득하는 자가 그 소유권이전등기를 신청할 때에 첨부하여야 할 서류로서 농지를 취득하는 자에게 농지취득의 자격이 있다는 것을 증명하는 것일 뿐 농지취득의 원인이 되는 매매계약 등 법률행위의 효력을 발생시키는 요건은 아니다.

② 농지를 취득하려는 자가 농지에 대한 매매계약을 체결하는 등으로 농지에 관한 소유권이전등기청구권을 취득하였다면, 농지취득자격증명 발급신청권을 보유하게 된다.

❸ 농지취득자격증명 발급대상 등

① 발급대상인 경우

매매, 교환, 증여, 경매(매각결정기일까지 제출), 농지전용허가를 받거나 신고한 경우

② 발급대상이 아닌 경우

㉠ 주거·상업·공업지역, 녹지지역 중 도시계획사업에 필요한 농지

㉡ 담보농지를 취득

㉢ 농업법인의 합병

㉣ 농지전용협의를 완료한 농지

㉤ 공유농지분할

❹ 농지취득자격증명 발급절차(시·구·읍·면장)

① **발급신청** : 농지취득자격증명을 발급받고자 하는 자는 발급신청서에 농업경영계획서를 작성하여 농지소재지를 관할하는 시·구·읍·면장에게 그 발급을 신청하여야 한다.

② **농지위원회 심의** : 시·구·읍·면의 장은 농지 투기가 성행하거나 성행할 우려가 있는 지역의 농지를 취득하려는 자 등 농림축산식품부령으로 정하는 자가 농지취득자격증명 발급을 신청한 경우 농지위원회의 심의를 거쳐야 한다.

③ 시·구·읍·면의 장은 농지취득자격증명의 발급 신청을 받은 때에는 그 신청을 받은 날부터 7일(농업경영계획서를 작성하지 아니하고 농지취득자격증명의 발급신청을 할 수 있는 경우에는 4일, 농지위원회의 심의 대상의 경우에는 14일) 이내에 신청인에게 농지취득자격증명을 발급하여야 한다.

❺ 농지의 처분 및 처분명령(시·군·구)

① **농지처분의무** : 농지 소유자는 농지전용허가를 받거나 농지전용신고를 하여 농지를 취득한 자가 취득한 날부터 2년 이내에 그 목적사업에 착수하지 아니한 경우 1년 이내에 해당 농지를 그 사유가 발생한 날 당시 세대를 같이하는 세대원이 아닌 자에게 처분하여야 한다.

② **처분명령** : 시장·군수·구청장은 농지소유자가 농지처분의무기간(1년)내에 농지를 처분하지 아니한 경우 6개월 이내에 당해 농지의 처분을 명할 수 있다.

③ **이행강제금 부과** : 농지처분명령을 받은 후 정당한 사유없이 지정기간(6개월)내에 처분명령을 이행하지 아니한 자에 대하여는 최초의 처분명령이 있은 날을 기준으로하여 당해 처분명령이 이행될 때까지 당해 농지의 감정가격 또는 개별공시지가 중 높은 가액의 25/100에 상당하는 금액을 이행강제금으로 매년 1회 부과·징수할 수 있다.

❻ 농지의 임대차

(1) 다음에 해당하는 경우에는 그 농지를 임대하거나 사용대할 수 있다.

① 개인이 소유하고 있는 농지 중 3년 이상 소유한 농지를 주말·체험영농을 하려는 자에게 임대하거나 무상사용하게 하는 경우

② 개인이 소유하고 있는 농지 중 3년 이상 소유한 농지를 한국농어촌공사나 그 밖에 대통령령으로 정하는 자에게 위탁하여 임대하거나 무상사용하게 하는 경우

③ (8년) 이상 농업경영을 하던 자가 이농한 후 이농당시 소유하고 있던 농지를 계속 소유하는 경우

④ 다음의 사유로 일시적으로 농업경영에 종사하지 아니하게 된 자가 소유하고 있는 토지
- ㉠ 질병, 징집, 취학, 선거에 의한 공직취임의 경우
- ㉡ 부상으로 (3개월) 이상의 치료가 필요한 경우
- ㉢ 교도소·구치소 또는 보호감호시설에 수용 중인 경우
- ㉣ (3개월) 이상 국외여행을 하는 경우

(2) 농지의 위탁경영

① 「병역법」에 따라 징집 또는 소집된 경우

② (3개월) 이상 국외 여행 중인 경우

③ 질병, 취학, 선거에 따른 공직 취임 등으로 정하는 사유로 자경할 수 없는 경우

(3) 임대차·사용대차 계약 방법과 확인

① **계약방법** : 서면계약을 원칙으로 한다.

② **대항력** : 등기가 없는 경우에도 임차인이 농지소재지를 관할하는 시·구·읍·면의 장의 확인을 받고, 해당 농지를 인도받은 경우에는 그 다음 날부터 제삼자에 대하여 효력이 생긴다. 임대농지의 양수인은 농지법에 따른 임대인의 지위를 승계한 것으로 본다.

③ **임대차 기간**

㉠ 임대차 기간은 3년 이상으로 하여야 한다. 다만, 다년생식물 재배지 등의 경우에는 5년 이상으로 하여야 한다.

㉡ 임대차 기간을 정하지 아니하거나 3년 또는 5년 미만으로 정한 경우에는 3년 또는 5년 으로 약정된 것으로 본다.

⑤ **임대차계약에 관한 조정 등**

임대차계약의 당사자는 임대차 기간, 임차료 등 임대차계약에 관하여 서로 협의가 이루어지지 아니한 경우에는 농지소재지를 관할하는 시장·군수 또는 자치구구청장에게 조정을 신청할 수 있다.

⑥ **묵시적 갱신**

임대인이 임대차기간이 끝나기 3개월 전까지 임차인에게 임대차계약을 갱신하지 아니한다는 뜻이나 임대차계약 조건을 변경한다는 뜻을 통지하지 아니하면 그 임대차기간이 끝난 때에 이전의 임대차계약과 같은 조건으로 다시 임대차계약을 체결한 것으로 본다.

⑦ **강행규정** : 농지법에 위반된 약정으로서 임차인에게 불리한 것은 그 효력이 없다.

3 대표 기출문제

제29회 출제

01 개업공인중개사가 농지법에 대하여 중개의뢰인에게 설명한 내용으로 틀린 것은? (다툼이 있으면 판례에 따름)

① 경매로 농지를 매수하려면 매수신청시에 농지자격취득증명서를 제출해야 한다.
② 개인이 소유하는 임대 농지의 양수인은 농지법에 따른 임대인의 지위를 승계한 것으로 본다.
③ 농지전용협의를 마친 농지를 취득하려는 자는 농지취득자격증명을 발급받을 필요가 없다.
④ 농지를 취득하려는 자가 농지에 대한 매매계약을 체결하는 등으로 농지에 관한 소유권이전등기청구권을 취득하였다면, 농지취득자격증명 발급신청권을 보유하게 된다.
⑤ 주말·체험영농을 목적으로 농지를 소유하려면 세대원 전부가 소유하는 총 면적이 1천제곱미터 미만이어야 한다.

해설

① 농지가 경매대상인 경우 농지취득자격증명은 매각결정기일까지 제출해야 한다.

답 ①

제27회 출제

02 개업공인중개사가 농지를 취득하려는 중개의뢰인에게 설명한 내용으로 틀린 것은?

① 주말·체험영농을 위해 농지를 소유하는 경우 한 세대의 부부가 각각 1천㎡미만으로 소유할 수 있다.

② 농업경영을 하려는 자에게 농지를 임대하는 임대차계약은 서면계약을 원칙으로 한다.

③ 농업법인의 합병으로 농지를 취득하는 경우 농지취득자격증명을 발급받지 않고 농지를 취득할 수 있다.

④ 징집으로 인하여 농지를 임대하면서 임대차기간을 정하지 않은 경우 3년으로 약정한 것으로 본다.

⑤ 농지전용허가를 받아 농지를 소유하는 자가 취득한 날부터 2년이내에 그 목적사업에 착수하지 않으면 해당 농지를 처분할 의무가 있다.

해설

세대원 전부가 소유하는 총 면적이 1천제곱미터 미만이어야 한다.

답 ①

4 출제 예상문제

01 개업공인중개사가 농지법상 농지거래를 중개하면서 설명한 내용으로 틀린 것은?

① 경매로 농지를 매수하려면 매각결정기일까지 농지취득자격 증명을 함께 제출해야 한다.

② 임대인이 임대차기간이 끝나기 3개월 전까지 임차인에게 임대차계약을 갱신하지 아니한다는 뜻을 통지하지 아니하면 그 임대차기간이 끝난 때에 이전의 임대차계약과 같은 조건으로 다시 임대차계약을 체결한 것으로 본다.

③ 주말·체험영농 목적으로 농지를 취득하려는 자는 농지취득 자격증명신청서에 주말·체험영농계획서를 첨부하여 농지소재지 시·구·읍·면에서 농지취득자격증명을 발급받아 소유권에 관한 등기를 신청할 때 이를 첨부하여야 한다.

④ 농지전용허가를 받은 경우에는 농지취득자격증명을 발급받지 않아도 된다.

⑤ 개인이 소유하고 있는 농지 중 3년 이상 소유한 농지를 주말·체험영농을 하려는 자에게 임대하거나 무상사용하게 하는 경우, 농지를 임대할 수 있다.

해설 ✦ **[농지취득자격증명발급대상여부]**

㉠ 농지전용허가를 받거나 또는 신고를 한 경우에는 농업경영계획서를 작성하지 않지만 농지취득자격증명은 발급받아야 소유권이전등기를 할 수 있다.

㉡ 농지전용협의를 마친 농지, 농업법인의 합병, 담보농지의 취득, 공유농지의 분할은 농지취득자격증명을 발급받지 않아도 소유권이전등기를 할 수 있다.

정답 ✦ ④

테마 42 분묘기지권(판례이론)과 장사 등에 관한 법

1 출제예상과 학습포인트

✦ 기출횟수

25회, 27회, 29회, 30회, 32회, 33회, 34회

✦ 35회 출제 예상

최근 출제경향으로 출제가 예상된다.

✦ 35회 중요도

★★★

✦ 학습범위

분묘기지권에 대하여 판례, 장사 등에 관한 법률

✦ 학습방법

분묘기지권에 관한 판례내용의 학습이 필요하고, 장사 등에 관한 법령상 신고·허가절차 등을 비교정리해야 한다.

✦ 핵심쟁점

❶ 분묘기지권 판례
❷ 장사 등에 관한 법률

2 핵심 내용

❶ 분묘기지권

(1) **개념** : 타인소유토지 + 기존 분묘 + 소유목적(수호·봉제사) + 물권

타인토지에 분묘를 설치한 자가 그 분묘를 소유하기 위하여 그 묘지부분의 타인소유 토지를 사용하는 것을 내용으로 하는 지상권에 유사한 물권이다.

(2) **발생**

① 토지소유자의 승낙을 얻어 분묘를 설치한 경우
② 토지소유자의 승낙없이 분묘를 설치한 후 20년간 점유하여 시효취득한 경우
③ 임야매매계약을 함에 있어 분묘를 이전한다는 특약없이 토지를 처분한 경우

(3) 효력이 미치는 범위 등

① 분묘기지권은 분묘의 기지 자체(봉분의 기지부분)뿐만 아니라 그 분묘의 수호 및 제사에 필요한 범위내에서 분묘의 기지 주위의 공지를 포함한 지역에까지 미친다.

② 사성이 조성되어 있다 하여 반드시 그 사성부분을 포함한 지역에까지 분묘기지권이 미치는 것은 아니다.

③ 분묘 그 자체가 공시의 기능을 하므로 분묘가 평장(平葬)되거나 암장(暗葬)된 경우에는 분묘기지권이 인정되지 않는다.

④ 분묘가 멸실된 경우 유골이 존재하여 분묘의 원상회복이 가능한 정도의 일시적인 멸실에 불과하다면 분묘기지권은 존속한다.

⑤ 기존의 분묘외에 새로운 분묘를 설치할 권능은 포함되지 않으므로 부부중 일방이 먼저 사망하여 이미 분묘가 설치되고 그 분묘기지권이 미치는 범위내에서 그 후에 사망한 다른 일방을 합장을 위하여 쌍분형태의 분묘를 설치하는 것도 허용되지 않는다.

⑥ 토지소유자의 승낙에 의하여 성립하는 분묘기지권의 경우 성립 당시 토지 소유자와 분묘의 수호·관리자가 지료 지급의무의 존부나 범위 등에 관하여 약정을 하였다면 그 약정의 효력은 분묘 기지의 승계인에 대하여도 미친다.

(4) 지료지급

① 분묘기지권을 시효취득한 경우에도 토지소유자가 분묘기지권자에게 지료를 청구한 때부터 지료를 지급해야 한다.(×분묘를 설치한 때)

② 임야매매계약을 함에 있어 분묘를 이전한다는 특약없이 토지를 처분한 경우 : 분묘기지권이 성립한 때부터 지료를 지급해야 한다.

(5) 존속기간

판례는 분묘기지권의 존속기간에 관하여는 민법 제281조 지상권에 관한 규정(5년)에 따를 것이 아니라 당사자 사이에 약정이 있는 등 특별한 사정이 있으면 그에 따를 것이며, 그러한 사정이 없는 경우에는 권리자가 분묘의 수호와 봉사를 계속하며 그 분묘가 존속하고 있는 동안은 분묘기지권은 존속한다.

❷ 장사등에 관한 법(2001. 01. 13시행)

[판례] 장사법 시행으로 장사법의 시행 전에 설치된 분묘에 대한 분묘기지권의 존립 근거가 위 법률의 시행으로 상실되었다고 볼 수 없다.

• 개인묘지 : 1기의 분묘 또는 해당 분묘에 매장된 자와 배우자 관계였던 자의 분묘를 같은 구역 안에 설치하는 묘지

• 가족묘지 : 「민법」에 따라 친족관계였던 자의 분묘를 같은 구역 안에 설치하는 묘지

(1) 분묘 등의 점유면적 등

① 공설묘지, 가족묘지, 종중·문중묘지 또는 법인묘지 안의 분묘 1기 및 그 분묘의 상석(床石)·비석 등 시설물을 설치하는 구역의 면적은 10제곱미터(합장하는 경우에는 15제곱미터)를 초과하여서는 아니 된다.

② 개인묘지는 30제곱미터를 초과하여서는 아니 된다.

(2) 매장신고 및 법인묘지 허가 등

① 매장신고(사후신고) : 매장을 한 자는 매장 후 30일 이내에 매장지를 관할하는 특별자치시장·특별자치도지사·시장·군수·구청장에게 신고하여야 한다.

② 시장등은 묘지의 설치·관리를 목적으로 「민법」에 따라 설립된 재단법인에 한정하여 법인묘지의 설치·관리를 허가할 수 있다.

(3) 분묘의 설치기간

① 원칙 : 30년

② 연장신청 및 연장 : 시·도지사, 시장·군수·구청장 또는 법인묘지의 설치·관리를 허가받은 자에게 당해 설치기간의 연장을 신청하는 경우에는 1회에 한하여 30년 당해 설치기간을 연장하여야 한다.

(4) 설치기간이 종료된 분묘의 처리

설치기간이 끝난 분묘의 연고자는 설치기간이 끝난 날부터 1년 이내에 해당 분묘에 설치된 시설물을 철거하고 매장된 유골을 화장하거나 봉안하여야 한다.

(5) 사설묘지 및 자연장지설치기준

구분	신고·허가대상	면적 제한	구분	신고·허가대상	면적
개인묘지	사후신고(30일 내)	30㎡ 이하	개인자연장지	사후신고(30일 내)	30㎡ 미만
가족묘지	사전허가	100㎡ 이하	가족자연장지	사전신고	100㎡ 미만
문중묘지		1,000 이하	문중자연장지		2,000㎡ 이하
법인묘지		10만㎡ 이상	법인자연장지	사전허가	5만㎡ 이상

(6) 타인 토지 등에 승낙없이 설치된 분묘 또는 자연장지에 자연장을 한 자 또는 그 연고자토지 사용권이나 그 밖에 분묘 또는 자연장의 보존을 위한 권리를 주장할 수 없다.

3 대표 기출문제

제34회 출제

01 개업공인중개사가 중개의뢰인에게 분묘가 있는 토지에 관하여 설명한 내용으로 틀린 것을 모두 고른 것은? (다툼이 있으면 판례에 따름)

ㄱ. 토지 소유자의 승낙에 의하여 성립하는 분묘기지권의 경우 성립 당시 토지 소유자와 분묘의 수호·관리자의 지료 지급의무의 존부에 관하여 약정을 하였다면 그 약정의 효력은 분묘기지의 승계인에게 미치지 않는다.
ㄴ. 분묘기지권은 지상권 유사의 관습상 물권이다.
ㄷ. 「장사 등에 관한 법률」 시행일(2001. 1.13.)이후 토지소유자의 승낙 없이 설치한 분묘에 대해서 분묘기지권의 시효취득을 주장할 수 있다.

① ㄱ ② ㄷ ③ ㄱ, ㄷ ④ ㄴ, ㄷ ⑤ ㄱ, ㄴ, ㄷ

해설

ㄱ. 토지소유자의 승낙에 의하여 성립하는 분묘기지권의 경우 성립 당시 토지 소유자와 분묘의 수호·관리자가 지료 지급의무의 존부나 범위 등에 관하여 약정을 하였다면 그 약정의 효력은 분묘 기지의 승계인에 대하여도 미친다.

답 ①

02 개업공인중개사가 묘지를 설치하고자 토지를 매수하려는 중개의뢰인에게 「장사 등에 관한 법령」에 관하여 설명한 내용으로 틀린 것은?

① 가족묘지는 가족당 1개소로 제한하되, 그 면적은 100제곱미터 이하여야 한다.
② 개인묘지란 1기의 분묘 또는 해당 분묘에 매장된 자와 배우자 관계였던 자의 분묘를 같은 구역 안에 설치하는 묘지를 말한다.
③ 법인묘지에는 폭 4미터 이상의 도로와 그 도로로부터 각 분묘로 통하는 충분한 진출입로를 설치하여야 한다.
④ 화장한 유골을 매장하는 경우 매장 깊이는 지면으로부터 30센티미터 이상이어야 한다.
⑤ 「민법」에 따라 설립된 사단법인은 법인묘지의 설치 허가를 받을 수 없다.

해설

법인묘지에는 폭 5미터 이상의 도로와 그 도로로부터 각 분묘로 통하는 충분한 진출입로를 설치하여야 한다.
⑤ 「민법」에 따라 설립된 재단법인에 한정하여 법인묘지의 설치 허가를 받을 수 있다.

답 ③

제33회 출제

03 개업공인중개사가 분묘가 있는 토지를 매수하려는 의뢰인에게 분묘기지권에 관해 설명한 것으로 옳은 것은? (다툼이 있으면 판례에 따름)

① 분묘기지권의 존속기간은 지상권의 존속기간에 대한 규정이 유추적용되어 30년으로 인정된다.
② 「장사 등에 관한 법률」이 시행되기 전에 설치된 분묘의 경우 그 법의 시행 후에는 분묘기지권의 시효취득이 인정되지 않는다.
③ 자기 소유 토지에 분묘를 설치한 사람이 분묘 이장의 특약 없이 토지를 양도함으로써 분묘기지권을 취득한 경우, 특별한 사정이 없는 한 분묘기지권이 성립한 때부터 지료지급의무가 있다.
④ 분묘기지권을 시효로 취득한 사람은 토지소유자의 지료 지급청구가 있어도 지료지급의무가 없다.
⑤ 분묘가 멸실된 경우 유골이 존재하여 분묘의 원상회복이 가능한 일시적인 멸실에 불과하여도 분묘기지권은 소멸한다.

해설

① 분묘기지권의 존속기간에 관하여는 민법의 지상권에 관한 규정에 따를 것이 아니다(대판 1994. 8. 26, 94다28970).
② 「장사 등에 관한 법률」이 시행되기 전에 설치된 분묘는 분묘기지권의 시효취득이 인정된다.
④ 분묘기지권을 시효로 취득한 사람은 토지소유자가 분묘기지에 관한 지료를 청구하면 그 청구한 날부터의 지료를 지급할 의무가 있다(대판 전원합의체 2021. 4. 29, 2017다228007).
⑤ 분묘가 멸실된 경우 유골이 존재하여 분묘의 원상회복이 가능한 일시적인 멸실에 불과하다면 분묘기지권은 소멸하지 않는다(대판 2007. 6. 28, 2005다44114).

답 ③

4 출제 예상문제

01 분묘가 있는 토지에 관하여 개업공인중개사가 중개의뢰인에게 설명한 내용으로 틀린 것은? (다툼이 있으면 판례에 따름)

① 분묘기지권은 등기사항증명서를 통해 확인할 수 없다.
② 암장되어 있어 객관적으로 인식할 수 있는 외형을 갖추고 있지 않은 묘소에는 분묘기지권이 인정되지 않는다.
③ 분묘기지권은 권리자가 의무자에 대하여 그 권리를 포기하는 의사표시를 하는 외에 점유까지도 포기해야만 그 권리가 소멸하는 것은 아니다.
④ 분묘기지권에는 그 효력이 미치는 범위 안에서 새로운 분묘를 설치할 권능은 포함되지 않는다.
⑤ 분묘기지권이 시효취득된 경우 특별한 사정이 없는 한 시효취득자는 지료를 지급할 필요가 없다.

해설 ✦ 분묘기지권을 시효취득한 경우에도 토지소유자가 분묘기지권자에게 지료를 청구한 때부터 지료를 지급해야 한다.

정답 ✦ ⑤

02 개업공인중개사가 「장사등에 관한 법률」에 대해 중개의뢰인에게 설명한 것으로 틀린 것은?

① 개인묘지는 30㎡을 초과해서는 안된다.
② 가족자연장지를 조성하려는 자는 시장등의 신고를 하여야 한다.
③ 가족묘지안의 분묘 1기 및 당해 분묘의 상석, 비석 등 시설물의 설치구역 면적은 10m² (합장의 경우에는 15m²) 초과하여서는 아니된다.
④ 토지소유자의 승낙없이 설치한 분묘의 연고자는 해당 토지 소유자에게 토지 사용권이나 그 밖에 분묘의 보존을 위한 권리를 주장할 수 있다.
⑤ 설치기간이 끝난 분묘의 연고자는 설치기간이 끝날 날부터 1년 이내에 해당 분묘에 설치된 시설물을 철거하고 매장된 유골을 화장하거나 봉안해야 한다.

해설 ✦ ㉠ 토지소유자·묘지설치자 또는 연고자의 승낙없이 설치한 분묘의 연고자는 해당 토지 소유자, 묘지 설치자 또는 연고자에게 토지 사용권이나 그 밖에 분묘의 보존을 위한 권리를 주장할 수 없다.
㉡ 토지 소유자 또는 자연장지 조성자의 승낙 없이 다른 사람 소유의 토지 또는 자연장지에 자연장을 한 자 또는 그 연고자는 당해 토지 소유자 또는 자연장지 조성자에 대하여 토지사용권이나 그 밖에 자연장의 보존을 위한 권리를 주장할 수 없다.

정답 ✦ ④

테마 43

부동산 실권리자 명의등기에 관한 법

1 출제예상과 학습포인트

✦ 기출횟수

25회, 27회, 28회, 30회, 31회, 32회, 33회, 34회

✦ 35회 출제 예상

출제가 예상된다.

✦ 3회 중요도

★★★

✦ 학습범위

명의신탁의 유형별 내용, 명의신탁약정에 제외사유, 특례, 제재

✦ 학습방법

3자간 등기명의신탁약정과 계약명의신탁약정에서 법률관계 학습이 필수적이고, 명의신탁약정에서 제외되는 경우 및 특례, 제재의 암기가 필요하다.

✦ 핵심쟁점

❶ 명의신탁의 유형별 법률관계 비교
❷ 명의신탁약정에서 제외 및 특례사유
❸ 제재(과징금, 이행강제금, 형벌)

2 핵심 내용

❶ 부동산실명법의 주요내용

① 누구든지 부동산에 관한 물권을 명의신탁약정에 의하여 명의수탁자명의로 등기하여서는 아니된다.
② 부동산에 관한 소유권 기타 물권에 대한 명의신탁약정이 규제내용이므로 임차권 등 채권은 실명법상 규제대상이 아니다.
③ (등기·계약)명의신탁약정은 무효로 한다.
④ 명의신탁약정에 따라 행하여진 수탁자명의의 부동산에 관한 물권변동은 무효로 한다.

⑤ 수탁자가 신탁재산을 제3자에게 처분한 경우 제3자는 명의신탁약정에 대하여 선의 또는 악의와 관계없이 부동산에 관한 권리를 취득한다.

⑥ 명의신탁자는 명의신탁약정 및 물권변동의 무효를 가지고 제3자(선의 또는 악의 불문)에게 대항하지 못한다.

❷ 명의신탁약정의 유형 및 효력

(1) 등기명의신탁

1) 2자간 명의신탁(이전형 명의신탁)

신탁자와 수탁자간 가장 매매 또는 증여의 형식을 빌어 수탁자명의로 등기를 이전하기로 하는 약정의 유형이다.

① 유형

② 효력

㉠ 명의신탁약정 및 소유권이전등기 무효이고, 소유권은 명의신탁자에게 귀속된다.

㉡ 수탁자 명의의 소유권이전등기 말소청구권을 행사하거나 진정명의회복을 위한 이전등기청구권을 행사하여 실명전환할 수 있다.

㉢ 명의신탁자는 명의신탁사실 밝혀져 형사처벌(5-2와 과징금(부동산평가액의 30/100범위내)이 부과되고, 실명등기를 이행하지 아니한 경우 이행강제금(부동산평가액의 20/100범위내)을 부과받게 된다.

㉣ 수탁자가 제3자에게 신탁대상 부동산을 처분한 경우, 그 제3자는 명의신탁약정에 대하여 선의·악의를 불문하고 유효하게 소유권을 취득하게 된다. 따라서 신탁자는 그 제3자에게 대항할 수 없으나 부당이득반환을 청구할 수 있다.

㉤ 명의수탁자가 신탁받은 부동산을 임의로 처분하여도 명의신탁자에 대한 관계에서 횡령죄가 성립되지 않는다.

2) 3자간 명의신탁(중간생략형 명의신탁)

신탁자가 매도인과 매매계약을 하고, 수탁자명의로의 이전등기를 하기로 하는 약정으로서, 신탁자 명의의 등기를 생략하고 수탁자명의의 등기를 하는 중간생략형 명의신탁약정이다.

① 유형

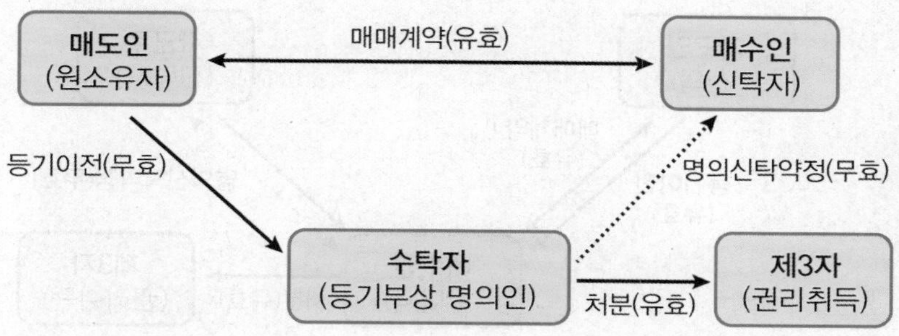

② 효력

㉠ 명의신탁약정 및 소유권이전등기는 무효이다.

㉡ 소유권은 원소유자(매도인)에게 귀속된다.

㉢ 매도인과 신탁자간의 매매계약은 유효하므로 신탁자는 매도인을 대위하여 수탁자명의로의 등기를 말소하고 원소유자를 상대로 소유권이전등기를 청구하여 소유권을 취득할 수 있다. 그러므로 수탁자명의로 등기가 된 상태에서 신탁자는 수탁자에게 부당이득반환을 청구할 수 없다.

㉣ 수탁자가 제3자에게 신탁대상 부동산을 양도한 경우, 제3자는 명의신탁약정에 대하여 선의·악의를 불문하고 유효하게 소유권을 취득하게 된다. 따라서 신탁자는 수탁자를 상대로 매매대금상당의 부당이득반환을 청구할 수 있다.

㉤ 명의수탁자가 신탁받은 부동산을 임의로 처분하여도 명의신탁자에 대한 관계에서 횡령죄가 성립되지 않는다.

(2) **계약명의신탁**(위임형 명의신탁)

명의신탁자가 명의수탁자에게 매수자금을 지원하고, 수탁자가 매도인과 직접 매매계약을 체결하여 수탁자명의로 이전등기를 하는 약정의 유형이다.

① 유형

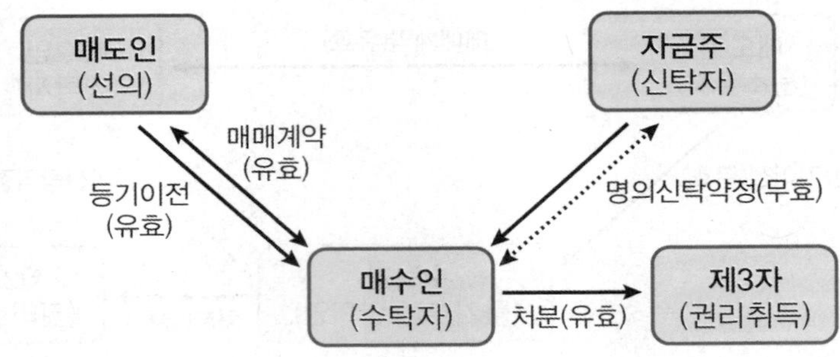

② 효력

㉠ 매도인이 명의신탁약정에 대하여 알지 못하는 경우(선의인 경우) 명의신탁약정은 무효이지만 매도인과 매수인(수탁자) 사이에 체결한 매매계약 및 이전등기는 유효하다. 따라서 수탁자는 완전·유효한 소유권을 취득하게 되고, 신탁자는 수탁자를 상대로 매수자금에 대하여 부당이득반환을 청구할 수 있다.

㉡ 명의신탁자는 형사처벌과 과징금만 부과될 뿐이고 (신탁자명의로의 등기의무가 없으므로) 이행강제금은 부과되지 않는다.

㉢ 수탁자가 신탁대상 부동산을 제3자에게 처분한 경우, 제3자는 명의신탁약정에 대하여 선의·악의를 불문하고 유효하게 소유권을 취득하게 된다. 따라서 신탁자는 그 제3자에게 대항할 수 없다.

㉣ (완전·유효한 소유권을 취득한)명의수탁자가 부동산을 임의로 처분하여도 명의신탁자에 대한 관계에서 횡령죄가 성립되지 않는다.

㉤ 매도인이 명의신탁약정에 대하여 아는 경우(악의인 경우) 명의신탁약정은 무효이고, 매도인과 매수인(수탁자) 사이에 체결한 매매계약 및 이전등기는 무효이다.
따라서 소유권은 매도인에게 귀속되고, 매수인인 수탁자는 매도인을 상대로 매매대금반환청구를 할 수 있다.

❸ 명의신탁약정에서 제외되는 경우

① 양도담보 및 가등기담보

② 구분소유적 공유관계(상호명의신탁) : 부동산의 위치와 면적을 특정하여 2인 이상이 구분소유하기로 약정하고 공유로 등기하는 경우

③ 신탁법 또는 신탁업법에 의하여 신탁재산인 사실을 등기하는 경우

❹ 종교단체, 종중 및 배우자에 대한 특례 - 유효한 명의신탁약정

조세포탈, 강제집행의 면탈 또는 법령상 제한의 회피를 목적으로 하지 않는 경우에만 특례가 인정되어 명의신탁약정은 유효하고, 이 경우 부동산실명법상의 과징금, 형사처벌을 받지 않는다.

① 종중이 보유한 부동산에 관한 물권을 종중외의 자의 명의로 등기한 경우

② 배우자 명의로 부동산에 관한 물권을 등기한 경우

③ 종교단체의 명의로 그 산하 조직이 보유한 부동산에 관한 물권을 등기한 경우

❺ 벌칙

① 명의신탁자는 5년 이하의 징역 또는 2억원 이하의 벌금에 처한다.

② 명의수탁자는 3년 이하의 징역 또는 1억원 이하의 벌금에 처한다.

❻ 과징금 및 이행강제금

① 과징금

위법한 명의신탁약정을 한 신탁자는 해당 부동산 가액의 100분의 30에 해당하는 금액의 범위에서 과징금을 부과한다.

② 이행강제금

㉠ 과징금을 부과받은 신탁자는 지체 없이 해당 부동산에 관한 물권을 자신의 명의로 등기하여야 한다.

㉡ 실명등기를 이행하지 아니한 신탁자는 과징금 부과일부터 1년이 지난 때에 부동산평가액의 100분의 10에 해당하는 금액을, 다시 1년이 지난 때에 부동산평가액의 100분의 20에 해당하는 금액을 각각 이행강제금으로 부과한다.

3 대표 기출문제

제34회 출제

01 2023. 10. 7. 甲은 친구 乙과 X부동산에 대하여 乙을 명의수탁자로 하는 명의신탁약정을 체결하였다. 개업공인중개사가 이에 관하여 설명한 내용으로 옳은 것을 모두 고른 것은? (다툼이 있으면 판례에 따름)

ㄱ. 甲과 乙 사이의 명의신탁약정은 무효이다.
ㄴ. X부동산의 소유자가 甲이라면, 명의신탁약정에 기하여 甲에서 乙로 소유권이전등기가 마쳐졌다는 이유만으로 당연히 불법원인급여에 해당한다고 볼 수 없다.
ㄷ. X부동산의 소유자가 丙이고 계약명의신탁이라면, 丙이 그 약정을 알았더라도 丙으로부터 소유권이전등기를 마친 乙은 유효하게 소유권을 취득한다.

① ㄱ ② ㄴ ③ ㄷ ④ ㄱ, ㄴ ⑤ ㄱ, ㄴ, ㄷ

해설

ㄷ. 계약명의신탁약정에서 매도인이 악의인 경우, 매도인과 명의수탁자(매수인)간 매매계약 및 이전등기는 무효이므로 소유권은 매도인(丙)에게 귀속되고, 수탁자 乙(매수인)은 매매대금반환을 청구할 수 있다.
ㄴ. 당연히 불법원인급여에 해당한다고 볼 수 없으므로 신탁자 甲은 수탁자 乙을 상대로 말소등기청구권을 행사하거나 진정명의회복을 위한 소유권이전등기를 청구할 수 있다.

답 ④

제32회 출제

02 2020. 10. 1. 甲과 乙은 甲 소유의 X토지에 관해 매매계약을 체결하였다. 乙과 丙은 「농지법」상 농지소유제한을 회피할 목적으로 명의신탁 약정을 하였다. 그 후 甲은 乙의 요구에 따라 丙명의로 소유권이전등기를 마쳐 주었다. 그 사정을 아는 개업공인중개사가 X토지의 매수의뢰인에게 설명한 내용으로 옳은 것을 모두 고른 것은? (다툼이 있으면 판례에 따름)

ㄱ. 甲이 丙 명의로 마쳐 준 소유권이전등기는 유효하다.
ㄴ. 乙은 丙을 상대로 매매대금 상당의 부당이득반환청구권을 행사할 수 있다.
ㄷ. 乙은 甲을 대위하여 丙명의의 소유권이전등기의 말소를 청구할 수 있다.

① ㄱ ② ㄴ ③ ㄷ ④ ㄱ, ㄴ ⑤ ㄴ, ㄷ

해설

3자간 등기명의신탁

ㄱ. 매도인 甲으로부터 丙 명의로 한 소유권이전등기는 무효이다.

ㄴ. 乙은 유효한 매매계약을 원인으로 소유권이전등기를 받아 소유권을 취득할 수 있으므로 丙을 상대로 부당이득반환청구를 할 수 없다. 다만, 丙이 제3자에게 신탁재산을 처분한 경우 부당이득반환청구를 할 수 있다.

답 ③

제33회 출제

03 개업공인중개사가 중개의뢰인에게 「부동산 실권리자명의 등기에 관한 법률」의 내용에 관하여 설명한 것으로 옳은 것을 모두 고른 것은? (다툼이 있으면 판례에 따름)

ㄱ. 부동산의 위치와 면적을 특정하여 2인 이상이 구분소유하기로 하는 약정을 하고 그 구분소유자의 공유로 등기한 경우, 그 등기는 「부동산 실권리자명의 등기에 관한 법률」 위반으로 무효이다.

ㄴ. 배우자 명의로 부동산에 관한 물권을 등기한 경우 조세포탈, 강제집행의 면탈 또는 법령상 제한의 회피를 목적으로 하지 아니하는 경우 그 등기는 유효하다.

ㄷ. 명의신탁자가 계약의 당사자가 되는 3자간 등기명의신탁이 무효인 경우 명의신탁자는 매도인을 대위하여 명의수탁자 명의의 등기의 말소를 청구할 수 있다.

① ㄱ ② ㄴ ③ ㄱ, ㄷ ④ ㄴ, ㄷ ⑤ ㄱ, ㄴ, ㄷ

해설

ㄱ. 부동산의 위치와 면적을 특정하여 2인 이상이 구분소유하기로 하는 약정을 하고 그 구분소유자의 공유로 등기한 경우는 구분소유자적 공유관계로서, 그 공유등기는 유효하다.

답 ④

4 출제 예상문제

01 甲은 乙과 명의신탁약정에 따라 乙에게 X토지 매수자금을 지원하고, 이에 따라 乙은 2020.10.17. 丙소유 X토지를 매수하여 乙 명의로 등기하였다. 이 사안에서 개업공인중개사가 부동산실권리자명의 등기에 관한 법률의 적용과 관련하여 설명한 내용으로 틀린 것은? (다툼이 있으면 판례에 따름)

① 甲과 乙의 위 약정을 丙이 알지 못한 경우라면 그 약정은 유효하다.
② 甲과 乙의 위 약정을 丙이 알지 못한 경우, 乙은 X토지의 소유권을 취득한다.
③ 甲과 乙의 위 약정을 丙이 안 경우, 丙에게 소유권이 귀속된다.
④ 甲과 乙의 위 약정을 丙이 안 경우, 乙은 丙에게 매매대금의 반환을 청구할 수 없다.
⑤ 甲과 乙의 위 약정을 丙이 안 경우, 乙로부터 X토지를 매수하여 등기한 丁은 그 소유권을 취득하지 못한다.

해설 ✦ 계약명의신탁약정에서 매도인이 (매매계약체결당시) 명의신탁약정을 안 경우, 매도인과 수탁자와의 매매계약 및 이전등기는 무효이므로 소유권은 매도인에게 귀속되고, 수탁자는 매도인을 상대로 매매대금의 반환을 청구할 수 있다.

정답 ✦ ④

테마 44,45

주택 및 상가건물임대차계약실무 (주택 및 상가건물임대차보호법)

1 출제예상과 학습포인트

✦ 기출횟수

25회, 26회, 27회, 28회, 29회, 30회, 31회, 32회, 33회, 34회

✦ 35회 출제 예상

출제가 예상된다.

✦ 35회 중요도

★★★

✦ 학습범위

주택 및 상가건물임대차보호법의 전반적인 내용

✦ 학습방법

주택 및 상가건물임대차보호법상 차이점의 학습을 기초로 하고, 법규정별 판례 학습도 필수적이다.

✦ 핵심쟁점

❶ 적용범위, 대항력
❷ 묵시적 갱신과 계약갱신요구권
❸ 우선변제권 행사요건
❹ 임차권등기명령
❺ 상가건물에 대한 권리금회수기회보호

2 핵심 내용

❶ 적용범위

(1) 주택임차인의 보호범위

① 자연인(외국인 포함)이 임차인인 경우 적용된다.

② 법인이 임차인인 경우

㉠ 원칙적으로 법인은 주택임차인으로서의 보호를 받을 수 없다.

㉡ 다만, 한국토지주택공사와 주택사업을 목적으로 설립한 지방공사, 「중소기업기본법」 제2조에 따른 중소기업은 적용된다.

(2) 주택임대차 목적물의 범위

임차주택의 일부가 주거 외의 목적으로 사용되는 경우에도 적용된다. 단, 일시 사용을 위한 임대차의 경우에는 적용되지 않는다.

① 미등기 전세에도 적용된다.

② 미등기 건물, 무허가 건물, 공부(건축물대장 등)의 등재 여부에 관계없이 사실상 주거용으로 사용하면 적용된다.

참고 상가건물임대차보호법[1] 적용대상

보증금과 차임(월세)환산액[차임(월세)×100]을 합한 금액이 일정액 이하이고, 사업자등록의 대상이 되는 상가건물의 임대차에 적용되므로 종교·자선단체 및 친목모임 사무실 등은 이에 해당되지 않는다.

[상가건물임대차보호법 전면적용대상 보증금액]

구분	서울특별시	과밀억제권역	광역시	기타
2018.1.26. - 2019.4.1	6억1천만원이하	5억원이하	3억9천만원이하	2억7천만원이하
2019.4.2. - 현행	9억원이하	6억9천만원이하	5억4천만원이하	3억7천만원이하

㈜ 「수도권정비계획법」에 따른 과밀억제권역(서울특별시는 제외한다) 및 부산광역시

㈜ 광역시(「수도권정비계획법」에 따른 과밀억제권역에 포함된 지역과 군지역, 부산광역시는 제외한다), 세종특별자치시, 파주시, 화성시, 안산시, 용인시, 김포시 및 광주시

※ ㉠ 대항력(임대인지위승계포함), ㉡ 계약갱신요구권, ㉢ 권리금회수기회 보호, ㉣ 3기 차임연체시 계약해지규정은 보증금액에 관계없이 적용된다.

❷ 대항력

(1) 요건 : 주택의 인도(입주)+주민등록(전입신고) (× 확정일자인)

(2) 효력발생일

임대차는 그 등기가 없는 경우에도 대항요건을 갖춘 때에는 그 다음날 0시부터 제3자에 대하여 대항력이 발생한다. 주택의 양수인은 임대인의 지위를 승계한 것으로 본다.

(3) 효력

① 상속인·수증자·낙찰자·매수인 등 제3자에게 임차권을 주장할 수 있다.

② 주택의 임차인이 제3자에 대하여 대항력을 구비한 후에 임대주택의 소유권이 양도된 경우 그 양수인이 임대인의 지위를 승계하게 되는 것으로 양도인(임대인)의 임대차보증금반환채무는 소멸한다.

(4) 유효한 공시방법(주민등록)을 갖추어야 한다.

① 다가구는 지번만, 다세대는 지번에 동·호수까지 신고하여야 한다.

② 다가구용 단독주택이 다세대주택으로 변경된 경우의 대항력
다가구용 단독주택으로 소유권보존등기가 경료된 건물의 일부를 임차한 임차인은 이를 인도받고 임차건물의 지번을 정확히 기재하여 전입신고를 하면 주택임대차보호법에 따른 대항력을 적법하게 취득하고, 그 후 다가구용 단독주택이 다세대주택으로 변경되었다는 사정만으로 임차인이 이미 취득한 대항력을 상실하게 되는 것은 아니다.

(5) 관련판례

① 매매계약과 동시에 임대차계약을 체결한 경우 임차인의 대항력취득시기
주택임대차보호법상의 임차인으로서의 대항력을 갖는 시기는 매수인명의의 소유권이전등기를 한 다음 날부터이다.

② 임차주택이 경매된 경우 임차권은 소멸되지만, 보증금이 전액 변제되지 아니한 대항력 있는 임차권은 소멸되지 않는다.

참고 상가건물임대차보호법[2] 대항력 등

① 효력발생일 : 임대차는 그 등기가 없는 경우에도 임차인이 건물의 인도와 사업자등록을 신청한 때에는 그 다음날부터 제3자에 대하여 효력이 생긴다.

② 상가건물을 임차하고 사업자등록을 마친 사업자가 폐업한 경우에는 그 사업자등록은 상임법상 상가임대차의 공시방법으로 요구하는 적법한 사업자등록이라고 볼 수 없으므로 그 사업자가 폐업신고를 하였다가 다시 같은 상호 및 등록번호로 사업자등록을 하였다고 하더라도 대항력 및 우선변제권이 그대로 존속한다고 할 수 없다.

❸ 우선변제권 : 대항요건 + 확정일자인

(1) 요건 : 대항요건(주택의 인도+전입신고)+확정일자인

확정일자를 받은 임대차계약서가 당사자 사이에 체결된 당해 임대차계약에 관한 것으로서 진정하게 작성된 이상 그 계약서에 임대차 목적물을 표시하면서 아파트의 명칭과 그 전유부분의 동·호수의 기재를 누락하였다는 사유만으로 확정일자의 요건을 갖추지 못하였다고 볼 수 없다.

(2) 효력

경매 또는 공매시 임차주택(대지포함)의 환가대금에서 후순위권리자 기타 채권자보다 보증금액에 관계없이 우선변제 받을 수 있다.

(3) 우선변제권 효력발생일

판례는 주택의 임차인이 주택의 인도와 주민등록을 마친(=대항요건 갖춘날) 당일 또는 그 이전에 임대차 계약서상에 확정일자를 갖춘 경우, 그 우선변제권은 주택의 인도와 주민등록을 마친 "다음 날"(= 대항력이 발생하는 날)을 기준으로 발생한다고 본다.

(4) 임차인의 우선변제권 효력발생일과 담보권자와의 우선순위 비교

저당권설정등기일 과 임차인의 대항요건을 갖춘 날이 같은 경우 저당권자가 항상 우선변제를 받는다.

① 임차인의 우선변제권은 저당권이나 전세권처럼 임의경매신청권이 있는 것은 아니다.

② 배당요구종기까지 배당요구를 하여야 한다. 다만, 경매신청등기전에 임차권등기가 경료된 경우에는 배당요구를 하지 않아도 배당받을 수 있다.

(5) 금융기관 등의 우선변제권의 취득

① 금융기관 등이 우선변제권을 취득한 임차인의 보증금반환채권을 계약으로 양수한 경우에는 양수한 금액의 범위에서 우선변제권을 승계한다.

② 우선변제권을 승계한 금융기관 등은 다음에 해당하는 경우에는 우선변제권을 행사할 수 없다.

㉠ 임차인이 대항요건을 상실한 경우

㉡ 임차권등기가 말소된 경우

㉢ 「민법」 제621조에 따른 임대차등기가 말소된 경우

③ 금융기관등은 우선변제권을 행사하기 위하여 임차인을 대리하거나 대위하여 임대차를 해지할 수 없다.

④ 금융기관 등은 임차인을 대위하여 임차권등기명령을 신청할 수 있다.

(6) 확정일자 부여 및 임대차 정보제공 등

① 확정일자는 주택 소재지의 읍·면사무소, 동 주민센터 또는 시(특별시·광역시·특별자치시는 제외하고, 특별자치도는 포함한다)·군·구(자치구를 말한다)의 출장소, 지방법원 및 그 지원과 등기소 또는「공증인법」에 따른 공증인("확정일자부여기관")이 부여한다.

② 임대차계약을 체결하려는 자는 임대인의 동의를 받아 확정일자부여기관에 정보제공을 요청할 수 있다.

③ 임대인과 임차인의 인적사항에 관한 정보는 해당 주택의 임대인·임차인, 임대인(임대인의 직계존속·직계비속을 포함한다)이 목적 주택에 실제 거주하려는 사유로 계약의 갱신이 거절된 임대차계약의 임차인이었던 자만 요청할 수 있다.

참고 상가건물임대차보호법[6] 등록사항 등의 열람 및 제공요청

건물임대차에 이해관계가 있는 자는 건물의 소재지 관할 세무서장에게 상가건물임대차에 관련된 사항의 열람 또는 제공을 요청할 수 있다. 이 때 관할 세무서장은 정당한 사유없이 이를 거부할 수 없다.

(7) **임대인의 정보 제시 의무** : 주택임대차계약을 체결할 때 임대인은 다음의 사항을 임차인에게 제시하여야 한다.

① 해당 주택의 확정일자 부여일, 차임 및 보증금 등 정보. 다만, 임대인이 임대차계약을 체결하기 전에 임대인이 동의함으로써 이를 갈음할 수 있다.

② 「국세징수법」에 따른 납세증명서 및 「지방세징수법」에 따른 납세증명서. 다만, 임대인이 임대차계약을 체결하기 전에 「국세징수법」에 따른 미납국세와 체납액의 열람 및 「지방세징수법」에 따른 미납지방세의 열람에 각각 동의함으로써 이를 갈음할 수 있다.

(8) **관련판례**

① 대항력과 우선변제권을 겸유하고 있는 임차인이 (우선변제권을 행사하여) 경매절차에서 배당요구를 하였으나 보증금전액을 배당받지 못한 때에는 그 잔액을 반환받을 때까지 매수인에게 대항할 수 있을 뿐이고, 그 후 그 주택에 새로이 경료된 저당권설정등기에 기한 경매절차에서는 배당받을 수 없다.

③ 대항력을 갖춘 임차인이 저당권설정등기 이후에 임대인과의 합의에 의하여 보증금을 증액한 경우 보증금 중 증액부분에 관하여는 저당권에 기하여 건물을 낙찰받은 자에게 대항할 수 없다.

참고 상가건물임대차보호법[3] 확정일자부 임차인의 우선변제권

① 대항요건을 갖추고 관할 세무서장으로부터 임대차계약서상의 확정일자를 받은 임차인은 민사집행법에 의한 경매 또는 국세징수법에 의한 공매시 임차건물(임대인 소유의 대지를 포함한다)의 환가대금에서 후순위권리자 그 밖의 채권자보다 우선하여 보증금을 변제받을 권리가 있다.

② 임차인이 집행권원에 기한 (강제)경매를 신청하는 경우에는 민사집행법 규정에 불구하고 반대의무의 이행 또는 이행의 제공을 집행개시의 요건으로 하지 아니하므로 임차인은 목적물을 계속 사용·수익하면서 경매를 신청할 수 있다. 다만, 임차인은 임차건물을 양수인에게 인도하지 아니하면 보증금(배당금)을 수령할 수 없다.

❹ 상가건물전대차 : 권리금회수기회보호규정은 전대차의 경우 적용되지 않는다.

① 상가건물을 임차하고 사업자등록을 마친 사업자(임차인)가 임차건물의 ㉠ 전대차 등으로 당해 사업을 개시하지 않거나 사실상 폐업한 경우에는 그(임차인명의의) 사업자등록은 부가가치세법 및 상가건물 임대차보호법이 상가임대차의 공시방법으로 요구하는 적법한 사업자등록이라고 볼 수 없고, 이 경우 ㉡임차인이 상가건물 임대차보호법상의 대항력 및 우선변제권을 유지하기 위해서는 건물을 직접 점유하면서 사업을 운영하는 전차인이 그 명의로 사업자등록을 하여야 한다.

② 전차인에게 ㉠ 계약갱신요구권, ㉡ 차임 등의 증감청구권 ㉢ 월차임 전환시 산정률 제한 ㉣ 3기차임 연체시 해지규정은 적용된다.

③ 임대인의 동의를 받고 전차한 경우에는 임차인의 계약갱신요구권 행사기간 범위내에서 임차인을 대위하여 임대인에게 계약갱신요구권을 행사할 수 있다.

❺ 소액임차인의 우선변제권 : 대항요건 + 소액보증금(×확정일자인)

① 경매신청등기 전에 대항요건을 갖추어야 한다.

② 경매신청등기 전에 소액이 아닌 임차보증금을 소액보증금의 범위내로 감축하는 계약을 체결하였다면 소액임차인으로서 보호를 받을 수 있다.

③ 점포 및 사무실로 사용되던 건물에 근저당권이 설정된 후 그 건물이 주거용 건물로 용도 변경된 경우, 이를 임차한 소액임차인은 보증금 중 일정액을 근저당권자에 대하여 우선변제권이 있다.

⧐ 주택임차인의 소액보증금과 최우선변제액의 범위]

저당설정등기일	지역	소액보증금범위	최우선변제액
2023. 2.21~ 현행	서울특별시	1억6천5백만원	5,500만원
	「수도권정비계획법」에 따른 과밀억제권역(서울특별시는 제외), 화성시, 세종특별자치시, 용인시	1억4천5백만만원	4,800만원
	광역시(「수도권정비계획법」에 따른 과밀억제권역에 포함된 지역과 군지역은 제외), 안산시, 김포시 및 광주시	8,500만원	2,800만원
	그 밖의 지역	7,500만원	2,500만원

참고 상가건물임대차보호법[4] 소액임차인의 (최)우선변제권

① 소액임차인의 최우선변제권은 대항요건만 갖추면 확정일자를 받지 않았더라도 다른 담보권자보다 보증금 중 일정액을 반환받을 수 있다. 그러나 임차권등기명령의 집행에 의한 임차권등기가 경료된 건물을 그 이후에 임차한 임차인은 최우선변제권이 없다.

② 임차인은 보증금중 일정액을 다른 담보물권자보다 우선하여 변제받을 권리가 있다. 이 경우 임차인은 건물에 대한 경매신청등기 전에 대항요건을 갖추어야 하고 매각허가결정기일까지 존속시켜야 한다.

[상가건물 소액임차인의 범위 및 최우선변제액 한도]

구분	서울특별시	과밀억제권역	광역시	기타
	소액보증금/ 최우선변제액	소액보증금/ 최우선변제액	소액보증금/ 최우선변제액	소액보증금/ 최우선변제액
2010. 7. 26 - 2013. 12. 31	5.000만원이하/ 1.500만원	4.500만원이하/ 1.350만원	3.000만원이하/ 900만원	2.500만원이하/ 750만원
2014. 1. 1- 현행	6,500만원이하/ 2,200만원	5,500만원이하/ 1,900만원	3,800만원이하/ 1,300만원	3,000만원이하/ 1,000만원

㈜ 과밀억제권역에는 서울특별시는 제외된다.

㈜ 2010.7.26 이후 광역시는 광역시와 안산시, 용인시, 김포시 및 광주시를 말하고, 과밀억제권역에 포함된 지역과 군지역은 제외된다.

⑥ 임차권등기명령신청제도(주임법과 상임법 공통)

① 임대차가 종료된 후 보증금을 반환받지 못한 임차인은 단독으로 임차주택의 소재지를 관할하는 법원에 임차권등기명령을 신청할 수 있다. 임차권등기명령신청을 기각하는 결정에 대하여 임차인은 항고할 수 있다.

② 임차권등기명령의 집행에 의한 임차권등기가 경료되면 등기와 동시에 대항력 및 우선변제권 취득한다.

③ 다만, 이미 취득한 대항력 및 우선변제권은 상실하지 아니하며, 임차권등기 이후에는 대항요건을 갖추지 않더라도 임차인이 종전에 가졌던 대항력과 우선변제권은 상실되지 아니한다.

④ 임대인에게 임차권등기명령이 송달되기 전에도 임차권등기명령을 집행할 수 있다.

⑤ 임차권등기 경료 후 임차한 소액임차인에게는 최우선변제권이 인정되지 않는다.

⑥ 등기신청 및 등기관련비용은 임대인에게 청구할 수 있다.

⑦ 임대인의 임대차보증금의 반환의무가 임차인의 임차권 등기말소의무보다 먼저 이행되어야 할 의무이다.

⑧ 첫 경매개시결정등기 전에 임차권등기명령에 의하여 임차권등기를 한 임차인은 배당요구를 하지 않아도 배당을 받을 수 있는 채권자에 속한다.

❼ 주택임차권의 존속보장

(1) 최단기의 제한

① 기간의 정함이 없거나 2년 미만으로 정한 임대차는 그 기간을 2년으로 본다.

② 임차인은 2년 미만으로 정한 기간의 유효함을 주장할 수 있지만 임대인은 2년 기간에 구속되므로 그 기간만료를 이유로 주택의 반환을 청구할 수 없다.

(2) 보증금의 반환과 임대차관계의 존속

임대차가 종료한 경우라도 임차인이 보증금을 반환받을 때까지는 임대차관계가 존속한다.

(3) 계약의 갱신(법정갱신=묵시적 갱신)

① 임대인이 임대차기간이 끝나기 6개월 전부터 2개월 전까지의 기간에 임차인에게 갱신거절(更新拒絶)의 통지를 하지 아니하거나 계약조건을 변경하지 아니하면 갱신하지 아니한다는 뜻의 통지를 하지 아니한 경우에는 그 기간이 끝난 때에 전 임대차와 동일한 조건으로 다시 임대차한 것으로 본다. 임차인이 임대차기간이 끝나기 2개월 전까지 통지하지 아니한 경우에도 또한 같다. 묵시적 갱신의 경우 임대차의 존속기간은 2년으로 본다.

㉠ 묵시적으로 갱신된 경우 임차인은 언제든지 임대인에게 계약해지를 통지할 수 있다.

㉡ 해지의 통지는 임대인이 그 통지를 받은 날부터 3개월이 지나면 그 효력이 발생한다.

② 그러나 2기의 차임액에 달하도록 차임을 연체하거나 기타 임차인으로서의 의무를 현저히 위반한 임차인에 대하여는 법정갱신(묵시적 갱신)이 인정되지 않는다.

(4) 계약갱신요구 등

① 계약의 묵시적 갱신에도 불구하고 임대인은 임차인이 6개월 전부터 2개월 전까지 계약갱신을 요구할 경우 정당한 사유 없이 거절하지 못한다. 다만, 다음의 어느 하나에 해당하는 경우에는 거절할 수 있다.

㉠ 임차인이 2기의 차임액에 해당하는 금액에 이르도록 차임을 연체한 사실이 있는 경우

㉡ 임차인이 거짓이나 그 밖의 부정한 방법으로 임차한 경우

㉢ 서로 합의하여 임대인이 임차인에게 상당한 보상을 제공한 경우

㉣ 임차인이 임대인의 동의 없이 목적 주택의 전부 또는 일부를 전대(轉貸)한 경우

㉤ 임차인이 임차한 주택의 전부 또는 일부를 고의나 중대한 과실로 파손한 경우

㉥ 임차한 주택의 전부 또는 일부가 멸실되어 임대차의 목적을 달성하지 못할 경우

㉦ 임대인이 다음 각 목의 어느 하나에 해당하는 사유로 목적 주택의 전부 또는 대부분을 철거하거나 재건축하기 위하여 목적 주택의 점유를 회복할 필요가 있는 경우

가. 임대차계약 체결 당시 공사시기 및 소요기간 등을 포함한 철거 또는 재건축 계획을 임차인에게 구체적으로 고지하고 그 계획에 따르는 경우

나. 건물이 노후·훼손 또는 일부 멸실되는 등 안전사고의 우려가 있는 경우

다. 다른 법령에 따라 철거 또는 재건축이 이루어지는 경우

ⓞ 임대인(임대인의 직계존속·직계비속을 포함한다)이 목적 주택에 실제 거주하려는 경우

ⓩ 그 밖에 임차인이 임차인으로서의 의무를 현저히 위반하거나 임대차를 계속하기 어려운 중대한 사유가 있는 경우

② 임차인은 계약갱신요구권을 1회에 한하여 행사할 수 있다. 이 경우 갱신되는 임대차의 존속기간은 2년으로 본다.

③ 갱신되는 임대차는 전 임대차와 동일한 조건으로 다시 계약된 것으로 본다. 다만, 증액청구는 약정한 차임이나 보증금의 20분의 1의 금액을 초과하지 못한다.

④ 요구에 따라 갱신된 경우 임차인은 언제든지 임대인에게 계약해지를 통지할 수 있다.

⑤ 임차인의 해지통지에 따른 해지는 임대인이 그 통지를 받은 날부터 3개월이 지나면 그 효력이 발생한다.

참고 상가건물임대차보호법[5] 계약갱신요구 및 법정갱신

① **최단기의 제한**
기간의 정함이 없거나 1년 미만으로 정한 임대차는 그 기간을 1년으로 본다.

② **계약갱신요구** : 임차인이 임대차기간 만료전 6개월부터 1월까지 최초의 임대차
기간을 포함한 전체 임대차 기간이 10년을 초과하지 않는 범위 내에서 계약갱신을 요구할 수 있다. 다만, 임대인은 다음에 해당하는 경우에는 거절할 수 있다.

㉠ 임차인이 3기의 차임액에 해당하는 금액에 이르도록 차임을 연체한 사실이 있는 경우
㉡ 임차인이 거짓이나 그 밖의 부정한 방법으로 임차한 경우
㉢ 서로 합의하여 임대인이 임차인에게 상당한 보상을 제공한 경우
㉣ 임차인이 임대인의 동의 없이 목적 건물의 전부 또는 일부를 전대(轉貸)한 경우
㉤ 임차인이 임차한 건물의 전부 또는 일부를 고의나 중대한 과실로 파손한 경우
㉥ 임차한 건물의 전부 또는 일부가 멸실되어 임대차의 목적을 달성하지 못할 경우
㉦ 임대인이 다음에 해당하는 사유로 목적 건물의 전부 또는 대부분을 철거하거나 재건축하기 위하여 목적 건물의 점유를 회복할 필요가 있는 경우
ⓐ 임대차계약 체결 당시 공사시기 및 소요기간 등을 포함한 철거 또는 재건축 계획을 임차인에게 구체적으로 고지하고 그 계획에 따르는 경우
ⓑ 건물이 노후·훼손 또는 일부 멸실되는 등 안전사고의 우려가 있는 경우
ⓒ 다른 법령에 따라 철거 또는 재건축이 이루어지는 경우
ⓞ 그 밖에 임차인이 임차인으로서의 의무를 현저히 위반하거나 임대차를 계속하기 어려운 중대한 사유가 있는 경우

③ **계약갱신의 특례**
계약갱신요구권은 대통령령이 정하는 보증금액을 초과하는 경우에도 적용되며, 보증금액을 초과하는 임대차의 계약갱신의 경우에는 당사자는 상가건물에 관한 조세, 공과금, 주변 상가건물의 차임 및 보증금, 그 밖의 부담이나 경제사정의 변동 등을 고려하여 차임과 보증금의 증감을 청구할 수 있다.

④ **묵시적 갱신**
임대인이 임대차기간 만료전 6개월부터 1월까지 임차인에 대하여 갱신거절의 통지 또는 조건의 변경에 대한 통지를 하지 아니한 경우에는 그 기간이 만료된 때에 전임대차와 동일한 조건으로 다시 임대차한 것으로 본다. 이 경우 임차인은 언제든지 임대인에 대하여 계약해지의 통고를 할 수 있고, 임대인이 그 통고를 받은 날부터 3개월이 경과하면 그 효력이 발생한다.

❽ 주택임대차의 차임 등의 증감청구권

① 증액청구는 약정차임 또는 보증금의 1/20의 금액(=5%)을 초과하지 못하고, 임대차계약 또는 증액이 있은 후 1년 이내에는 청구하지 못한다.

② 임대차계약이 종료된 후 재계약을 하거나 또는 임대차계약기간중 당사자의 합의증액의 경우에는 약정차임 또는 보증금의 1/20 초과하는 증액이 가능하다.

③ 감액청구는 약정차임 또는 보증금의 1/20의 금액(=5%)을 초과하여 할 수 있고, 임대차계약 또는 감액이 있은 후 1년 이내에 감액청구를 할 수 있다.

참고 상가건물임대차보호법[7] 차임증액청구의 제한

증액청구는 차임 또는 보증금의 5/100의 금액(=5%)을 초과하지 못하고, 임대차계약 또는 증액이 있은 후 1년 이내에는 청구하지 못한다.(재계약·합의증액·감액청구는 제한없다.)

⑨ 주택임대차의 월차임전환시 산정률의 제한

보증금의 전부 또는 일부를 월 단위의 차임으로 전환하는 경우에는 전환되는 금액의 연1할(연10%) 또는 한국은행에서 공시한 기준금리에 연 2%를 더한 비율 중 낮은 비율을 곱한 월차임의 범위를 초과하지 못한다.

예를 들어, 한국은행이 공시한 기준금리가 4%인 경우, 보증금 1억 원을 7천만 원으로 내리고 3천만원을 월차임으로 전환하는 경우 임대인이 받을 수 있는 「주택임대차보호법 시행령」상 월차임의 상한액은 3천만원을 월세로 전환(6%)하면, 연 180만원을 초과할 수 없고, 이를 월세로 12개월로 나누면, 월 150,000원을 초과할 수 없다.

참고 상가건물임대차보호법[8] 월차임전환시 산정률 제한

연 1할 2푼(12%) 또는 한국은행 에서 공시한 기준금리의 4.5배수를 곱한 비율 중 낮은 비율을 곱한 월차임의 범위를 초과 하지 못한다.

⑩ 초과 차임 등의 반환청구

임차인이 증액비율(5%)을 초과하여 차임 또는 보증금을 지급하거나 월차임 산정률을 초과하여 차임을 지급한 경우에는 초과 지급된 차임 또는 보증금 상당금액의 반환을 청구할 수 있다.

⑪ 주택임차인의 사망시 임차권의 승계 등

상속권자 없이 임차인이 사망한 경우 가정공동생활을 하고 있는 사실혼관계의 배우자가 승계받는다.

⑫ 임대차위원회

주택임대차위원회	상가건물임대차위원회
법무부에 주택임대차위원회를 둔다.	
최우선변제를 받을 임차인 및 보증금 중 일정액의 범위와 기준을 심의	
×	적용대상 보증금액의 범위

⑬ 임대차분쟁조정위원회

구분	주택임대차분쟁조정위원회	상가건물임대차분쟁조정위원회
설치	대한법률구조공단의 지부, 한국토지주택공사의 지사 또는 사무소 및 한국부동산원의 지사 또는 사무소에 둔다.	
심의·조정사항	㉠ 차임 또는 보증금의 증감에 관한 분쟁 ㉡ 임대차 기간에 관한 분쟁 ㉢ 보증금 또는 임차주택의 반환에 관한 분쟁 ㉣ 임차주택의 유지·수선 의무에 관한 분쟁 ㉤ 임대차계약의 이행 및 임대차계약 내용의 해석에 관한 분쟁 ㉥ 임대차계약 갱신 및 종료에 관한 분쟁 ㉦ 임대차계약의 불이행 등에 따른 손해배상청구에 관한 분쟁 ㉧ 공인중개사 보수 등 비용부담에 관한 분쟁 ㉨ 임대차표준계약서 사용에 관한 분쟁	
		권리금에 관한 분쟁
조정의 성립	㉠ 조정위원회가 조정안을 작성한 경우에는 그 조정안을 지체 없이 각 당사자에게 통지하여야 한다. ㉡ 조정안을 통지받은 당사자가 통지받은 날부터 7일 이내에 수락의 의사를 서면으로 표시하지 아니한 경우에는 조정을 거부한 것으로 본다.	

참고 상가건물임대차보호법[8] 권리금회수기회보호 등: 전대차의 경우에는 적용되지 않는다.

1. **권리금 계약**
   신규임차인이 되려는 자가 임차인에게 권리금을 지급하기로 하는 계약을 말한다.
2. **권리금 회수기회 보호 등**
   ① 임대인은 임대차기간이 끝나기 6개월 전부터 임대차 종료 시까지 다음의 어느 하나에 해당하는 행위를 함으로써 권리금 계약에 따라 임차인이 주선한 신규임차인이 되려는 자로부터 권리금을 지급받는 것을 방해하여서는 아니 된다. 다만, 임차인의 계약갱신요구에 대한 임대인의 갱신거절사유가 있는 경우에는 방해행위에 해당하지 않는다.
   ㉠ 임대인이 임차인이 주선한 신규임차인이 되려는 자에게 권리금을 요구하거나 임차인이 주선한 신규임차인이 되려는 자로부터 권리금을 수수하는 행위
   ㉡ 임대인이 임차인이 주선한 신규임차인이 되려는 자로 하여금 임차인에게 권리금을 지급하지 못하게 하는 행위
   ㉢ 임대인이 임차인이 주선한 신규임차인이 되려는 자에게 상가건물에 관한 조세, 공과금, 주변 상가건물의 차임 및 보증금, 그 밖의 부담에 따른 금액에 비추어 현저히 고액의 차임과 보증금을 요구하는 행위
   ㉣ 그 밖에 정당한 사유 없이 임대인이 임차인이 주선한 신규임차인이 되려는 자와 임대차계약의 체결을 거절하는 행위
   ② 다음에 해당하는 경우에는 임대인은 임차인이 주선한 신규임차인이 되려는 자와 임대차계약의 체결을 거절할 수 있다.= 정당한 사유가 있는 것으로 본다.
   ㉠ 임차인이 주선한 신규임차인이 되려는 자가 보증금 또는 차임을 지급할 자력이 없는 경우
   ㉡ 임차인이 주선한 신규임차인이 되려는 자가 임차인으로서의 의무를 위반할 우려가 있거나 그 밖에 임대차를 유지하기 어려운 상당한 사유가 있는 경우
   ㉢ 임대차 목적물인 상가건물을 1년 6개월 이상 영리목적으로 사용하지 아니한 경우
   ㉣ 임대인이 선택한 신규임차인이 임차인과 권리금계약을 체결하고 그 권리금을 지급한 경우
   ③ 임대인이 임차인의 권리금회수기회를 방해하여 임차인에게 손해를 발생하게 한 때에는 그 손해를 배상할 책임이 있다. 이 경우 그 손해배상액은 신규임차인이 임차인에게 지급하기로 한 권리금과 임대차 종료 당시의 권리금 중 낮은 금액을 넘지 못한다.

참고 상가건물임대차보호법[8] 권리금회수기회보호 등

④ 임차인이 임대인에게 손해배상을 청구할 권리는 임대차가 종료한 날부터 3년 이내에 행사하지 아니하면 시효의 완성으로 소멸한다.

⑤ 임차인은 임대인에게 임차인이 주선한 신규임차인이 되려는 자의 보증금 및 차임을 지급할 자력 또는 그 밖에 임차인으로서의 의무를 이행할 의사 및 능력에 관하여 자신이 알고 있는 정보를 제공하여야 한다.

3. **권리금 적용 제외** - 「전통시장 및 상점가 육성을 위한 특별법」에 따른 전통시장은 적용된다.
   ① 임대차 목적물인 상가건물이「유통산업발전법」에 따른 대규모점포 또는 준대규모점포의 일부인 경우
   ② 임대차 목적물인 상가건물이 「국유재산법」에 따른 국유재산 또는 「공유재산 및 물품 관리법」에 따른 공유재산인 경우
4. **표준권리금계약서의 작성 등**
   국토부장관은 법무부장관과 협의를 거쳐임차인과 신규임차인이 되려는 자가 권리금 계약을 체결하기 위한 표준권리금계약서를 정하여 그 사용을 권장할 수 있다.
5. **권리금 평가기준의 고시**
   국토교통부장관은 권리금에 대한 감정평가의 절차와 방법 등에 관한 기준을 고시할 수 있다.
6. **표준계약서의 작성 등**
   법무부장관은 국토부장관과 협의를 거쳐 보증금, 차임액, 임대차기간, 수선비 분담 등의 내용이 기재된 상가건물임대차표준계약서를 정하여 그 사용을 권장할 수 있다.

참고 상가건물임대차보호법[9] 차임연체와 해지

임차인의 차임연체액이 3기의 차임액에 달하는 때에는 임대인은 계약을 해지할 수 있다.

참고 주택임대차보호법 및 상가건물임대차보호

구분	주택임대차보호법	상가건물임대차보호법
적용범위	주거용 건물(사실상) - 미등기건물, 무허가건물 - 미등기전세에도 적용	상가건물 + 사업자등록 대상 - 미등기전세에도 적용
대항요건 및 대항력	주민등록(전입신고)와 인도 : 다음날 0시부터 대항력 발생	사업자등록신청과 인도 : 다음날 0시부터 대항력 발생
우선변제권	대항요건과 확정일자(법원, 등기소, 공증인사무소, 동 주민센터 등)	대항요건과 확정일자(세무서장)
최우선변제권	주택 또는 상가건물가액(대지포함)의 1/2 범위내	
최단기 제한	2년	1년
임차권등기명령	있다.	
임차인의 갱신요구권	6개월 전부터 2개월 전까지 1회에 한하여 행사, 존속기간 2년	기간만료전 6개월부터 1월까지 : 최초기간을 포함하여 10년 이내
차임 등의 증액청구제한	약정한 차임의 1/20(5%) 이내	약정한 차임의 5/100(5)% 이내
월차임전환시 산정율제한	전환되는 금액에 연 1할(10%) 또는 한국은행에서 공시한 기준금리에 연 2%를 더한 비율 중 낮은 비율을 곱한 월차임(月借賃)의 범위를 초과할 수 없다.	전환되는 금액에 연1할2푼(12%) 또는 한국은행에서 공시한 기준금리에 4.5배를 곱한 비율 중 낮은 비율을 곱한 월 차임의 범위를 초과할 수 없다.
등록사항 등의 열람·제공 요청권	확정일자부여기관에 정보제공요청가능	관할 세무서장에게 요청가능
차임연체시 해지	없다.(민법준용)	3기 연체시 해지가능
분쟁조정위원회	법률구조공단, 토지주택공사, 부동산원에 둔다.	
임대차위원회	법무부에 둔다.	

3 대표 기출문제

제34회 출제

01 개업공인중개사가 「주택임대차보호법」의 적용에 관하여 설명한 내용으로 틀린 것을 모두 고른 것은? (다툼이 있으면 판례에 따름)

ㄱ. 주택의 미등기 전세계약에 관하여는「주택임대차보호법」을 준용한다.
ㄴ. 주거용 건물에 해당하는지 여부는 임대차목적물의 공부상의 표시만을 기준으로 정하여야 한다.
ㄷ. 임차권등기 없이 우선변제청구권이 인정되는 소액임차인의 소액보증금반환채권은 배당요구가 필요한 배당요구채권에 해당하지 않는다.

① ㄱ ② ㄴ ③ ㄱ, ㄷ ④ ㄴ, ㄷ ⑤ ㄱ, ㄴ, ㄷ

해설

ㄴ. 주거용 건물에 해당하는지 여부는 공부상 등재여부 및 용도에 관계없이 사실상 주거용 건물인지에 따라 판단해야 한다.
ㄷ. 임차권등기 없는 임차인의 우선변제권(확정일자 임차인 또는 소액임차인의 우선변제권)은 법원이 정하는 배당요구종기(첫 매각기일 이전의 날로 정하여 공고하는 날)까지 배당요구를 하여야 하는 배당요구채권에 해당한다.

답 ④

제33회 출제

02 개업공인중개사가 중개의뢰인에게 「주택임대차보호법」의 내용에 관하여 설명한 것으로 틀린 것은? (단, 임차인은 자연인임)

① 「주택임대차보호법」은 주거용 건물의 임대차에 적용되며, 그 임차주택의 일부가 주거 외의 목적으로 사용되는 경우에도 적용된다.
② 임차인의 계약갱신요구권의 행사를 통해 갱신되는 임대차의 존속기간은 2년으로 본다.
③ 임차인은 임차주택에 대한 경매신청의 등기 전에 대항요건을 갖추지 않은 경우에도 보증금 중 일정액에 대해서는 다른 담보물권자보다 우선하여 변제받을 권리가 있다.

④ 임차인이 대항력을 갖춘 경우 임차주택의 양수인은 임대인의 지위를 승계한 것으로 본다.

⑤ 임차권등기명령의 집행에 따른 임차권등기를 마친 임차인은 이후 대항요건을 상실하더라도 이미 취득한 대항력 또는 우선변제권을 상실하지 아니한다.

해설

③ 소액임차인이 최우선변제(보증금 중 일정액에 대해서는 다른 담보물권자보다 우선하여 변제받을 권리)를 받기 위해서는 임차주택에 대한 경매신청의 등기 전에 대항요건을 갖추어야 한다. 그러나 확정일자는 최우선변제의 요건이 아니다.

답 ③

제32회 출제

03 개업공인중개사 甲의 중개로 乙과 丙은 丙소유의 주택에 관하여 임대차계약(이하 '계약'이라 함)**을 체결하려 한다. 「주택임대차보호법」의 적용에 관한 甲의 설명으로 틀린 것은?** (임차인 乙은 자연인임)

① 乙과 丙이 임대차기간을 2년 미만으로 정한다면 乙은 그 임대차기간이 유효함을 주장할 수 없다.

② 계약이 묵시적으로 갱신되면 임대차의 존속기간은 2년으로 본다.

③ 계약이 묵시적으로 갱신되면 乙은 언제든지 丙에게 계약해지를 통지할 수 있고, 丙이 그 통지를 받은 날부터 3개월이 지나면 해지의 효력이 발생한다.

④ 乙이 丙에게 계약갱신요구권을 행사하여 계약이 갱신되면, 갱신되는 임대차의 존속기간은 2년으로 본다.

⑤ 乙이 丙에게 계약갱신요구권을 행사하여 계약이 갱신된 경우 乙은 언제든지 丙에게 계약해지를 통지할 수 있다.

해설

① 임차인 乙은 2년 미만으로 정한 기간의 유효를 주장할 수 있다.

답 ①

제33회 출제

04 개업공인중개사가 중개의뢰인에게 「상가건물 임대차보호법」의 내용에 관하여 설명한 것으로 옳은 것을 모두 고른 것은?

ㄱ. 대통령령으로 정하는 보증금액을 초과하는 임대차인 경우에도 「상가건물 임대차보호법」상 권리금에 관한 규정이 적용된다.
ㄴ. 임차인이 2기의 차임액에 해당하는 금액에 이르도록 차임을 연체한 사실이 있는 경우, 임대인은 임차인의 계약갱신요구를 거절할 수 있다.
ㄷ. 임대인의 동의를 받고 전대차계약을 체결한 전차인은 임차인의 계약갱신요구권 행사기간 이내에 임차인을 대위하여 임대인에게 계약갱신요구권을 행사할 수 있다.

① ㄱ ② ㄴ ③ ㄱ, ㄷ ④ ㄴ, ㄷ ⑤ ㄱ, ㄴ, ㄷ

해설

③ ㄴ.임차인이 3기 이상의 차임액에 해당하는 금액에 이르도록 차임을 연체한 사실이 있는 경우 임대인은 임차인의 계약갱신요구를 거절할 수 있다.

답 ③

제31회 출제

05 개업공인중개사 甲의 중개로 乙은 丙 소유의 서울특별시 소재 X상가건물에 대하여 보증금 10억원에 1년 기간으로 丙과 임대차계약을 체결하였다. 乙은 X건물을 인도받아 2020. 3. 10. 사업자등록을 신청하였으며 2020. 3. 13. 임대차계약서상의 확정일자를 받았다. 이 사례에서 상가건물 임대차보호법령의 적용에 관한 甲의 설명으로 틀린 것은?

① 乙은 2020. 3. 11. 대항력을 취득한다.
② 乙은 2020. 3. 13. 보증금에 대한 우선변제권을 취득한다.
③ 丙은 乙이 임대차기간 만료되기 6개월 전부터 1개월 전까지 사이에 계약갱신을 요구할 경우, 정당한 사유 없이 거절하지 못한다.
④ 乙의 계약갱신요구권은 최초의 임대차기간을 포함한 전체 임대차기간이 10년을 초과하지 아니하는 범위에서만 행사할 수 있다.
⑤ 乙의 계약갱신요구권에 의하여 갱신되는 임대차는 전 임대차와 동일한 조건으로 다시 계약된 것으로 본다.

해설

② 서울특별시 소재 상가 임대차의 경우 임차인의 환산보증금이 9억원 이하인 경우 상가건물임대차보호법이 전면 적용된다. 따라서 乙의 환산보증금이 10억원이므로 확정일자에 의한 우선변제권을 취득하지 못한다.

답 ②

제29회 출제

06 개업공인중개사가 중개의뢰인에게 상가건물 임대차계약에 관하여 설명한 내용으로 틀린 것은?

① 임차인은 임차권등기명령의 신청과 관련하여 든 비용을 임대인에게 청구할 수 없다.

② 임대차계약의 당사자가 아닌 이해관계인은 관할 세무서장에게 임대인·임차인의 인적사항이 기재된 서면의 열람을 요청할 수 없다.

③ 임대인의 동의를 받고 전대차계약을 체결한 전차인은 임차인의 계약갱신요구권 행사기간 이내에 임차인을 대위하여 임대인에게 계약갱신요구권을 행사할 수 있다.

④ 임대차는 그 등기가 없는 경우에도 임차인이 건물의 인도와 법령에 따른 사업자등록을 신청하면 그 다음 날부터 제3자에 대하여 효력이 생긴다.

⑤ 차임이 경제사정의 침체로 상당하지 않게 된 경우 당사자는 장래의 차임 감액을 청구할 수 있다.

해설

임차인은 임차권등기명령의 신청과 그에 따른 임차권등기와 관련하여 든 비용을 임대인에게 청구할 수 있다.

답 ①

4 출제 예상문제

01 개업공인중개사가 주택임대차보호법령에 대하여 설명한 내용으로 틀린 것은? (다툼이 있는 경우 판례에 따름)

① 임차인이 주택의 인도를 받고 주민등록을 마친 날과 제3자의 저당권설정 등기일이 같은 날이면 임차인은 저당권의 실행으로 그 주택을 취득한 매수인에게 대항할 수 있다.
② 임대인에게 임차권등기명령이 송달되기 전에도 임차권등기명령을 집행할 수 있다.
③ 임차인의 차임감액청구는 약정차임 또는 보증금의 20분의 1을 초과하여 할 수 있다.
④ 임차인은 계약갱신요구권을 1회에 한하여 행사할 수 있고 갱신되는 임대차의 존속기간은 2년으로 본다.
⑤ 계약갱신요구에 따라 갱신되는 임대차의 경우에도 임차인은 언제든지 임대인에게 계약해지를 통지할 수 있다.

해설 ✦ **[임차인이 주택의 인도를 받고 주민등록을 마친 날과 제3자의 저당권설정 등기일이 같은 날인 경우]**
㉠ 저당권자가 임차인보다 우선한다.
㉡ 임차권은 소멸된다.
㉢ 임차인은 매수인에게 대항할 수 없다.

정답 ✦ ①

02 개업공인중개사 甲의 중개로 임차인 乙과 丙 소유의 주택에 관하여 임대차계약(이하'계약'이라 함)**을 체결하려 한다. 「주택임대차보호법」의 적용에 관한 甲의 설명으로 틀린 것은?** (임차인 乙은 자연인임)

① 주택임대차계약을 체결할 때 임대인 丙은 해당 주택의 확정일자 부여일, 차임 및 보증금 등 정보, 「국세징수법」에 따른 납세증명서 및 「지방세징수법」에 따른 납세증명서를 임차인 乙에게 제시하여야 한다.
② 乙이 대항요건을 갖춘 날과 제3자 명의로 경료된 저당권설정등기일이 같은 경우, 乙은 경매절차에서 매수인에게 대항할 수 없다.
③ 乙이 丙에게 계약갱신요구권을 행사하여 계약이 갱신된 경우 乙은 언제든지 丙에게 계약해지를 통지할 수 있다.

④ 乙이 임차권등기명령의 집행에 따른 임차권등기 후에 주민등록을 다른 지역으로 이전한 경우 이미 취득한 대항력을 상실한다.

⑤ 경제사정의 변동으로 약정한 차임이 과도하게 되어 적절하지 않은 경우, 임대차기간 중 乙은 그 차임의 20분의 1의 금액을 초과하여 감액을 청구할 수 있다.

해설 ✦ ④ 임차권등기와 동시에 대항력과 우선변제권을 취득하였고, 임차권등기 이후에는 대항요건을 갖추지 않더라도(주민등록을 이전하더라도) 임차인이 종전에 가졌던 대항력과 우선변제권은 상실되지 아니한다.

정답 ✦ ④

03 개업공인중개사가 상가건물임대차보호법의 적용을 받는 상가건물의 임대차를 중개하면서 의뢰인에게 설명한 내용으로 옳은 것은?

① 임대인이 임차인에게 만료되기 6개월 전부터 1개월 전까지 사이에 갱신거절 또는 조건변경의 통지를 하지 않은 경우, 그 기간이 만료된 때에 임대차계약이 해지된 것으로 본다.

② 임차인은 대항력과 확정일자를 갖춘 경우, 경매에 의해 매각된 임차건물을 양수인에게 인도하지 않더라도 배당에서 보증금을 수령할 수 있다.

③ 권리금회수기회보호규정은 전대차의 경우 적용된다.

④ 상가건물을 임차하고 사업자등록을 한 사업자가 폐업신고를 하였다가 다시 같은 상호 및 등록번호로 사업자등록을 했다면 기존의 대항력은 상실된다.

⑤ 보증금이 전액 변제되지 아니한 대항력이 있는 임차권은 임차건물에 대하여 「민사집행법」에 따른 경매가 실시된 경우에 그 임차건물이 매각되면 소멸한다.

해설 ✦ ① 임대인이 임대차기간 만료전 6월부터 1월까지 임차인에 대하여 갱신거절의 통지 또는 조건의 변경에 대한 통지를 하지 아니한 경우에는 그 기간이 만료된 때에 전임대차와 동일한 조건으로 다시 임대차한 것으로 본다.

② 임차인이 집행권원에 기한 (강제)경매를 신청하는 경우에는 민사집행법 규정에 불구하고 반대의무의 이행 또는 이행의 제공을 집행개시의 요건으로 하지 아니하므로 임차인은 목적물을 계속 사용·수익하면서 경매를 신청할 수 있다. 다만, 임차인은 임차건물을 양수인(매수인)에게 인도하지 아니하면 보증금(배당금)을 수령할 수 없다.

③ 권리금회수기회보호규정은 임차인에게 적용되고 전대차의 경우에는 적용되지 않는다.

⑤ 대항력이 있는 임차권이므로 소멸되지 않는다.

정답 ✦ ④

04 개업공인중개사가 중개의뢰인에게 상가건물 임대차계약에 관하여 설명한 내용으로 틀린 것은?

① 임차인의 차임연체액이 2기의 차임액에 달하는 경우 임대인은 임대차계약을 해지할 수 없다.
② 임대차가 종료된 경우에도 임차인이 보증금을 반환받을 때까지는 임대차관계는 존속하는 것으로 본다.
③ 임대인이 임대차기간이 만료되기 전 6개월부터 1개월의 기간내에 임차인에게 갱신거절의 통지를 하지 않은 경우, 그 기간이 만료된 때에 임대차계약이 해지된 것으로 본다.
④ 다른 법령에 따라 철거 또는 재건축이 이루어지는 경우, 임대인은 임차인의 계약갱신요구를 거절할 수 있다.
⑤ 임대인의 동의를 받고 전대차계약을 체결한 전차인은 임차인의 계약갱신요구권 행사기간 이내에 임차인을 대위하여 임대인에게 계약갱신요구권을 행사할 수 있다.

해설 ✦ ③ 임대인이 임대차기간 만료전 6월부터 1월까지 임차인에 대하여 갱신거절의 통지 또는 조건의 변경에 대한 통지를 하지 아니한 경우에는 그 기간이 만료된 때에 전임대차와 동일한 조건으로 다시 임대차한 것으로 본다.

정답 ✦ ③

테마 46

민사집행법상 법원 경매 (권리분석 및 경매절차)

1 출제예상과 학습포인트

✦ 기출횟수

25회, 26회, 28회, 29회, 30회, 31회, 33회, 34회

✦ 35회 출제 예상

출제가 예상된다.

✦ 35회 중요도

★★★

✦ 학습범위

권리분석과 경매절차

✦ 학습방법

권리분석 및 경매절차상의 함정체크가 필수적이다.

✦ 핵심쟁점

❶ 권리분석
❷ 경매절차

2 핵심 내용

❶ 권리분석

① 지상권·지역권·전세권, 등기된 임차권, 보전가등기, 대항요건을 갖춘 주택임차권이 〈저당권, 근저당권, 담보가등기권, 압류채권, 가압류채권〉에

㉠ 대항할 수 있는 경우 = 선순위 권리 = 인수된다.
= 매수인에게 대항력 있다. = 인도명령신청할 수 없다.

㉡ 대항할 수 없는 경우 = 후순위 권리 = 소멸된다.
= 매수인에게 대항력 없다. = 인도명령신청할 수 있다.

② 매각부동산 위의 모든 저당권은 매각으로 소멸된다.

③ 〈저당권·압류채권·가압류채권〉에 대항할 수 있는 지역권·전세권 및 등기된 임차권은 매수인이 인수한다. 다만, 선순위 전세권의 경우에는 전세권자가 배당요구를 하면 매각으로 소멸된다.
④ 매수인은 유치권자에게 그 유치권으로 담보하는 채권을 변제할 책임이 있다.
⑤ 다만, 압류의 효력이 발생한 후(경매개시결정등기 후)의 유치권은 매수인에게 대항할 수 없다.
= 매수인은 유치권자에게 변제할 책임이 없다.

❷ 경매절차 중 주요내용

(1) **경매절차** : 압류 - 환가 - 배당

① 경매신청, 경매개시결정·등기 ➡ ② 배당요구의 종기결정 및 공고 ➡ ③ 매각의 준비 ➡ ④ 매각기일 및 매각결정기일지정·공고 ➡ ⑤ 매각의 실시(매각기일) ➡ ⑥ 매각결정기일 ➡ ⑦ 매각대금납부(대금지급기한내 언제든지) ➡ ⑧ 소유권이전등기 촉탁 및 인도명령신청(대금지급 후 6개월 이내) ➡ ⑨ 배당절차

(2) **배당요구의 종기** : 첫 매각기일 이전의 날로 법원이 정하여 공고하는 날까지

① 배당요구에 따라 매수인이 인수하여야 할 부담이 바뀌는 경우 배당요구를 한 채권자는 배당요구의 종기가 지난 뒤에 이를 철회하지 못한다.
② 배당요구하지 않아도 배당받을 수 있는 채권자(첫 경매신청등기 전에 이미 등기를 경료한 자)
   ㉠ 담보권자
   ㉡ 임차권등기권자
   ㉢ 배당요구종기까지 한 경매신청에 의하여 2중개시결정이 된 경우 뒤의 압류채권자

(3) **매각실시**

① 민사집행법상 부동산경매방법 : 호가경매, 기일입찰, 기간입찰
   ㉠ 기일 및 기간입찰에서 입찰은 취소·변경 또는 교환할 수 없다.
   ㉡ 기일 및 기간입찰에서 최고가매수신고를 한 사람이 둘 이상인 때에는 집행관은 그 사람들에게 다시 입찰하게 하여 최고가매수신고인을 정한다. 이 경우 입찰자 모두가 입찰에 응하지 아니하거나 두 사람 이상이 다시 최고의 가격으로 입찰한 때에는 추첨으로 최고가매수신고인을 정한다. 입찰자는 전(前)의 입찰가격에 못 미치는 가격으로는 입찰할 수 없다.
② 매수신청할 수 없는 자
   ㉠ 채무자(단, 임의경매에 있어서의 물상보증인, 채권자, 채무자 가족은 가능)
   ㉡ 재매각절차에서의 이전 매수인
③ 매수신청보증금 : 최저매각가격의 1/10이므로 매수신청인에게 동등하게 적용된다.

④ 차순위매수신고

그 신고액이 최고가매수신고액에서 그 보증을 뺀 금액을 넘는 때에만 할 수 있다.

⑤ 재매각

㉠ 최고가매수신고인 또는 차순위매수신고인이 대금지급기한내에 매각대금을 납부하지 않았을 경우에 법원이 직권으로 실시하는 경매이다.

㉡ 최저매각가격의 저감없이(=종전에 정한 최저매각가격을 그대로 적용하여)실시한다.

㉢ 이전 매수인은 ㉠재매각절차에 참가하지 못하는 것은 물론이고 ㉡매수신청보증금의 반환을 청구하지 못한다.

⑥ 새 매각 : 재매각 외의 사유로 다시 실시하는 경매

허가할 매수가격의 신고가 없이(유찰) 매각기일이 최종적으로 마감된 때에는 법원은 최저매각가격을 상당히 낮추고 새 매각기일을 정하여야 한다.

(4) 매각결정기일 - 매각허가·불허가결정에 대한 즉시항고

① 매각결정기일은 매각기일부터 1주일내로 정하여야 한다.

② 모든 항고인(이해관계인 중 손해를 볼 경우에만 가능)은 매각대금의 10분의 1에 해당하는 현금 등을 공탁하여야 한다.

(5) 매각대금의 지급 - 소유권 취득시기

대금지급기한은 매각허가결정이 확정된 날부터 1월 안의 날로 정하여야 한다.

(6) 부동산인도명령

① 매각대금납부 후 6개월 이내에 신청해야 한다.

② 매수인에게 대항할 수 없는 자

채무자, 소유자, 채무자의 일반승계인, 저당권 등에 대항할 수 없는 자

3 대표 기출문제

제34회 출제

01 매수신청대리인으로 등록한 개업공인중개사가 X부동산에 대한 「민사집행법」상 경매절차에서 매수신청대리의 위임인에게 설명한 내용으로 틀린 것은? (다툼이 있으면 판례에 따름)

① 최선순위의 전세권자는 배당요구 없이도 우선변제를 받을 수 있으며, 이 때 전세권은 매각으로 소멸한다.

② X부동산에 대한 경매개시결정의 기입등기 전에 유치권을 취득한 자는 경매절차의 매수인에게 자기의 유치권으로 대항할 수 있다.

③ 최선순위의 지상권은 경매절차의 매수인이 인수한다.

④ 후순위 저당권자의 신청에 의한 경매라 하여도 선순위 저당권자의 저당권은 매각으로 소멸한다.

⑤ 집행법원은 배당요구의 종기를 첫 매각기일 이전으로 정한다.

해설

최선순위(저당권, 압류채권, 가압류채권에 대항할 수 있는) 전세권자가 배당요구를 한 때 그 전세권은 매각으로 소멸한다.

답 ①

제33회 출제

02 매수신청대리인으로 등록한 개업공인중개사가 매수신청대리 위임인에게 「민사집행법」의 내용에 관하여 설명한 것으로 틀린 것은? (다툼이 있으면 판례에 따름)

① 후순위 저당권자가 경매신청을 하면 매각부동산 위의 모든 저당권은 매각으로 소멸된다.

② 전세권 및 등기된 임차권은 저당권·압류채권·가압류채권에 대항할 수 없는 경우에는 매각으로 소멸된다.

③ 유치권자는 유치권이 성립된 목적물을 경매로 매수한 자에 대하여 그 피담보채권의 변제를 청구할 수 있다.

④ 최선순위 전세권은 그 전세권자가 배당요구를 하면 매각으로 소멸된다.

⑤ 매수인은 매각대금을 다 낸 때에 매각의 목적인 권리를 취득한다.

해설

③ 매수인은 압류의 효력이 발생하기 전에 유치권을 취득한 자에게 유치권으로 담보되는 채권을 변제할 책임이 있으나, 유치권자는 매수인에게 그 피담보채권의 변제를 청구할 수는 없다.

답 ③

제30회 출제

03 법원은 X부동산에 대하여 담보권 실행을 위한 경매 절차를 개시하는 결정을 내렸고, 최저매각가격을 1억원으로 정하였다. 기일입찰로 진행되는 이 경매에서 매수신청을 하고자 하는 중개의뢰인 甲에게 개업공인중개사가 설명한 내용으로 옳은 것은?

① 甲이 1억 2천만원에 매수신청을 하려는 경우, 법원에서 달리 정함이 없으면 1천 2백만원을 보증금액으로 제공하여야 한다.

② 최고가매수신고를 한 사람이 2명인 때에는 법원은 그 2명뿐만 아니라 모든 사람에게 다시 입찰하게 하여야 한다.

③ 甲이 다른 사람과 동일한 금액으로 최고가매수신고를 하여 다시 입찰하는 경우, 전의 입찰가격에 못미치는 가격으로 입찰하여 매수할 수 있다.

④ 1억 5천만원의 최고가매수신고인이 있는 경우, 법원에서 보증금액을 달리 정하지 않았다면 甲이 차순위매수신고를 하기 위해서는 신고액이 1억 4천만원을 넘어야 한다.

⑤ 甲이 차순위매수신고인인 경우 매각기일이 종결되면 즉시 매수신청의 보증을 돌려줄 것을 신청할 수 있다.

해설

① 매수신청보증금은 최저매각가격 1억원의 10분의 1인 1천만원이다.
② 최고가매수신고를 한 사람이 둘 이상인 때에는 그들에게만 다시 입찰하게 하여 최고가매수신고인을 정한다(재입찰).
③ 재입찰시에는 전의 입찰가격이상으로 매수신고를 하여야 한다.
⑤ 차순위매수신고인은 매수인이 대금을 모두 지급하면 매수의 책임이 없게 되어 그때 매수신청의 보증을 돌려줄 것을 요구할 수 있다.

답 ④

4 출제 예상문제

01 개업공인중개사가 민사집행법에 따른 부동산 경매에 관하여 의뢰인에게 설명한 내용으로 옳은 것은?

① 최선순위 전세권은 배당요구종기까지 배당요구를 한 경우에도 매각으로 인하여 소멸되지 않는다.

② 차순위 매수신고인은 매수인이 대금을 모두 지급하면 매수의 책임이 없게 되며, 즉시 매수신청의 보증을 돌려 줄 것을 요구할 수 있다.

③ 매각으로 인하여 말소되는 임차인에 대하여 매수인은 인도명령 신청을 할 수 없다.

④ 매각허가결정에 대하여 항고하고자 하는 사람은 보증으로 최저매각가격의 10분의 1에 해당하는 금전을 공탁해야 한다.

⑤ 재매각절차에서 전(前)의 매수인은 매수신청을 할 수 없으나, 매수신청의 보증을 돌려줄 것을 요구할 수 있다.

해설 ✦ ① 〈저당권·압류채권·가압류채권〉에 대항할 수 있는 지역권·전세권 및 등기된 임차권은 매수인이 인수한다. 다만, 그중 선순위 전세권의 경우에는 전세권자가 배당요구를 하면 매각으로 소멸된다.

③ 지상권·지역권·전세권, 등기된 임차권, 대항요건을 갖춘 주택임차권이 〈저당권, 근저당권, 담보가등기권, 압류채권, 가압류채권〉에

㉠ 대항할 수 있는 경우 = 선순위권리 = 인수된다. = 매수인에게 대항력 있다. = 인도명령신청할 수 없다.

㉡ 대항할 수 없는 경우 = 후순위권리 = 소멸된다. = 매수인에게 대항력없다. = 인도명령신청할 수 있다.

④ 매각대금의 10분의 1

⑤ **[재매각]**

㉠ 최고가매수신고인 또는 차순위매수신고인이 대금지급기한내에 매각대금을 납부하지 않았을 경우에 법원이 직권으로 실시하는 경매이다.

㉡ 최저매각가격의 저감없이(=종전에 정한 최저매각가격을 그대로 적용하여)실시한다.

㉢ 이전 매수인은 ⓐ재매각절차에 참가하지 못하는 것은 물론이고 ⓑ매수신청보증금의 반환을 청구하지 못한다.

정답 ✦ ②

02 민사집행법에 따른 부동산경매에 관하여 설명한 내용으로 틀린 것은?

① 매수인은 매각 대상 부동산에 경매개시결정의 기입등기가 마쳐진 후 유치권을 취득한 자에게 그 유치권으로 담보하는 채권을 변제할 책임이 있다.

② 차순위매수신고는 그 신고액이 최고가매수신고액에서 그 보증액을 뺀 금액을 넘는 때에만 할 수 있다.

③ 매각허가결정이 확정되어 대금지급기한의 통지를 받으면 매수인은 그 기한까지 매각대금을 지급해야 한다.

④ 재매각절차에서는 전(前)의 매수인은 매수신청을 할 수 없으며 매수신청의 보증을 돌려 줄 것을 요구하지 못한다.

⑤ 경매신청이 취하되면 압류의 효력은 소멸된다.

해설 ✦ ① 매각대상 부동산에 경매개시결정의 기입등기가 마쳐진 후(압류의 효력이 발생한 후) 유치권을 취득한 자는 매수인에게 그 권리를 주장할 수 없으므로(대항할 수 없으므로) 그 유치권으로 담보하는 채권을 변제할 책임이 없다.

정답 ✦ ①

테마 47

공인중개사의 매수신청대리인 등록 등에 관한 대법원규칙 및 예규

1 출제예상과 학습포인트

✦ 기출횟수

25회, 26회, 27회, 28회, 29회, 31회, 32회, 33회, 34회

✦ 35회 출제 예상

출제가 예상된다.

✦ 35회 중요도

★★★

✦ 학습범위

매수신청대리인 등록요건 및 등록절차, 매수신청대리권의 범위, 대리행위방식, 제재

✦ 학습방법

공인중개사법령상 등록제도와 차이점 비교학습이 필수적이고, 매수신청대리인 등록요건 및 등록절차, 매수신청대리권의 범위, 대리행위방식, 제재의 암기가 필요하다.

✦ 핵심쟁점

❶ 매수신청대리인 등록요건, 절차
❷ 매수신청대리권 범위
❸ 매수신청대리인 등록취소 및 업무정지

2 핵심 내용

❶ 매수신청대리인 등록절차

① **등록관청** : 중개사무소(법인의 경우에는 주된 중개사무소)가 있는 곳을 관할하는 지방법원장
② **등록요건**
   ㉠ 공인중개사인 개업공인중개사이거나 법인인 개업공인중개사일 것(×부칙상 개·공)
   ㉡ 부동산경매에 관한 실무교육을 이수하였을 것
   ㉢ 보증보험 또는 공제에 가입하였거나 공탁을 하였을 것

③ 등록의 결격사유

㉠ 매수신청대리인 등록이 취소된 후 3년이 경과되지 아니한 자
다만, 중개업 폐업신고로 인한 대리인 등록취소의 경우에는 제외(3년적용×)

㉡ 민사집행절차에서 공무집행방해, 경매·입찰방해 등의 사유로 유죄판결을 받고 그 판결확정일로부터 2년을 경과하지 아니한 자

㉢ 업무정지처분을 받고 그 업무정지기간이 경과되지 아니한 자

㉣ 업무정지처분을 받은 법인인 개업공인중개사의 업무정지사유가 발생한 당시의 사원 또는 임원이었던 자로서 당해 법인인 개업공인중개사에 대한 업무정지기간이 경과되지 아니한 자

㉤ 결격사유에 해당하는 자가 사원 또는 임원으로 있는 법인인 개업공인중개사

④ 실무교육

구분	부동산경매 실무교육	중개업등록 실무교육
실무교육	등록신청일 전 1년 이내에 법원행정처장이 지정하는 교육기관에서	• 등록신청일 전 1년 이내에 • 시·도지사가 실시하는 실무교육
대상자	개업공인중개사, 법인은 대표자만	공인중개사, 법인의 대표자를 포함한 사원·임원 전원, 분사무소 책임자
교육시간	32시간 이상 44시간 이하	28시간 이상 32시간 이하
교육내용	직업윤리, 민사소송법, 민사집행법, 경매실무 등 과목의 수강과 교육과목별 평가	법률지식, 중개 및 경영실무, 직업윤리 등
교육면제	매수신청대리 폐업신고 또는 중개업 폐업신고 후 1년 이내에	중개업 폐업신고 후 1년 이내

⑤ 손해배상책임의 보장

구분	매수신청대리업와 관련한 보증	중개업과 관련한 보증
보증설정시기	등록신청전	등록 후 업무개시전
보증방법	보증보험·공제·공탁	
보증금액	• 법인인 개업공인중개사는 4억원 이상 • 분사무소는 2억원 이상 • 공인중개사인 개업공인중개사는 2억원 이상	

⑥ 등록신청 수수료 납부

공인중개사의 경우 20,000원, 법인의 경우 30,000원이고, 정부수입인지로 납부하여야 한다.

⑦ 등록신청시 제출서류

㉠ 공인중개사 자격증 사본

㉡ 법인의 등기사항증명서(법인인 경우에 한한다) 다만,「전자정부법」에 따른 행정정보의 공동이용을 통하여 그 서류에 대한 정보를 확인할 수 있는 경우에는 그 확인으로 갈음할 수 있다.

ⓒ 중개사무소등록증 사본
ⓓ 실무교육 이수증 사본
ⓔ 여권용 사진(3.5cm×4.5cm) 2매
ⓕ 보증을 제공하였음을 증명하는 보증보험증서 사본, 공제증서 사본 또는 공탁증서 사본

⑧ **등록처분** : 매수신청대리인 등록신청을 받은 지방법원장은 14일 이내에 종별에 따라 구분하여 등록을 하여야 한다.

⑨ **등록증 교부** : 지방법원장은 매수신청대리인 등록을 한 자에 대해서는 매수신청대리인 등록증을 교부하여야 한다.

⑩ **등록증 등의 게시**
ⓐ 등록증
ⓑ 매수신청대리 등 보수표
ⓒ 보증의 설정을 증명할 수 있는 서류

❷ 매수신청 대리행위

(1) 매수신청대리의 대상물 = 중개대상물의 범위와 같다

① 토지
② 건물 그 밖의 토지의 정착물
③ 「입목에 관한 법률」에 따른 입목
④ 「공장 및 광업재단저당법」에 따른 공장재단 및 광업재단

(2) 매수신청대리권의 범위

① 매수신청 보증의 제공
② 입찰표의 작성 및 제출
③ 차순위매수신고
④ (최고가 또는 차순위매수신고인이 아닌 경우)매수신청의 보증을 돌려 줄 것을 신청하는 행위
⑤ (공유물지분경매에서)공유자의 우선매수신고
⑥ 구 「임대주택법」 제22조의 규정에 따른 임차인의 임대주택 우선매수신고
⑦ 공유자 또는 임대주택 임차인의 우선매수신고에 따라 (최고가매수신고인을)차순위매수신고인으로 보게 되는 경우 그 차순위매수신고인의 지위를 포기하는 행위(× 즉시항고, 대금납부, 인도명령신청, 명도소송, 소유권이전등기신청 등)

(3) 대리행위 방식

① 대리행위의 방식

개업공인중개사는 대리행위를 함에 있어서 매각장소 또는 집행법원에 직접 출석하여야 한다. 대리행위를 하는 경우 각 대리행위마다 대리권을 증명하는 문서를 제출하여야 한다. 다만, 같은 날 같은 장소에서 대리행위를 동시에 하는 경우에는 하나의 서면으로 갈음할 수 있다.

② 제출서류

㉠ 대리권을 증명하는 문서는 본인 인감증명서가 첨부된 위임장과 대리인등록증 사본을 말한다.

㉡ 대리권 증명문서는 매사건마다 제출. 개별매각의 경우에는 매 물건번호마다 제출해야 한다.

③ 사건카드

개업공인중개사는 매수신청대리 사건카드를 비치하고, 필요한 사항을 기재하여 공인중개사법 규정에 의해 등록한 인장으로 서명날인한 후 5년간 이를 보존해야 한다.

④ 매수신청대리인의 대상물 확인·설명 및 확인·설명서 보존

구분	매수신청대리인 대상물 확인·설명
확인·설명	• 매수신청대리를 위임받은 경우, 위임인에게 성실·정확하게 설명하고, 설명의 근거자료를 제시해야 한다.
확인·설명사항	① 매수신청대리 대상물의 표시 및 권리관계 ② 법령의 규정에 따른 제한사항 ③ 당해 매수신청대리 대상물의 경제적 가치 ④ 소유권 취득함에 따라 부담·인수하여야 할 권리 등
확인·설명서 보존	• 사건카드에 철하고 5년간 보존

(4) 보수 및 실비

① 보수

㉠ 대법원예규에서 정한 보수표의 범위 안에서 보수를 받아야 한다.

㉡ 보수 외의 명목으로 보수를 받거나 초과하여 받는 것은 금지된다.

㉢ 보수 요율과 보수에 대하여 위임계약 전에 설명하여야 한다.

② 실비

권리관계 등의 확인 또는 매수신청대리의 실행과 관련하여 발생하는 특별비용으로서 원거리출장비 등은 실비로 받을 수 있다. 다만, 매수신청대리에 필요한 통상의 실비(확인·설명을 위한 등기부열람 비용 등)는 보수에 포함된 것으로 본다.

③ 영수증

대법원예규에서 정한 서식에 의한 영수증 작성하여 공인중개사법에 따라 등록한 인장으로 서명날인을 한 후 위임인에게 교부하여야 한다.

④ 보수지급시기

보수의 지급시기는 매수신청인과 매수신청대리인의 약정에 따르며, 약정이 없을 때에는 매각대금의 지급기한일로 한다.

(5) 신고의무

개업공인중개사는 다음에 해당하는 경우에는 그 사유가 발생한 날로부터 10일 이내에 지방법원장에게 그 사실을 신고하여야 한다.

① 중개사무소를 이전한 경우
② 중개업을 휴업 또는 폐업한 경우
③ 공인중개사 자격이 취소된 경우
④ 공인중개사 자격이 정지된 경우
⑤ 개사무소 개설등록이 취소된 경우
⑥ 중개업무가 정지된 경우
⑦ 분사무소를 설치한 경우

(6) 매수신청대리인의 금지행위 : 임의적 등록취소사유

① 이중으로 매수신청대리인 등록신청을 하는 경우
② 매수신청대리인이 된 사건에 있어서 매수신청인으로서 매수신청을 하는 행위
③ 동일 부동산에 대하여 이해관계가 다른 2인 이상의 대리인이 되는 행위(=쌍방대리)
④ 명의대여를 하거나 매수신청 대리인 등록증을 대여 또는 양도하는 행위
⑤ 다른 개업공인중개사의 명의를 사용하는 행위
⑥ 「형법」 제315조에 규정된 경매·입찰방해죄에 해당하는 행위
⑦ 사건카드 또는 확인·설명서에 허위기재하거나 필수적 기재사항을 누락하는 행위

(7) 명칭 표시

① 그 사무소의 명칭이나 간판에 고유한 지명 등 법원행정처장이 인정하는 특별한 경우를 제외하고는 "법원"의 명칭이나 휘장 등을 표시하여서는 아니된다.
② 매수신청대리인 등록이 취소된 때에는 사무실 내·외부에 매수신청대리업무에 관한 표시 등을 제거하여야 하며, 업무정지처분을 받은 때에는 업무정지사실을 당해 중개사사무소의 출입문에 표시하여야 한다.

❸ 절대 대리등록취소사유(지방법원장은 매수신청대리인 등록을 취소하여야 한다.)

① 공인중개사법에 의한 등록의 결격사유에 해당하는 경우
② 중개업의 폐업신고를 한 경우
(중개업을 휴업하였을 경우에는 업무정지처분을 하여야 한다.)
③ 공인중개사 자격이 취소된 경우
④ 중개사무소 개설등록이 취소된 경우
⑤ 등록당시 매수신청대리인 등록요건을 갖추지 않았던 경우
(등록 후 대리인 등록요건을 갖추지 못하게 된 경우에는 등록을 취소할 수 있다.)
⑥ 등록당시 매수신청대리인등록의 결격사유가 있었던 경우
(등록 후 대리인등록의 결격사유가 있게 된 경우에는 등록을 취소할 수 있다.)

❹ 업무정지 사유 등

① 지방법원장은 개업공인중개사(이 경우 분사무소를 포함한다)가 다음에 해당하는 경우에는 기간을 정하여 매수신청대리업무를 정지하는 처분을 하여야 한다.
㉠ 중개업 또는 대리업을 휴업하였을 경우
㉡ 공인중개사 자격을 정지당한 경우
㉢ 중개업의 업무정지를 당한 경우
㉣ 상대적 대리인 등록취소사유 중 어느 하나에 해당하는 경우
② 업무정지기간은 1월 이상 2년 이하로 한다.

▷ 중개사무소 개설등록과 매수신청대리인 등록 비교

구분	중개업등록 (공인중개사법)	매수신청대리등록 (대법원규칙 및 예규)
① 등록신청/각종신고	• 중개사무소관할 등록관청	• 중개사무소관할(지방법원장)
② 등록신청수수료납부	• 시·군·구 조례	• 수입인지 공인중개사: 2만원, 법인: 3만원
③ 등록통지/ 등록	• 신청일 - 7일 이내	• 신청일 - 14일 이내 등록
④ 등록신청서류	• 보증설정증서사본 × • 공인중개사자격증사본×	• 보증설정증서사본 ○ • 중개사무소등록증사본 ○ • 공인중개사자격증사본 ○
⑤ 실무교육실시/ 지정	• 시·도지사가 실시	• 법원행정처장이 지정하는 교육기관
⑥ 실무교육대상자	• 대표자 포함 사원/임원전원	• 대표자만
⑦ 보증설정신고	• 등록 후 업무개시전	• 등록신청전
⑧ 보증관련사항 설명	• 중개가 완성된 때	• 매수신청대리를 위임받은 경우
⑨ 보증금액	• 법인; 4억(분사무소 2억), 공인중개사인 개업공인중개사; 2억	
⑩ 확인·설명사항	• 기본·입지·상태·관계·규제·예정·취득·보수	• 경제적 가치 • 소유권취득함에 따라 부담·인수하여야 할 권리
⑪ 확인·설명서 보존	• 3년	• 5년+사건카드(5년)에 철하여 보존
⑫ 보수 영수증교부	• ×	• ○ 법정서식○(다만, 보존기간은 없다.)
⑬ 명칭제거등	• 등록취소 = 간판철거 • 업무정지(6개월초과할 수 없다.)	• 등록취소 = 표시제거의무, • 업무정지 = 출입문 표시의무 (1개월 이상 2년 이내)
⑭ 보수지급시기	• 약정, 거래대금지급완료시	• 약정, 매각대금지급기한일
⑮ 보수에 대한 설명	• 중개완성전	• 위임계약 전에
⑯ 행정처분(취소,정지)	• 시장·군수·구청장	• 지방법원장

3 대표 기출문제

제34회 출제

01 「공인중개사의 매수신청대리인 등록 등에 관한 규칙」에 따른 개업공인중개사의 매수신청대리에 관한 설명으로 옳은 것은? (다툼이 있으면 판례에 따름)

① 미등기건물은 매수신청대리의 대상물이 될 수 없다.
② 공유자의 우선매수신고에 따라 차순위매수신고인으로 보게 되는 경우 그 차순위매수신고인의 지위를 포기하는 행위는 매수신청대리권의 범위에 속하지 않는다.
③ 소속공인중개사도 매수신청대리인으로 등록할 수 있다.
④ 매수신청대리인이 되려면 관할 지방자치단체의 장에게 매수신청대리인 등록을 하여야 한다.
⑤ 개업공인중개사는 매수신청대리행위를 함에 있어서 매각장소 또는 집행법원에 직접 출석하여야 한다.

해설

① 공인중개사법상 중개대상물의 범위와 대법원규칙상 매수신청대리 대상물의 범위는 같으므로 토지정착물인 미등기건물은 대리대상물이 될 수 있다.
② 공유자의 우선매수신고에 따라 최고가매수신고인을 차순위매수신고인으로 보게 되는 경우 그 차순위매수신고인의 지위를 포기하는 행위는 매수신청대리권의 범위에 속한다.
③ 공인중개사인 개업공인중개사와 법인인 개업공인중개사만 매수신청대리인 등록을 할 수 있다.
④ 중개사무소(법인의 경우 주된 중개사무소)소재지의 관할 지방법원의 장에게 등록을 하여야 한다.

답 ⑤

제32회 출제

02 매수신청대리인으로 등록한 개업공인중개사 甲이 매수신청대리 위임인 乙에게 「공인중개사의 매수신청대리인 등록 등에 관한 규칙」에 관하여 설명한 내용으로 틀린 것은? (단, 위임에 관하여 특별한 정함이 없음)

① 甲의 매수신고액이 차순위이고 최고가매수신고액에서 그 보증액을 뺀 금액을 넘는 때에만 甲은 차순위매수신고를 할 수 있다.

② 甲은 乙을 대리하여 입찰표를 작성·제출할 수 있다.

③ 甲의 입찰로 乙이 최고가매수신고인이나 차순위매수신고인이 되지 않은 경우, 甲은 「민사집행법」에 따라 매수신청의 보증을 돌려줄 것을 신청할 수 있다.

④ 乙의 甲에 대한 보수의 지급시기는 당사자 간 약정이 없으면 매각허가결정일로 한다.

⑤ 甲은 기일입찰의 방법에 의한 매각기일에 매수신청대리행위를 할 때 집행법원이 정한 매각장소 또는 집행법원에 직접 출석해야 한다.

해설

④ 매수신청대리에 관한 보수의 지급시기는 당사자 간 약정이 없으면 매각대금 지급기한일로 한다.

답 ④

제33회 출제

03 개업공인중개사 甲은 「공인중개사의 매수신청대리인 등록 등에 관한 규칙」에 따라 매수신청대리인으로 등록하였다. 이에 관한 설명으로 옳은 것을 모두 고른 것은?

ㄱ. 甲은 「공장 및 광업재단 저당법」에 따른 광업재단에 대한 매수신청대리를 할 수 있다.
ㄴ. 甲의 중개사무소 개설등록이 취소된 경우 시·도지사는 매수신청대리인 등록을 취소해야 한다.
ㄷ. 중개사무소 폐업신고로 甲의 매수신청대리인 등록이 취소된 경우 3년이 지나지 아니하면 甲은 다시 매수신청대리인 등록을 할 수 없다.

① ㄱ　② ㄴ　③ ㄱ, ㄷ　④ ㄴ, ㄷ　⑤ ㄱ, ㄴ, ㄷ

해설

ㄴ. 중개사무소 개설등록이 취소된 경우 '지방법원장'이 매수신청대리인 등록을 취소해야 한다.

ㄷ. 중개사무소 폐업신고로 매수신청대리인 등록이 취소되었더라도 이는 결격사유가 아니므로, 매수신청대리인 등록취소된 후 3년이 지나지 아니하였더라도 중개사무소의 개설등록을 하였다면 다시 매수신청대리인 등록을 할 수 있다.

답 ①

4 출제 예상문제

01 공인중개사의 매수신청대리인 등록에 관한 설명으로 틀린 것은?

① 매수신청대리인으로 등록한 개업공인중개사는 업무를 개시 하기 전에 위임인에 대한 손해배상책임을 보장하기 위하여 보증보험 또는 공제에 가입하거나 공탁을 하여야 한다.

② 임대주택 임차인의 우선매수신고에 따라 최고가 매수인을 차순위 매수신고인으로 보게 되는 경우, 그 매수신청대리인은 그 차순위 매수신고인의 지위포기를 대리할 수 있다.

③ 지방법원장은 대리인등록을 한 개업공인중개사가 공인중개사법에 따른 등록의 결격사유에 해당하는 경우 그 대리인 등록을 취소하여야 한다.

④ 공인중개사인 개업공인중개사는 매수신청대리인으로 등록하지 않더라도 경매대상 부동산에 대한 권리분석 및 알선을 할 수 있다.

⑤ 매수신청인은 대법원규칙이 정하는 바에 따라 집행법원이 정하는 금액과 방법에 맞는 보증을 집행관에게 제공하여야 한다.

해설 ✦ ① 대리인등록을 하고자 하는 개업공인중개사는 매수신청대리업무와 관련한 손해배상책임 보장을 위한 보증보험 또는 공제에 가입하였거나 공탁을 하여야 한다.

④ 매수신청대리인 등록은 민사집행법에 따른 경매대상 부동산의 매수신청대리업무를 하고자하는 경우에만 필요하고, 권리분석 및 취득의 알선업무에는 매수신청대리인 등록을 하지 않아도 된다.

⑤ **[매수신청대리권의 범위]**

㉠ 매수신청 보증의 제공

㉡ 입찰표의 작성 및 제출

㉢ 차순위매수신고

㉣ 매수신청의 보증을 돌려 줄 것을 신청하는 행위

㉤ 공유자의 우선매수신고

㉥ 「임대주택법」 제15조의 2의 규정에 따른 임차인의 임대주택 우선매수신고

㉦ 공유자 또는 임대주택 임차인의 우선매수신고에 따라 차순위매수신고인으로 보게 되는 경우 그 차순위매수신고인의 지위를 포기하는 행위

정답 ✦ ①

02 공인중개사의 매수신청대리인 등록 등에 관한 규칙에 따라 甲은 매수신청대리인으로 등록하였다. 이에 관한 설명으로 틀린 것은?

① 매수신청의 보증을 돌려 줄 것을 신청하는 행위를 대리할 수 없다.

② 甲은 매수신청대리권의 범위에 해당하는 대리행위를 할 때 매각장소 또는 집행법원에 직접 출석해야 한다.

③ 매수신청대리 보수의 지급시기는 甲과 매수신청인의 약정이 없을 때에는 매각대금의 지급기한일로 한다.

④ 甲의 매수신고액이 최고가 매수신고액에서 그 보증액을 뺀 금액을 넘는 때에만 甲은 차순위 매수신고를 할 수 있다.

⑤ 매수신청대리인으로 등록하고자 하는 개업공인중개사는 매수신청대리인 등록신청서에 공인중개사 자격증 사본 및 중개사무소 등록증 사본을 첨부하여 중개사무소가 있는 곳을 관할하는 지방법원의 장에게 신청하여야 한다.

해설 ✦ ① 중개업 폐업신고로 인한 매수신청대리인 등록취소의 경우에는 (매수신청대리인 등록의 결격사유에 해당하지 않으므로) 3년이 경과되지 않더라도 다시 중개사무소 개설등록을 한 개업공인중개사는 매수신청대리인 등록을 할 수 있다.

정답 ✦ ①